LA

DI I E CO ÉDIE

PREMIÈRE PARTIE

PARIS. — IMPRIMERIE J. CLAYE
RUE SAINT-BENOIT

LA

DIVINE COMÉDIE

DE

DANTE ALIGHIERI

Traduction Nouvelle

PAR M. MESNARD

PREMIER VICE PRÉSIDENT DU SÉNAT PRÉSIDENT A LA COUR DE CASSATION
GRAND OFFICIER DE LA LÉGION D'HONNEUR

L'ENFER

PARIS

AMYOT, LIBRAIRE-ÉDITEUR

RUE DE LA PAIX 8

M DCCC LIV

PRÉFACE

Plus on étudie le Dante, plus on admire la puissance de son génie; et, à mesure qu'on l'admire davantage, la séduction devient plus forte de reproduire, dans un autre idiome, les beautés, encore si neuves, de *la Divine Comédie*.

Toute version paraît incomplète, infidèle, et chacun porte en soi, selon sa manière de sentir, le besoin d'une traduction nouvelle. Il semble toujours que cette étrange et magnifique épopée, qui résume toutes les conceptions du moyen âge, où tout est mêlé, la fable et la théologie, les guerres civiles et la philosophie, le vieil Olympe et le Ciel chrétien, n'a pas encore trouvé d'interprète d'un esprit assez patient ou assez flexible, pour se prêter aux formes si variées d'un drame qui touche à tout, d'une poésie qui chante sur tous les tons. On se persuade que faire autrement, c'est faire mieux, et on se laisse aller au plaisir de redire, dans une langue nouvelle, la pensée tour à tour si naïve et si raffinée, si gracieuse et si terrible du poète Gibelin.

C'est à une pareille illusion qu'a cédé l'auteur de ce nouveau travail qui, assurément, laissera encore aux admirateurs du Dante le désir, toujours renaissant, d'une traduction meilleure.

Il s'est fait tant de lumière autour de cette grande figure, surtout par les admirables travaux de ces derniers temps[1]; le modèle, à l'heure qu'il est, pose de si haut et s'offre sous des aspects si divers, qu'il est permis d'en faire des copies qui, sans cesser de ressembler à l'original, peuvent n'avoir entre elles d'autre ressemblance que celle

---

1. Voir les Etudes de MM. Ozanam, Villemain, Ampère, etc., etc., et comme reproduction poétique, les précieux *Excerpta* de M. Antony Deschamps, et le merveilleux tour de force de M. Louis Ratisbonne.

qui convient à des sœurs : *qualem decet esse sororum!*

Et puis, s'il faut tout dire, traduire le Dante, c'est se rajeunir de six cents ans; c'est se placer en plein moyen âge, au milieu d'un monde nouveau à force d'être ancien; c'est retrouver l'esprit humain à l'une des phases les plus intéressantes (la moins bien appréciée peut-être) de ses nombreuses évolutions; c'est assister à ce grand mouvement d'idées d'où était sortie une puissante philosophie, la Scolastique, et qui conduisait à la Renaissance; c'est vivre entouré des charmantes naïvetés de la légende et des souvenirs de la savante antiquité, à chaque pas évoqués par le poete florentin! Comment résister à un pareil attrait?

L'excuse trouvée, il ne sera plus rien dit de cette nouvelle traduction, sinon qu'elle a été écrite dans un sentiment de profond respect pour le texte, et avec assez de liberté cependant, pour que la pensée du poete perde le moins possible à passer d'une langue dans une autre

L'auteur de ce travail s'est décidé à le publier par parties; l'Enfer ou le Cantique des damnés, comme le Dante l'appelle, paraît le premier, et sera bientôt suivi du Purgatoire et du Paradis.

L'édition de la *Divina Commedia* adoptée par le traducteur est celle de Padoue, de 1727. Cette édition se recommande tout à la fois par sa correction et par sa conformité aux plus estimés des anciens manuscrits.

Viroflay, octobre 1854

PRÉFACE

L'accueil bienveillant dont l'opinion publique a honoré la traduction de l'Enfer ne pouvait être pour l'auteur de ce travail qu'un encouragement à continuer, une exhortation à mieux faire. Il a donc continué, sans se laisser détourner par les froideurs et le silence affecté de certains hommes, à qui l'amour des lettres n'a pu faire oublier les rancunes de la politique, et qui, tout en trouvant bon que le Dante ne soit pas Guelfe, ne sauraient pardonner à son traducteur d'être Gibelin.

Il ne s'est pas dissimulé toutefois que de nouvelles et plus sérieuses difficultés l'attendaient dans la poursuite de son œuvre.

Beaucoup moins connue que l'Enfer, qui, pour

un assez grand nombre de lecteurs, s'est longtemps résumé dans les deux épisodes du comte Ugolin et de Françoise de Rimini, cette seconde partie de LA DIVINE COMEDIE se laisse plus difficilement encore aborder par la traduction. Le poeme du PURGATOIRE résiste aux tentatives de l'idiome étranger de toute la puissance de sa gracieuse originalité, de tout l'obstacle qu'oppose à l'imitation une poésie savante, concise, mélodieuse et riche de ces détails achevés qui perdent tant à passer d'une langue dans une autre langue.

L'ENFER, si bien nommé le CANTIQUE DES DAMNES, n'a rien d'humain. Le lieu, l'action, les personnages, tout y prend un caractère qui sort des conditions de la nature. Au milieu de l'infinie variété de supplices où l'implacable génie du poete torture les morts en se vengeant des vivants, vous ne rencontrez que les faces convulsives de cette foule de réprouvés qui n'ont rien gardé de la vie humaine, sinon les pleurs, le blasphème et le désespoir.

En s'essayant à reproduire cette terrifiante peinture de tourments et de tourmentés où, sur des lignes heurtees et à chaque instant brisées, les violences d'un pinceau fougueux ont répandu ce que la couleur a de plus sombre, on a du moins cet avantage qu'une erreur de ton ou une faute de dessin peut rester facilement inaperçue. Le caractère étrange du sujet et ce qu'offre de saisissant chacune des scènes de l'éternelle expiation passent, quoi qu'on fasse, dans la copie, qui alors, même en dépit de quelques infidélités, donne à peu près une idée suffisante de la terrible épopée.

Mais on n'en saurait dire autant pour LE PURGATOIRE. Ici tout est changé : à l'éternel honneur de son génie et de l'art qu'il invente, le poete, qui tout à l'heure, dans le drame infernal, montrait une si sauvage énergie, et dont l'inspiration lugubre semblait destinée à ne raconter que les colères de Dieu et la désolation des damnés, retrouve tout à coup l'imagination la plus sereine et les plus suaves couleurs pour peindre tantôt les clairs paysages de la sainte montagne, tantôt la figure angélique des ministres du Seigneur et la condition de ces âmes à qui le repentir ou une pauvre petite larme « *lagrimetta* », même au moment suprême, a fait trouver grâce devant Dieu.

Ce deuxième acte de l'admirable trilogie, supérieur peut-être au premier par l'intérêt du sujet, l'unité de la composition, l'harmonie du langage, le charme et le fini des détails, forme dans son ensemble une œuvre si parfaite, que les moindres écarts de la traduction en altèrent profondément les beautés.

Mais on dirait vraiment, à mesure que ce travail devient plus difficile, qu'un attrait plus vif excite à le poursuivre. « C'est proprement un charme ! »

Ce qui domine dans le poëme de L'Enfer, c'est l'imagination, c'est une fantaisie féconde en créations monstrueuses et sans rapport avec les conditions de notre existence. Ici, au contraire, bien que la scène et les acteurs n'appartiennent plus à ce monde, on est cependant en présence d'une nature vraie, en présence de toutes les réalités de la vie humaine.

Sur cette montagne du Purgatoire qui touche au ciel, en conservant sa base sur la terre, les âmes tiennent toujours à l'humanité par leur forme apparente, par leurs sentiments et la permanence de leur personnalité. Le fleuve de l'Oubli « *Lete* » et le fleuve de la Mémoire

« *Eunoe*[1] » n'ont pas encore versé sur leur front le flot doublement purifiant qui efface à jamais la trace des fautes commises, en éternisant le souvenir du bien accompli. Si, pour elles, l'existence terrestre est achevée, elles gardent encore l'empreinte des passions et des affections de la vie. Cette empreinte ineffaçable n'est pas, comme aux cercles de l'Enfer, outrée et défigurée par la torture ; elle ne s'est pas encore évanouie ou spiritualisée dans la transfiguration céleste du Paradis : elle reste purement humaine.

Lors e la fatale sentence « *Lasciate ogni speranza, voi ch' entrate* » place au seuil même de l'Enfer l'éternité du désespoir, au contraire c'est un ange qui veille à l'entrée du Purgatoire, comme le symbole de l'espérance, pour fortifier les âmes pénitentes que l'expiation va rendre dignes du bonheur des élus.

Ainsi, compagnes de leur pérégrination, la crainte et l'espérance les suivent comme ici-bas ; mais la crainte n'est plus qu'une salutaire défiance de leurs forces, et l'espérance, illuminée du reflet

[1]. Ch. XXVIII

des infaillibles promesses, semble éclairer leurs pas de l'aurore du jour qui ne doit pas finir.

En même temps que le caractère humain, conservé aux personnages de ce drame, les rapproche de nous et nous intéresse à leur sort, la foi qui les soutient dans les épreuves qu'ils ont à subir, adoucit la rigueur de ces épreuves, et l'on assiste à leurs souffrances avec ce sentiment de consolation toute chrétienne, qu'elles ne sont ni sans terme, ni sans mérites, ni sans espoir.

Et puis, tout au contraire de ce qui s'est passé dans le voyage à travers les régions de l'abîme où, à mesure qu'il descendait, le poëte arrivait aux cercles des plus grandes désolations; ici, à mesure que, par ses pentes escarpées, on approche des cimes de la sainte montagne, les châtiments perdent de leur sévérité, et les âmes, déjà plus près du lieu de leurs aspirations, répandent autour d'elles ce calme d'une bonne conscience, précurseur de la béatitude, tandis qu'à son tour, la nature embellie leur prodigue les trésors d'un splendide printemps Quelques pas encore, et le ciel plus riant, la lumière plus pure, la route plus fleurie, vous annoncent les joies, la sérénité et les parfums du Paradis terrestre !

Ce séjour primitif de la race humaine qui a conservé la fraîcheur et la virginité que Dieu lui avait données avant la déchéance, le poete le place entre la terre et le ciel, comme une dernière station où l'âme, transfigurée par la pénitence, retrouve une nouvelle jeunesse, une seconde innocence.

Mais là encore, dans cette pure région, retentit un lointain souvenir des misères de l'homme : comme une sublime et dernière personnification des luttes de l'humanité, on y voit apparaître la milice de l'Église, portant les marques du combat au milieu de l'appareil de la victoire, et célébrant, sur ce domaine reconquis, la fête perpétuelle de ses triomphes.

Si, de cette simple donnée sur la composition du drame, on passe à l'exécution, on ne se lasse pas d'admirer comment le poéte, sans sortir de l'unité et de l'harmonie du ton général, a pu produire de telles beautés et des effets tout à la fois si variés et si puissants.

En effet à l'exception de quelques rares passages où reparaît la rude empreinte du chantre de l'Enfer, où se fait jour, à travers le sarcasme et l'ironie, une vraie colère d'honnête homme contre les mœurs et la politique de Florence, tout est calme dans le Purgatoire et d'une sérénité parfaite.

Comment le Dante, avec un style si contenu et une telle sobriété d'expressions, a-t-il su trouver des nuances assez délicates, assez fraîches pour peindre tant de scènes charmantes, pour animer ces douces figures d'anges et de jeunes filles aux suaves contours? Nul ne le peut dire : c'est le secret du génie.

Un autre mérite du grand poëte (le moins connu peut-être de ceux qui ont fait sa grandeur), c'est une merveilleuse intelligence de la nature. On dirait qu'il a été mis dans le secret de toutes ses harmonies; on sent qu'il l'aime, qu'elle l'attire et le fait rêver. Non-seulement, à l'imitation des anciens et surtout de Virgile, son maître, il lui emprunte à chaque pas de délicieuses comparaisons, mais, allant plus loin qu'aucun d'eux et devançant les modernes, il la décrit par goût, pour le seul plaisir de la décrire, avec une sensibilité vraie et une teinte de mélancolie que lui envieraient, de nos jours, les écrivains qui ont le plus fait aimer la poésie descriptive.

Quoi de mieux senti et de plus achevé que ce début du xxviiie chant, dont la traduction ne donne pourtant qu'une imparfaite image :

« Impatient de parcourir, au dehors et dans
« ses profondeurs, la divine forêt, épaisse et ver-
« doyante, qui tempérait aux yeux l'éclat du jour
« naissant, tout aussitôt, loin de la rive, je vais
« par la campagne, foulant à pas bien lents,
« bien lents, un sol tout parfumé.

« Une douce haleine d'air, toujours égale,
« effleurait mon visage, caressante comme la brise
« la plus suave.

« Dociles et frémissant à ce souffle, les rameaux
« se penchaient du côté où la sainte montagne
« laisse tomber sa première ombre, pas assez
« inclinés cependant pour troubler dans leurs
« concerts les petits oiseaux dont l'art s'exerçait
« sur leur cime.

« En pleine joie, ils accueillaient les premières
« heures du jour, en chantant sous le feuillage,

« dont le frémissement répondait à leurs notes
« harmonieuses.

« Ainsi, aux rivages de Chiassi, murmure de
« branche en branche, à travers les sapins, le
« Siroco mis en liberté par Eole.

« Déjà, tout lentement, je m'étais enfoncé bien
« avant dans la forêt, ne voyant plus par où
« j'étais entré, et voilà que je suis arrêté par un
« ruisseau qui coulait vers ma gauche, courbant
« à peine, de ses petits flots, l'herbe qui verdit
« sur ses bords.

« Ici-bas il n'est eau si limpide qui ne paraisse
« trouble au prix de cette eau, où tout se voit
« encore, bien qu'elle coule, toujours plus som-
« bre, sous les ombrages éternels que ne pénétra
« jamais un rayon du soleil ou de la lune. »

Quoi de plus gracieusement amené que cette apparition, tant souhaitée, de Béatrix :

« A la naissance du jour, quand tout le ciel était
« beau de sérénité, j'ai vu quelquefois, sous les
« teintes rosées de l'Orient, la face du soleil se
« montrer voilée par des vapeurs qui permet-
« taient aux yeux d'en supporter l'éclat ; de

« même, à travers ces fleurs jetées par des
« mains angéliques et formant comme un nuage,
« qui remontait et s'abaissait autour du char,
« une femme m'apparut. Son front, caché par un
« voile blanc, portait une couronne d'olivier; un
« manteau vert couvrait son épaule, et sa robe
« brillait des couleurs de la flamme [1]. »

Le poëte se plaît ici au développement de sa pensée; mais bien souvent une stance ou deux lui suffisent pour la rendre complète. Quand il dit, par exemple :

« C'était l'heure qui ravive le regret au cœur
« attendri des navigateurs, le jour où ils ont dit
« adieu à leurs doux amis; l'heure où le pèlerin,
« nouvellement parti, tressaille d'amour, s'il
« entend la cloche tinter au loin, comme si elle
« pleurait le jour qui se meurt [2]. »

Ou bien encore :

« ..... Elles étaient assises sur le bord d'une
« de ces ombres décolorées, telles que, sur leurs

---

1 Ch. xxx
2. Ch. viii.

« froids torrents, en laissent tomber les Alpes,
« du haut de leur feuillage vert et de leurs
« sombres rameaux[1]. »

Enfin, s'il faut tout dire, cette seconde partie de LA DIVINE COMEDIE atteste, encore plus que les deux autres, que rien n'a manqué au génie du Dante, pas même ces tristesses du cœur qui, se trahissant dans l'œuvre du poëte, y ajoutent comme le charme d'une confidence intime.

Rarement les anciens se laissaient aller à ces mélancoliques révélations, à ces retours inattendus sur soi-même, et ils n'ont pu, sous ce rapport, servir de modèles au chantre de Béatrix. Si les passions humaines ont eu avant lui d'inimitables interprètes, si même il se rencontre dans les poetes qui l'ont précédé, dans Virgile, dans Ovide, des vers pleins de sentiment et de tendresse, il faut reconnaître qu'avant le Dante, cette tristesse rêveuse, qui plus tard inspirera tant de chefs-d'œuvre, n'avait pas encore trouvé son expression fidèle et complète.

Que le grand Gibelin dût à la nature ou à des

[1] Ch XXXIII.

amours malheureuses une telle disposition de l'âme, il est à croire qu'elle fut singulièrement entretenue par l'émouvante influence des temps où il vivait.

Telle est la destinée des grands écrivains, que, s'ils représentent l'esprit, les mœurs, les idées et les croyances d'une époque, ils doivent également en refléter les misères.

Au moment où le Dante écrivait, le monde était triste et plein de troubles[1] : un fait immense venait de s'accomplir. La monarchie universelle de l'Eglise, qui, pendant trois cents ans, avait été la cause féconde de tous les progrès de l'Occident, s'éteignait avec Boniface VIII, le dernier des grands papes du moyen âge. Héritiers de cette vaste autorité temporelle qui échappait au saint-siége, les rois et les peuples s'en disputaient les débris, et des temps allaient venir où, à force d'être partout, le pouvoir ne serait nulle part.

Comme il vivait au milieu des guerres civiles

---

1. « J'ai trouvé l'original de mon *Enfer* dans le monde que nous « habitons », écrivait le Dante a CAN DELLA SCALA, dans une lettre citée par UGO FOSCOLO (*A parallel between Dante and Petrach*.)

et religieuses, le poete gibelin ne fit que trop l'épreuve des souffrances et des calamités que peut amasser sur un pays le perpétuel combat d'une liberté sans frein et d'une autorité sans contrôle. Acteur lui-même dans les tragiques péripéties d'exils et de proscriptions qui désolèrent les républiques italiennes, il y conçut ces haines vigoureuses dont le souvenir est écrit en vers ineffaçables aux cercles de l'Enfer, et cette tristesse des illusions perdues qu'il laisse s'exhaler dans quelques stances plaintives du Purgatoire et du Paradis.

On raconte qu'un jour, dans les découragements de l'âge et de l'exil, il allait s'enquérant d'une humble hospitalité, et, comme il se tenait immobile et silencieux : « Que cherchez-vous? » lui dit-on; et il répondit : « *La pace!* » (le repos!)

« Le repos, le repos, tresor si precieux,
« Qu'on en faisait jadis le partage des dieux ! [1] »

Mais au lieu du repos, c'est la gloire qu'il trouva! Cette gloire, qui brilla si longtemps du plus vif éclat, s'obscurcit un instant, il est vrai, sous

[1] La Fontaine.

l'influence d'une littérature qui ne s'inspirait que de l'antiquité grecque et latine; mais elle renaît aujourd'hui pure, lumineuse et applaudie comme à ses plus beaux jours.

Sans doute il est encore des esprits rebelles pour qui le Dante et Shakspeare sont presque des barbares, comme il en est pour qui Mozart et Beethoven sont venus en vain, comme il en est pour qui Raphaël et Poussin ne sont pas venus du tout. A cela il n'y a rien à dire, sinon le mot si vrai de J. Joubert[1] :

« On ne peut trouver de poésie nulle part,
« quand on n'en porte pas en soi. »

Mais la gloire finit toujours par avoir raison. Si, de notre temps, les chaires publiques n'ont pas retenti, avec le même bruit qu'au XIVe siècle, des louanges et de l'enseignement de LA DIVINE COMEDIE, du moins des voix pleines d'autorité et toujours écoutées[2] en ont su raviver les impé-

---

[1]. Pensees, Essais et Maximes de J. JOUBERT (qu'on ne saurait trop lire ni citer trop souvent). T I, p 52.

[2]. Par-dessus toutes, celles de M. J. AMPERE et du savant et regrettable OZANAM.

rissables beautés; et, à ce signal venu de haut, de nouvelles études, remettant en lumière tous les mérites du poete florentin, ont assuré pour toujours, à la grande épopée du moyen âge, la place que lui avaient marquée, à côté de l'Iliade et de l'Eneide, cinq cents ans d'admiration.

Semblable à ces voyageurs qui, peu de chose par eux-mêmes et jaloux cependant de laisser un souvenir, inscrivent, en passant, leur nom sur quelque grand monument de la nature ou de l'art, l'auteur de cette traduction a gravé le sien au pied de la statue de Dante Alighieri.

L'a-t-il fait d'une main assez ferme? L'avenir en décidera.

Viroflay, octobre 1855.

L'ENFER

'I

L'E FE

L'INFE　O

CANTO PRIMO

Nel mezzo del cammin di nostra vita
  Mi ritrovai per una selva oscura,
  Che la diritta via era smarrita:

E quanto a dir, qual'era, è cosa dura,
  Questa selva selvaggia, ed aspra, e forte,
  Che nel pensier rinnuova la paura.

Tanto è amara, che poco è più morte:
  Ma per trattar del ben, ch' i' vi trovai,
  Dirò dell' altre cose, ch' i' v' ho scorte.

I' non so ben ridir, com' i' v' entrai,
  Tant' era pien di sonno, in su quel punto,
  Che la verace via abbandonai.

Ma po' ch' i' fui appiè d'un colle giunto,
  Là ove terminava quella valle,
  Che m'avea di paura il cuor compunto,

L'E FE

CHANT PREMIER

A la moitié du chemin de la vie [1], ayant perdu la bonne voie, il arriva que je m'égarai dans une forêt sombre [2] ; forêt sauvage, âpre, immense, dont le souvenir renouvelle ma terreur ! Raconter ce qu'elle était serait une tâche si cruelle, que la mort seule me paraît plus affreuse.

Pour parler comme il convient, de l'assistance qui m'y fut donnée, il faut que je dise auparavant les choses toutes différentes que j'y rencontrai. Je ne sais pas comment j'y entrai, tant j'étais plein de sommeil au moment où j'abandonnai la véritable route. Mais à peine arrivé au pied d'une colline où venait aboutir cette vallée d'épouvante et de saisissement, je portai mon regard au ciel et le front de cette colline me parut éclairé déjà des rayons de la planète qui sert de guide aux mortels dans tous les chemins.

Guarda' in alto, e vidi le sue spalle
  Vestite già de' raggi del pianeta,
  Che mena dritto altrui per ogni calle.

Allor fu la paura un poco queta,
  Che nel lago del cuor m'era durata
  La notte, ch' i' passai con tanta pieta.

E come quei, che con lena affannata
  Uscito fuor del pelago alla riva
  Si volge all' acqua perigliosa, e guata:

Così l'animo mio, ch' ancor fuggiva,
  Si volse indietro a rimirar lo passo,
  Che non lasciò giammai persona viva.

Poi ch' ebbi riposato 'l corpo lasso,
  Ripresi via per la piaggia diserta,
  Sì che 'l piè fermo sempre era 'l più basso.

Ed, ecco quasi al cominciar dell' erta,
  Una lonza leggiera e presta molto,
  Che di pel maculato era coperta.

E non mi si partìa dinanzi al volto:
  Anzi 'mpediva tanto 'l mio cammino,
  Ch' i' fui per ritornar più volte volto.

Temp' era dal principio del mattino;
  E 'l Sol montava 'n su con quelle stelle,
  Ch' eran con lui, quando l' amor divino

Alors fut un peu calmée la frayeur qui avait pénétré au plus profond de mon âme, durant cette longue nuit pleine d'angoisses. Celui qui sort, tout haletant, des flots de la mer, en touchant le rivage, tourne encore vers l'onde périlleuse un regard inquiet; ainsi mon esprit, mal affermi, se reportait en arrière pour contempler ce terrible défilé d'où ne sortit jamais créature vivante.

Je reposai un instant mon corps fatigué et je repris ma route à travers la pente déserte, gravissant avec effort, le pied ferme en arrière. Mais voici qu'au commencement de la montée, et tout à coup, une panthère agile et souple, dont la peau était mouchetée et qui sans cesse bondissait sous mes yeux, me barre le passage; et tel était l'obstacle, que plus d'une fois je fus tenté de revenir sur mes pas.

C'était aux premières clartés du matin; le soleil montait, entraînant ces mêmes étoiles qui lui faisaient cortége au moment où l'amour divin donna le mouve-

Mosse da prima quelle cose belle;
   Sì ch' a bene sperar m' era cagione
   Di quella fera la gajetta pelle,

L' ora del tempo, e la dolce stagione:
   Ma non sì, che paura non mi desse
   La vista, che m' apparve d' un leone.

Questi parea, che contra me venesse
   Con la test' alta, e con rabbiosa fame,
   Sì che parea, che l' aer ne temesse:

Ed una lupa, che di tutte brame
   Sembiava carca, con la sua magrezza,
   E molte genti fe' già viver grame.

Questa mi porse tanto di gravezza
   Con la paura, ch' uscia di sua vista,
   Ch' i' perdei la speranza dell' altezza.

E quale è quei, che volentieri acquista,
   E giugne 'l tempo, che perder lo face,
   Che 'n tutti i suoi pensier piange, e s' attrista.

Tal mi fece la bestia senza pace,
   Che venendomi 'ncontro, a poco a poco,
   Mi ripingeva là dove 'l Sol tace.

Mentre ch' i' rovinava in basso loco,
   Dinanzi agli occhi mi si fu offerto
   Chi per lungo silenzio parea fioco.

ment à toutes ces belles choses. Si bien que tout me permettait d'espérer, et la naissante aurore et la douce saison, et même la panthère aux couleurs nuancées ; et cependant la frayeur me revint à l'aspect d'un lion qui m'apparut soudain. Il venait à moi la tête haute, poussé par une telle rage de faim, que l'air même s'en épouvantait. En même temps je vis une louve qui, dans sa maigreur, paraissait en proie à tous les appétits : certes elle avait déjà fait bien des victimes ! La terreur que lançait son regard me jeta dans une telle stupeur, que je perdis tout espoir de gravir la colline.

Celui qui se complaît à gagner sur toute chose, si, par fortune, arrive le moment de la perte, ne cesse de gémir et de s'attrister au fond de l'âme ; ainsi fis-je en présence de la bête sans repos qui, venant droit à moi, me poussait peu à peu vers le lieu où se tait le soleil[3]. J'allais ainsi vers l'abîme lorsque s'offrit à mes yeux un personnage auquel un long silence avait ôté quelque peu l'accent de la voix humaine. Aussitôt que je l'aperçus dans cet affreux désert : « Prends pitié de moi, m'écriai-je, que tu sois un homme ou que tu sois un fantôme. »

Quando i' vidi costui nel gran diserto,
　Miserere di me gridai a lui,
　Qual che tu sii, od ombra, od uomo certo.

Risposemi: Non uomo: uomo già fui,
　E li parenti miei furon Lombardi,
　E Mantovani per patria amendui.

Nacqui *sub Julio*, ancorchè fosse tardi,
　E vissi a Roma sotto 'l buono Agusto,
　Al tempo degli Dei falsi, e bugiardi.

Poeta fui, e cantai di quel giusto
　Figliuol d'Anchise, che venne da Troja,
　Poichè 'l superbo Ilion fu combusto.

Ma tu, perchè ritorni a tanta noja?
　Perchè non sali il dilettoso monte,
　Ch'è principio e cagion di tutta gioja?

Or se' tu quel Virgilio, e quella fonte,
　Che spande di parlar sì largo fiume?
　Risposi lui con vergognosa fronte.

Oh degli altri poeti onore, e lume,
　Vagliami 'l lungo studio, e 'l grande amore,
　Che m'han fatto cercar lo tuo volume.

Tu se' lo mio maestro, e 'l mio autore:
　Tu se' solo colui, da cu' io tolsi
　Lo bello stile, che m'ha fatto onore.

Il me répondit : « Je ne suis plus un homme, je le fus autrefois ; mon père et ma mère étaient Lombards ; Mantoue fut leur patrie ; je suis né dans les derniers temps de Jules César ; j'ai vécu sous la loi bienfaisante de l'empereur Auguste, à l'époque de nos faux Dieux. J'ai été un poete ; j'ai chanté le fils pieux d'Anchise, qui vint de Troie après l'embrasement de ses superbes remparts⁴.

« Mais toi, pourquoi reprendre le chemin des afflictions ? Pourquoi ne pas franchir le mont délicieux, principe et cause de tout contentement ? »

« Es-tu donc, lui répondis-je en m'inclinant et la rougeur au front, es-tu ce Virgile, cette source féconde qui répand les flots harmonieux d'un si beau langage ? O lumière et gloire de toute poésie, accueille-moi en récompense du zèle assidu et du grand amour qui m'ont fait rechercher ton poeme. Tu es mon maître et mon modèle ; c'est toi qui m'as enseigné cet art du bien dire dont je me suis fait honneur. Vois-tu cette bête qui me met en fuite ? O sage illustre, protége-moi contre elle, car elle me fait trembler les veines et battre les artères. »

Vedi la bestia, per cu' io mi volsi:
    Ajutami da lei, famoso saggio,
    Ch' ella mi fa tremar le vene, e i polsi.

A te convien tenere altro viaggio,
    Rispose, poi che lagrimar mi vide,
    Se vuoi campar d'esto luogo selvaggio:

Che questa bestia, per la qual tu gride,
    Non lascia altrui passar per la sua via,
    Ma tanto lo 'mpedisce, che l'uccide:

Ed ha natura sì malvagia e ria,
    Che mai non empie la bramosa voglia,
    E dopo 'l pasto ha più fame che pria.

Molti son gli animali, a cui s'ammoglia,
    E più saranno ancora, infin che 'l veltro
    Verrà, che la farà morir di doglia.

Questi non ciberà terra, nè peltro,
    Ma sapienza, e amore, e virtute,
    E sua nazion sarà tra Feltro e Feltro:

Di quell' umile Italia fia salute,
    Per cui morìo la Vergine Cammilla,
    Eurialo, e Turno, e Niso di ferute:

Questi la caccerà per ogni villa,
    Fin che l'avrà rimessa nello 'nferno,
    Là onde 'nvidia prima dipartilla

« Il te faut prendre une autre route, dit-il en me voyant pleurer, si tu veux te sauver de ce lieu sauvage.

« Cette louve qui te fait crier ne laisse passer personne sur la route : si on lui résiste, elle vous tue. Elle est si malfaisante et si féroce, que jamais elle n'assouvit son insatiable voracité : à peine repue, elle est encore affamée. A beaucoup d'animaux elle se livre; à beaucoup d'autres encore elle se livrera. Mais un jour viendra le grand Lévrier[5] qui la fera mourir. Ce vengeur ne se nourrira pas des trésors de la terre, mais de sagesse, d'amour et de vertu. Entre Feltre et Feltro[6] se tiendra sa nation. De celui-ci viendra le salut de la pauvre Italie pour laquelle moururent en combattant la chaste Camille et Turnus, Euryale et Nisus. Il poursuivra la louve de place en place, jusqu'à ce qu'il l'ait fait rentrer dans l'enfer dont l'Envie lui ouvrit les portes.

Ond' io per lo tuo me' penso e discerno,
   Che tu mi segui, ed io sarò tua guida,
   E trarrotti di quì per luogo eterno,

Ov' udirai le disperate strida,
   Vedrai gli antichi spiriti dolenti,
   Che la seconda morte ciascun grida.

E poi vedrai color, che son contenti
   Nel fuoco, perchè speran di venire,
   Quando che sia, alle beate genti:

Alle qua' poi se tu vorrai salire,
   Anima fia a ciò di me più degna:
   Con lei ti lascerò nel mio partire.

Che quello 'mperador, che lassù regna,
   Perch' i' fu' ribellante alla sua legge,
   Non vuol, che 'n sua città per me si vegna.

In tutte parti impera, e quivi regge:
   Quivi è la sua cittade, e l' alto seggio:
   O felice colui, cu' ivi elegge!

Ed io a lui: Poeta, i' ti richieggio
   Per quello Iddio, che tu non conoscesti,
   Acciocch' i' fugga questo male, e peggio,

Che tu mi meni là dov' or dicesti,
   Sì ch' i' vegga la porta di san Pietro,
   E color che tu fai cotanto mesti.

Allor si mosse, ed io li tenni dietro.

« En y pensant bien, j'estime qu'il est de ton intérêt de me suivre : je veux te tirer d'ici et je serai ton guide à travers cette région de l'éternité, où tu entendras des voix désespérées, et les lamentations de ces antiques damnés, qui invoquent à grands cris la seconde mort. Là tu en verras d'autres qui, même au milieu des flammes, sont contents, parce qu'ils espèrent monter au séjour des bienheureux. Après quoi, si tu veux t'élever jusqu'à ces hauteurs, une âme t'y aidera, plus digne que moi de t'y conduire [7]. En te quittant je te laisserai avec elle. Le Tout-Puissant ne veut pas qu'on pénètre par mon secours dans la sainte cité, parce que je n'ai pas suivi sa loi. Partout il commande ; c'est de là-haut qu'il règne : là est son séjour et son trône glorieux. Bien heureux ceux qu'il y appelle ! »

Alors je lui dis : « Poete, je t'en conjure par ce Dieu que tu n'as pas connu, fais que j'échappe au danger présent et aux périls plus grands de l'avenir. Conduis-moi où tu as dit; que je voie enfin la porte de saint Pierre, et ceux que tu me fais si misérables. »

Il se mit en marche et moi j'allais derrière.

CANTO SECONDO

Lo giorno se n'andava, e l'aer bruno
   Toglieva gli animai, che sono 'n terra.
   Dalle fatiche loro; ed io sol'uno

M'apparecchiava a sostener la guerra
   Sì del cammino, e sì della pietate,
   Che ritrarrà la mente, che non erra.

O Muse, o alto ingegno, or m'ajutate:
   O mente, che scrivesti ciò ch'i' vidi,
   Qui si parrà la tua nobilitate.

Io cominciai: Poeta, che mi guidi,
   Guarda la mia virtù, s'ell'è possente,
   Prima ch'all'alto passo tu mi fidi.

Tu dici, che di Silvio lo parente,
   Corruttibile ancora, ad immortale
   Secolo andò, e fu sensibilmente.

CHANT DEUXIÈME

Le jour était à son déclin et l'air assombri enlevait à leurs travaux les créatures de la terre ; moi seul je m'apprêtais à entrer en lutte avec les fatigues de ce chemin et les émotions que ma mémoire va retracer fidèlement.

O Muses, ô intelligence supérieure, venez à mon aide : ô mon esprit, qui as gardé ces visions, c'est ici qu'apparaîtra ta céleste origine !

Je parlai ainsi : « Poete qui me guides, regarde à mon courage, et dis-moi s'il peut suffire, avant que tu me conduises dans ce lieu formidable. Tu dis qu'Enée, père de Silvius, encore dans les liens de cette vie, a pu voir, de ses yeux mortels, le séjour immortel. Qu'en raison des grandes choses dont il devait être l'origine, il ait pu obtenir une telle faveur de l'ennemi

Però se l'avversario d'ogni male
    Cortese fu, pensando l'alto effetto,
    Ch'uscir dovea di lui, e 'l chi, e 'l quale,

Non pare indegno ad uomo d'intelletto:
    Ch'ei fu dell'alma Roma, e di suo 'mpero
    Nell'empireo ciel per padre eletto:

La quale, e 'l quale (a voler dir lo vero)
    Fur stabiliti per lo loco santo,
    U' siede il successor del maggior Piero.

Per questa andata, onde li dai tu vanto,
    Intese cose, che furon cagione
    Di sua vittoria, e del papale ammanto.

Andovvi poi lo Vas d'elezione,
    Per recarne conforto a quella fede,
    Ch'è principio alla via di salvazione.

Ma io, perchè venirvi? o chi 'l concede?
    Io non Enea, io non Paolo sono:
    Me degno a ciò nè io nè altri il crede.

Perchè se del venire i' m'abbandono,
    Temo che la venuta non sia folle:
    Se' savio, e 'ntendi me', ch' i' non ragiono.

E quale è quei, che disvuol ciò ch'e' volle,
    E per nuovi pensier cangia proposta,
    Sì che del cominciar tutto si tolle,

de tout mal, un homme intelligent ne s'en étonnera pas. Il était un élu du ciel destiné à être le fondateur de la glorieuse Rome et de son empire ; c'est-à-dire à préparer le temple et le siége du successeur de saint Pierre [1]. Dans ce voyage que tu as célébré, il entendit des choses qui furent le présage de sa victoire et du triomphe de la papauté.

« Le Vase d'élection [2], lui aussi, est monté jusqu'au ciel, pour donner un nouvel appui à cette foi qui est le principe et le chemin du salut.

« Mais moi, de quel droit y viendrais-je ? Qui me l'a permis ? Je ne suis pas Énée ; je ne suis pas saint Paul : que je sois digne d'une telle faveur, nul ne le croira ; moi encore moins que personne ; et lorsque je me hasarde à venir, mon projet me paraît insensé. Ta sagesse a compris mieux que je n'ai parlé. »

Comme un homme indécis, qui ne veut plus ce qu'il voulait, et qui, changeant ses premiers desseins contre de nouvelles pensées, renonce à ce qu'il avait commencé,

Tal mi fec'io in quella oscura costa:
    Perchè, pensando, consumai la 'mpresa,
    Che fu, nel cominciar, cotanto tosta.

Se io ho ben la tua parola intesa,
    Rispose del magnanimo quell'ombra,
    L'anima tua è da viltate offesa:

La qual molte fiate l'uomo ingombra,
    Sì che d'onrata impresa lo rivolve,
    Come falso veder bestia, quand'ombra.

Da questa tema acciocchè tu ti solve,
    Dirotti, perch'i' venni, e quel, ch'io 'ntesi
    Nel primo punto, che di te mi dolve.

Io era tra color, che son sospesi,
    E donna mi chiamò beata, e bella,
    Tal che di comandare i' la richiesi.

Lucevan gli occhi suoi più che la stella:
    E cominciommi a dir, soave e piana,
    Con angelica voce, in sua favella:

O anima cortese Mantovana,
    Di cui la fama ancor nel mondo dura,
    E durerà, quanto 'l moto lontana:

L'amico mio, e non della ventura,
    Nella deserta piaggia è impedito
    Sì nel cammin, che volto è per paura:

je m'arrêtai sur cette pente obscure, décidé a abandonner une entreprise acceptée avec tant d'empressement.

« Si j'ai bien compris tes paroles, me répondit l'ombre magnanime, ton âme obéit à cette frayeur qui souvent trouble l'esprit des hommes et les détourne d'une glorieuse entreprise ; ainsi s'effraye un animal ombrageux qui voit ce qui n'est pas.

« Pour t'affranchir de cette crainte, je te dirai ce qui m'amène et ce que j'avais entendu quand je fus pris de compassion pour toi.

« Parmi les âmes dont le sort est en suspens [3], j'attendais, lorsque je fus appelé par une dame si belle et si sainte que je la suppliai de me commander; ses yeux brillaient plus que les étoiles. Elle commença de me dire, en son langage, et d'une voix angélique, ces bonnes et douces paroles : « Ame courtoise de Mantoue, dont la renommée dure encore dans le monde et ne s'arrêtera qu'avec lui, celui qui m'aime plus qu'il n'aima la fortune, est si empêché dans son chemin, sur une pente déserte, que la peur le force à retourner en arrière. Peut-être même (c'est ma crainte), d'après ce que j'ai entendu dire dans le ciel, est-il déjà si fort égaré, que je me serais levée trop tard pour le secourir. Va donc, et avec ta parole harmonieuse, avec tout ce qu'il faut pour assurer son salut, porte-lui secours, si

E temo, che non sia già sì smarrito,
   Ch'io mi sia tardi al soccorso levata,
   Per quel, ch'io ho di lui, nel cielo, udito.

Or muovi, e con la tua parola ornata,
   E con ciò, che ha mestieri al suo campare,
   L'ajuta sì, ch'i' ne sia consolata.

I' son Beatrice, che ti faccio andare :
   Vegno di loco, ove tornar desio :
   Amor mi mosse, che mi fa parlare.

Quando sarò dinanzi al signor mio,
   Di te mi loderò sovente a lui :
   Tacette allora, e poi comincia' io :

O Donna di virtù, sola, per cui
   L'umana spezie eccede ogni contento
   Da quel ciel, ch'ha minor li cerchi sui :

Tanto m'aggrada 'l tuo comandamento,
   Che l'ubbidir, se già fosse, m'è tardi;
   Più non t'è uopo aprirmi 'l tuo talento.

Ma dimmi la cagion, che non ti guardi
   Dello scender quaggiuso, in questo centro,
   Dall'ampio loco, ove tornar tu ardi.

Da che tu vuoi saper cotanto addentro,
   Dirotti brevemente, mi rispose,
   Perch'i' non temo di venir qua entro.

bien que je sois consolée. C'est moi, c'est Béatrix qui t'envoie; je viens d'un lieu où je désire retourner; c'est l'amour qui m'amène ici et qui me fait parler. Lorsque je serai de nouveau devant mon seigneur, je me louerai souvent de toi auprès de lui. »

Quand elle eut parlé : « O dame de vertu, lui répondis-je, par qui la nature humaine surpasse tous les êtres contenus sous le ciel dont les cercles sont le plus rétrécis, tes commandements me sont si agréables, que, si déjà je t'avais obéi, je croirais mon obéissance trop tardive; il n'est plus besoin que tu m'exprimes tes désirs. Mais dis-moi comment tu ne crains pas de quitter ces hautes demeures, où tu brûles de retourner, pour descendre dans ces profondeurs? »

« Puisque tu veux le savoir, je te dirai en peu de mots, répondit-elle, pourquoi je n'ai pas craint de venir ici.

Temer si dee di sole quelle cose,
   Ch'hanno potenza di fare altrui male:
   Dell'altre nò, chè non son paurose.

Io son fatta da Dio, sua mercè, tale,
   Che la vostra miseria non mi tange,
   Nè fiamma d'esto 'ncendio non m'assale.

Donna è gentil nel ciel, che si compiange
   Di questo impedimento, ov'i' ti mando,
   Sì che duro giudicio lassù frange.

Questa chiese Lucia in suo dimando,
   E disse: Ora abbisogna il tuo fedele
   Di te, ed io a te lo raccomando.

Lucia nimica di ciascun crudele,
   Si mosse, e venne al loco dov'i' era,
   Che mi sedea con l'antica Rachele:

Disse, Beatrice, loda di Dio vera,
   Che non soccorri quei, che t'amò tanto
   Ch'uscìo per te della volgare schiera?

Non odi tu la pieta del suo pianto,
   Non vedi tu la morte, che 'l combatte
   Su la fiumana, ove 'l mar non ha vanto?

Al mondo non fur mai persone ratte
   A far lor pro, ed a fuggir lor danno,
   Com'io, dopo cotai parole fatte,

« Rien n'est à redouter que les dangers véritables : à quoi bon s'effrayer de ce qui ne saurait nuire ? La divine miséricorde a voulu que je fusse à l'abri de vos misères : elle m'a faite invulnérable aux flammes de cet incendie.

« Il est au ciel une âme bienveillante [4] qui s'afflige des obstacles contre lesquels je t'envoie ; c'est elle qui, là-haut, fléchit la rigueur des jugements divins. Elle s'est adressée à Lucie [5] et lui a fait cette prière : « En « ce moment, celui qui t'est fidèle a besoin de toi ; je le « recommande à tes soins. » Lucie, l'ennemie des cœurs durs, accourt aussitôt dans le lieu où j'étais assise auprès de l'antique Rachel : « Béatrix, me dit-elle, ô vraie louange du très-haut, que tardes-tu de venir en aide à celui qui t'aima tant, que, par amour pour toi, il s'est élevé au-dessus du vulgaire ? N'entends-tu pas sa plainte émouvante ? Regarde comme il se débat contre la mort, sur les bords de ce fleuve encore plus orageux que l'Océan ? »

« Personne, au milieu des hommes que pousse le gain ou que la perte agite, n'a plus de hâte que je n'en eus moi-même après avoir entendu ce discours. Voilà

Venni quaggiù dal mio beato scanno,
   Fidandomi nel tuo parlare onesto,
   Ch'onora te, e quei, ch'udito l'hanno.

Poscia che m'ebbe ragionato questo,
   Gli occhi lucenti, lagrimando, volse:
   Perchè mi fece del venir più presto:

E venni a te così, com'ella volse;
   Dinanzi a quella fiera ti levai,
   Che del bel monte il corto andar ti tolse.

Dunque che è? perchè, perchè ristai?
   Perchè tanta viltà nel cuore allette?
   Perchè ardire e franchezza non hai?

Poscia che tai tre donne benedette
   Curan di te nella corte del cielo,
   E 'l mio parlar tanto ben t'impromette?

Quale i fioretti, dal notturno gielo
   Chinati e chiusi, poi che 'l Sol gl'imbianca,
   Si drizzan tutti aperti in loro stelo,

Tal mi fec'io di mia virtute stanca:
   E tanto buono ardire al cuore mi corse,
   Ch'i' cominciai, come persona franca:

O pietosa colei, che mi soccorse,
   E tu cortese, ch'ubbidisti tosto
   Alle vere parole, che ti porse!

comment, loin de mon siége de gloire, je suis venue ici, me fiant à cette noble parole qui fait ton honneur et l'honneur de ceux qui t'écoutent. »

« Parlant ainsi, elle tourna sur moi ses yeux brillants de larmes, et je n'en fus que plus empressé d'obéir : je suis accouru à toi, selon qu'elle le voulait, et je t'ai délivré de cette louve sauvage qui te fermait le plus court chemin de la belle montagne.

« Et quoi maintenant ? Qui t'arrête ? D'où te vient cette peur dans ton âme, et pourquoi manquerais-tu de courage et de confiance, lorsque trois femmes bénies s'occupent de toi dans la cour des cieux, et que mes paroles te promettent tant de bien ? »

Comme une fleur se penche, fermée par le froid de la nuit, et se redresse, ouverte sur sa tige, sitôt que le soleil la colore ; ainsi se releva mon courage abattu, et une si bonne confiance me vint au cœur, que je m'écriai, comme une personne devenue libre :

« O qu'elle fut charitable celle qui me vint en aide, et que tu as été bon, toi, en obéissant si vite aux ordres qu'elle t'apporta !

Tu m' hai con desiderio il cuor disposto
   Sì al venir, con le parole tue,
   Ch'i' son tornato nel primo proposto.

Or va, ch' un sol volere è d'amendue:
   Tu duca, tu signore, e tu maestro:
   Così li dissi: e poichè mosso fue,

Entrai per lo cammino alto e silvestro.

.

« Tes paroles ont si bien disposé mon cœur à te suivre et m'en donnent un tel désir, que je reviens à mon premier dessein. Va donc, qu'une seule volonté soit pour nous deux; te voilà mon guide, mon seigneur et mon maître. »

Ainsi parlai-je ; il se mit en marche, et je m'enfonçai avec lui dans l'abrupt et sauvage sentier.

CANTO TERZO

Per me si va nella città dolente :
    Per me si va nell'eterno dolore :
    Per me si va tra la perduta gente.

Giustizia mosse 'l mio alto fattore :
    Fecemi la divina potestate,
    La somma sapienzia, e 'l primo amore.

Dinanzi a me non fur cose create,
    Se non eterne, ed io eterno duro :
    Lasciate ogni speranza, voi che 'ntrate.

Queste parole di colore oscuro
    Vid'io scritte al sommo d'una porta :
    Perch'io, Maestro, il senso lor m'è duro.

Ed egli a me, come persona accorta,
    Qui si convien lasciare ogni sospetto :
    Ogni viltà convien, che qui sia morta.

CHANT TROISIÈME

—

« Par moi l'on entre dans la cité des douleurs ; par moi, dans la plainte éternelle ; par moi, au milieu des races perdues. La justice inspira mon sublime fondateur ; je suis l'œuvre de la divine volonté, de la souveraine sagesse et du premier amour [1]. Avant moi rien n'était, sinon ce qui est éternel, et moi aussi je dure éternellement. Laissez toute espérance, vous qui entrez. »

Ces paroles, je les lisais, écrites en caractères sombres au sommet d'une porte. « Qu'est-ce à dire, ô mon maître, et que le sens de ces mots est cruel ! »

Comme un sage, il me répondit : « Ici tu dois laisser la crainte ; il faut ici que toute lâcheté s'arrête. Nous sommes en ce lieu où tu verras, je te l'ai dit,

Noi sem venuti al luogo, ov'i' t'ho detto,
   Che tu vedrai le genti dolorose,
   Ch'hanno perduto 'l ben dello 'ntelletto.

E poichè la sua mano alla mia pose,
   Con lieto volto, ond' i' mi confortai,
   Mi mise dentro alle segrete cose.

Quivi sospiri, pianti, e alti guai
   Risonavan, per l'aer senza stelle,
   Perch'io al cominciar ne lagrimai.

Diverse lingue, orribili favelle,
   Parole di dolore, accenti d'ira,
   Voci alte e fioche, e suon di man con elle.

Facevano un tumulto, il qual s'aggira
   Sempre 'n quell'aria senza tempo tinta,
   Come la rena, quand 'l turbo spira.

Ed io, ch'avea d'error la testa cinta,
   Dissi, Maestro, che è quel, ch'i' odo?
   E che gent'è, che par nel duol sì vinta?

Ed egli a me: Questo misero modo
   Tengon l'anime triste di coloro,
   Che visser sanza infamia, e sanza lodo.

Mischiate sono a quel cattivo coro
   Degli angeli, che non furon ribelli,
   Ne fur fedeli a Dio, ma per se foro.

les races désolées qui ont perdu la grâce divine. »

Il posa sa main sur la mienne, et, m'encourageant d'un visage serein, il me conduisit au milieu des choses mystérieuses [2].

Des soupirs, des plaintes et de profonds gémissements résonnaient sous cette voûte sans étoiles [3], et je me pris à pleurer.

Idiomes divers, horribles langages, paroles de douleur, accents de colère, voix profondes et rauques, froissements de mains qui s'entrechoquent : tel était le tumulte tourbillonnant dans cet espace éternellement sombre : on eût dit le sable ardent tournoyant dans une trombe sans fin.

Moi, qui avais la tête encore pleine d'erreurs, je lui dis : « Maître, qu'entends-je ? et qui sont les malheureux navrés de cette atroce douleur ? » Et lui : « Ce misérable châtiment afflige les âmes incomplètes de ceux qui vécurent, tout à la fois, sans honneur et sans infamie. Elles sont confondues avec la foule des mauvais anges qui, sans être ni fidèles ni rebelles à Dieu, ne furent que pour eux. Chassés du ciel (ils en eussent terni la beauté), l'enfer n'en a pas voulu dans ses profondeurs : en les voyant près d'eux, les grands coupables se seraient peut-être glorifiés. »

Cacciarli i Ciel, per non esser men belli:
 Nè lo profondo inferno gli riceve,
 Ch'alcuna gloria i rei avrebber d'elli.

Ed io: Maestro, che è tanto greve
 A lor, che lamentar gli fa sì forte?
 Rispose: Dicerolti molto breve.

Questi non hanno speranza di morte:
 E la lor cieca vita e tanto bassa,
 Che 'nvidiosi son d'ogni altra sorte.

Fama di loro il mondo esser non lassa;
 Misericordia e giustizia gli sdegna.
 Non ragioniam di lor, ma guarda, e passa.

Ed io, che riguardai, vidi una insegna,
 Che girando correva tantoratta,
 Che d'ogni posa mi pareva indegna:

E dietro le venìa sì lunga tratta
 Di gente, ch'i' non avrei mai creduto,
 Che morte tanta n'avesse disfatta.

Poscia ch'io v'ebbi alcun riconosciuto,
 Guardai, e vidi l'ombra di colui,
 Che fece, per viltate, il gran rifiuto.

Incontanente intesi, e certo fui,
 Che quest'era la setta de' cattivi
 A Dio spiacenti, ed a' nemici sui.

« Maître, dis-je à mon tour, quelle est donc l'espèce de tourments qui leur fait jeter ces cris affreux ? »

Et lui : « Je vais te le dire en peu de mots : ces malheureux n'ont plus l'espérance de la seconde mort, et leur condition présente est si abjecte, que tout autre sort leur paraît préférable. Le monde n'a pas voulu garder leur mémoire, la miséricorde et la justice divines les dédaignent. N'en parlons plus : regarde seulement, et passons. »

Et comme je regardais, je vis un étendard tournoyant avec tant de rapidité, qu'on eût dit qu'il ne pouvait s'arrêter nulle part ; à sa suite couraient des bandes innombrables ; certes je n'aurais jamais pensé que la mort en eût autant défait. Au milieu de ces âmes (j'en reconnus quelques-unes), je découvris l'ombre de celui qui, par lâcheté, avait formulé le grand refus 4. Aussitôt je compris et je fus certain que c'était la secte des méchants qui déplaisent également à Dieu et à ses ennemis.

Questi sciaurati, che mai non fur vivi,
　Erano ignudi, e stimolati molto
　Da mosconi, e da vespe, ch'eran ivi.

Elle rigavan lor di sangue il volto,
　Che mischiato di lagrime a' lor piedi
　Da fastidiosi vermi era ricolto.

E poi, ch'a riguardare oltre mi diedi,
　Vidi gente alla riva d'un gran fiume:
　Perch'i' dissi, Maestro, or mi concedi,

Ch'io sappia, quali sono, e qual costume,
　Le fa parer di trapassar sì pronte,
　Com'io discerno per lo fioco lume.

Ed egli a me: le cose ti fien conte,
　Quando noi fermerem li nostri passi
　Su la trista riviera d'Acheronte.

Allor con gli occhi vergognosi e bassi,
　Temendo, no 'l mio dir gli fusse grave,
　In fino al fiume di parlar mi trassi.

Ed ecco verso noi venir, per nave,
　Un vecchio bianco per antico pelo,
　Gridando, Guai a voi, anime prave:

Non isperate mai veder lo cielo:
　I' vegno, per menarvi all'altra riva
　Nelle tenebre eterne, in caldo e 'n gielo:

Ces infortunés, qui ne furent jamais vivants, étaient tout nus et harassés de la piqûre des guêpes et de hideux moucherons. Le sang ruisselait sur leur figure et, se mêlant à leurs larmes, tombait à leurs pieds où s'en repaissaient des vers immondes.

Et comme je regardais plus au loin, je découvris une foule sur la rive d'un grand fleuve [1]. « Maître, de grâce, apprends-moi quelles sont ces âmes et quel ordre les pousse à gagner l'autre rive, autant du moins que j'en puis voir à travers cette lueur blafarde. »

« Ces choses, je te les dirai lorsque nous arrêterons nos pas sur les bords de l'Achéron, la sombre rivière. »

Il dit ; et moi, confus, les yeux baissés, de peur que mes paroles ne lui devinssent importunes, j'attendis que nous fussions au bord du fleuve et je ne dis plus un mot.
Et sur les eaux je vis, venant à nous, une barque, et sur cette barque un vieillard blanchi depuis bien des années. « Malheur à vous, âmes perverses ! criait le vieillard ; ne l'espérez pas, vous ne verrez jamais le ciel. Je viens pour vous jeter à l'autre rive, dans les ténèbres éternelles de la chaleur et de la glace. Eloigne-toi, âme vivante, de ceux qui sont morts ! »

E tu, che se' costì, anima viva,
   Partiti da cotesti, che son morti:
Ma poi ch' e' vide, ch' i' non mi partiva,

Disse: Per altre vie, per altri porti
   Verrai a piaggia, non qui, per passare:
Più lieve legno convien, che ti porti.

E 'l duca a lui: Caron, non ti crucciare:
   Vuolsi così colà, dove si puote
Ciò che si vuole: e più non dimandare.

Quinci fur quete le lanose gote
   Al nocchier della livida palude,
Che 'ntorno agli occhi ave' di fiamme ruote.

Ma quell'anime, ch' eran lasse e nude,
   Cangiar colore, e dibattéro i denti,
Ratto che 'nteser le parole crude.

Bestemmiavano Iddio, e i lor parenti,
   L'umana spezie, il luogo, il tempo, e 'l seme
Di lor semenza, e di lor nascimenti.

Poi si ritrasser tutte quante insieme,
   Forte piangendo, alla riva malvagia,
Ch' attende ciascun'uom, che Dio non teme.

Caron dimonio, con occhi di bragia,
   Loro accennando, tutte le raccoglie.
Batte col remo, qualunque s'adagia.

Et, comme je ne m'éloignais pas, il ajouta : « C'est par un autre chemin et par d'autres flots que tu passeras sur la rive opposée [6]. Par ici la traversée est impossible. Il faut pour te porter une barque qui flotte mieux. »

Mon guide, à ces mots : « Caron, lui dit-il, cesse de te tourmenter ; ceci est la volonté de celui qui peut tout ce qu'il veut. Que cela te suffise. »

Aussitôt s'adoucit la face laineuse du vieux nocher de ce marais livide ; autour de ses yeux tournoyaient des cercles flamboyants.

Dès qu'elles entendirent ces paroles cruelles, les âmes, qui étaient fatiguées et nues, pâlirent encore, et, dans un grincement horrible, elles blasphémaient, maudissant leur père et leur mère ; maudissant la race humaine ; maudissant le jour et le lieu de leur naissance ; maudissant les enfants de leurs enfants. Toutes gémissantes elles se retirèrent sur la rive fatale où doit venir tout homme qui n'est pas craignant Dieu.

D'un geste impérieux, l'infernal Caron, aux yeux embrasés, pousse en troupeau ces âmes errantes, et frappe à coups de rame celles qui ne se hâtent pas.

Come d'Autunno si levan le foglie,
  L'una appresso dell'altra, infin che 'l ramo
  Rende alla terra tutte le sue spoglie,

Similemente il mal seme d'Adamo:
  Gittansi di quel lito ad una ad una,
  Per cenni, com'augel per suo richiamo.

Così sen vanno su per l'onda bruna,
  E avanti che sien di là discese,
  Anche di quà nuova schiera s'aduna.

Figliuol mio, disse il maestro cortese,
  Quelli, che muojon nell'ira di Dio,
  Tutti convengon quì d'ogni paese:

E pronti sono al trapassar del rio,
  Che la divina giustizia gli sprona,
  Sì che la tema si volge in disio.

Quinci non passa mai anima buona:
  E però se Caron di te si lagna,
  Ben puoi saper omai, che 'l suo dir suona.

Finito questo, la buja campagna
  Tremò sì forte, che dello spavento
  La mente di sudore ancor mi bagna.

La terra lagrimosa diede vento,
  Che balenò una luce vermiglia,
  La qual mi vinse ciascun sentimento:
E caddi, come l'uom, cui sonno piglia.

Au souffle du vent d'automne, les feuilles s'envolent une à une, jusqu'à ce que chaque rameau ait rendu toutes ses dépouilles à la terre; de même se précipite du rivage la perverse postérité d'Adam, chaque âme obéissant au signe du nocher comme l'oiseau qui se rend à l'appeau.

Ainsi s'en vont les âmes à travers l'onde noire et à peine se sont-elles éloignées du rivage, qu'une nouvelle foule s'y rassemble déjà.

« Mon fils, me dit le maître avec bonté, tous ceux qui meurent dans la colère de Dieu accourent ici de tous les côtés de l'univers. L'aiguillon de la justice divine les pousse à traverser le fleuve, et leur terreur se change en hâte. Ici ne passa jamais une âme innocente, et si Caron t'a repoussé, tu comprends maintenant pourquoi. »

Ces paroles dites, la formidable campagne fut secouée jusqu'en ses fondements (à ce souvenir terrible, la sueur inonde encore mon visage), et de cette terre des lamentations surgit un grand vent qui, dardant une lueur rouge, me frappa de stupeur ; je tombai semblable à un homme accablé de sommeil.

CANTO QUARTO

Ruppemi l'alto sonno nella testa
    Un greve tuono, sì ch'i' mi riscossi,
    Come persona, che per forza è desta:

E l'occhio riposato intorno mossi,
    Dritto levato, e fiso riguardai,
    Per conoscer lo loco dov'io fossi.

Vero è, che 'n su la proda mi trovai
    Della valle d'abisso dolorosa,
    Che tuono accoglie d'infiniti guai.

Oscura, profond'era, e nebulosa,
    Tanto, che per ficcar lo viso al fondo
    I' non vi discernea veruna cosa.

Or discendiam quaggiù nel cieco mondo,
    Incominciò 'l poeta tutto smorto:
    I' sarò primo, e tu sarai secondo.

CHANT QUATRIÈME

Un bruit comparable à l'éclat du tonnerre rompit le sommeil qui chargeait ma tête. L'homme qu'on réveille en sursaut n'est pas secoué plus violemment. Debout, et promenant autour de moi des yeux encore endormis, je regardai bientôt plus fixement pour reconnaître le lieu où j'étais. J'étais sur le bord de l'abîme et de la vallée maudite, qui retentit de gémissements sans fin; elle était si profonde, si chargée de vapeurs et de ténèbres, que mes yeux, perdus dans cet abîme, n'y pouvaient rien distinguer.

« Or, maintenant, il nous faut descendre là-bas, dans cette sombre région, me dit le poète en pâlissant; je vais le premier, marche avec moi. »

Ed io, che del color mi fui accorto,
   Dissi : Come verrò, se tu paventi,
   Che suoli al mio dubbiare esser conforto ?

Ed egli a me : L'angoscia delle genti,
   Che son quaggiù, nel viso mi dipigne
   Quella pietà, che tu, per tema, senti.

Andiam, che la via lunga ne sospigne :
   Così si mise, e così mi fe' 'ntrare
   Nel primo cerchio, che l'abisso cigne.

Quivi, secondo che per ascoltare,
   Non avea pianto, ma che di sospiri,
   Che l'aura eterna facevan tremare :

E ciò avvenìa di duol senza martìri,
   Ch'avean le turbe, ch'eran molte, e grandi,
   D'infanti, e di femmine, e di viri.

Lo buon maestro a me : Tu non dimandi,
   Che spiriti son questi, che tu vedi?
   Or vo' che sappi, innanzi che più andi,

Ch'ei non peccaro : e s'egli hanno mercedi,
   Non basta, perch'e' non ebber battesmo,
   Ch'è porta della fede, che tu credi;

E se furon dinanzi al Cristianesmo,
   Non adorar debitamente Dio :
   E di questi cotai son' io medesmo.

CHANT QUATRIÈME.

Et moi, qui m'aperçus de sa pâleur, je lui dis : « Comment irai-je, si tu as peur, toi, qui m'es envoyé pour m'encourager et pour me soutenir ? »

Et lui : « L'angoisse de ces misérables enfouis là-dessous trouble mon visage d'une compassion que tu prends pour de la peur. Marchons, la route est longue, il faut nous hâter. »

Il entre alors et me fait entrer à sa suite dans le premier cercle qui entoure l'abîme. Là, si mon oreille ne m'a pas trompé, ce n'étaient pas des gémissements que l'on entendait, mais des soupirs qui remplissaient d'un grand trouble l'air éternel; c'étaient des regrets sans souffrances qu'exprimait cette foule si pressée et si nombreuse d'hommes, de femmes et d'enfants.

« Tu ne veux donc pas savoir, me dit le bon maître, quelles sont les âmes que tu vois là ? il faut cependant que tu saches, avant de passer outre, que ces esprits n'ont pas péché; mais ils n'eurent pas le baptême, qui est la source de la foi à laquelle tu es fidèle, et leurs vertus mêmes ne leur sont pas comptées; venus en ce monde avant le Christ, ils n'ont pas adoré Dieu dignement; moi qui te parle je suis du nombre de ceux-là.

CANTO QUARTO.

Per tai difetti, e non per altro rio,
   Semo perduti, e sol di tanto offesi,
   Che sanza speme vivemo in disio.

Gran duol mi prese al cor, quando lo 'ntesi,
   Perocchè gente di molto valore
   Conobbi, che 'n quel limbo eran sospesi.

Dimmi, Maestro mio, dimmi, signore,
   Comincia' io, per volere esser certo
   Di quella fede, che vince ogni errore:

Uscinne mai alcuno, o per suo merto,
   O per altrui, che poi fosse beato?
   E quei, che 'ntese 'l mio parlar coverto,

Rispose: Io era nuovo in questo stato,
   Quando ci vidi venire un possente,
   Con segno di vittoria incoronato.

Trasseci l' ombra del primo parente,
   D' Abel suo figlio, e quella di Noè,
   Di Moisè legista, e ubbidente:

Abraam patriarca, e David Re:
   Israel con suo padre, e co' suoi nati,
   E con Rachele per cui tanto fe:

E altri molti, e fecegli beati:
   E vo', che sappi, che dinanzi ad essi,
   Spiriti umani non eran salvati.

« C'est à cause de cet état d'imperfection et non pour aucune autre faute que nous sommes condamnés ; nous vivons dans un désir sans espérance, et c'est tout notre châtiment. »

Une grande douleur me prit au cœur lorsque j'entendis ces paroles, car j'avais reconnu des personnages de grand renom dont ces limbes tenaient le sort en suspens.

« Je t'en prie, maître, je t'en prie, seigneur, lui dis-je, voulant me confirmer dans cette foi triomphante de l'erreur, quelque âme, par ses propres mérites ou par ceux d'autrui, put-elle jamais sortir d'ici et s'élever à l'éternelle félicité ?

Et lui, qui comprit le sens détourné de ma question : « J'étais nouveau venu dans cette demeure lorsque j'y vis descendre un Puissant [1] couronné des attributs de la victoire. Il en tira l'ombre de notre premier père, d'Abel, son fils, l'ombre de Noé et de Moïse, fidèle à la loi qu'il avait faite. Il en tira aussi Abraham, le patriarche, et le roi David ; Israël avec son père et ses enfants, et Rachel, pour qui ce dernier avait tant fait, et beaucoup d'autres enfin qu'il rendit à la vie heureuse ; mais sache bien qu'avant ceux-là nul des esprits purement humains n'avait été sauvé. »

Non lasciavam l'andar, per ch'e' dicessi.
　Ma passavam la selva tuttavia,
　La selva dico di spiriti spessi.

Non era lungi ancor la nostra via
　Di qua dal sommo; quand'i' vidi un foco,
　Ch'emisperio di tenebre vincia.

Di lungi v'eravamo ancora un poco,
　Ma non sì, ch'io non discernessi in parte,
　Ch'orrevol gente possedea quel loco.

O tu, ch'onori ogni scienza, ed arte:
　Questi chi son, ch'hanno cotanta orranza,
　Che dal modo degli altri gli diparte?

E quegli a me: L'onrata nominanza,
　Che di lor suona su nella tua vita,
　Grazia acquista nel ciel, che sì gli avanza.

Intanto voce fu, per me, udita,
　Onorate l'altissimo poeta.
　L'ombra sua torna, ch'era dipartita.

Poichè la voce fu restata, e queta,
　Vidi quattro grand'ombre a noi venire:
　Sembianza avevan nè trista, nè lieta.

Lo buon maestro cominciò a dire:
　Mira colui, con quella spada in mano,
　Che vien dinanzi a' tre, sì come sire.

Nous ne laissions pas d'aller tandis qu'il parlait, et nous avancions dans cette forêt, c'est-à-dire au plus épais de cette foule d'âmes. Notre route ne nous tenait pas bien éloignés de l'orifice du gouffre, lorsque je vis un grand feu qui triomphait de ces ténèbres. Nous étions encore un peu loin, et pourtant je distinguais déjà que plus d'une ombre illustre était retenue en ce séjour.

« O toi, l'honneur de toute poésie et de toute science, dis-moi le nom de ces esprits qui ont obtenu la grande faveur d'être ainsi séparés des autres ! »

Et lui : « Le bruit qui se fait encore dans le monde autour de leur nom glorieux leur a mérité dans le ciel la grâce de cette distinction. »

Alors une voix se fit entendre, qui disait : « Honorez le poëte sublime ! Son ombre était partie, elle est de retour ! »

Aussitôt que la voix eut fait silence, je vis quatre grandes ombres qui venaient à nous. Leur aspect n'annonçait ni tristesse ni joie.

« Regarde, me dit le bon maître, celui qui, l'épée en main, marche en avant des trois autres comme leur seigneur, c'est Homère le poëte souverain ; celui qui

Quegli è Omero poeta sovrano:
　L'altro è Orazio satiro, che viene,
　Ovvidio è 'l terzo, e l'ultimo è Lucano.

Perocchè ciascun meco si conviene
　Nel nome, che sonò la voce sola;
　Fannomi onore, e di ciò fanno bene.

Così vidi adunar la bella scuola
　Di quel signor dell'altissimo canto,
　Che sovra gli altri, com'aquila, vola.

Da ch'ebber ragionato 'nsieme alquanto,
　Volsersi a me, con salutevol cenno:
　E 'l mio maestro sorrise di tanto:

E più d'onore ancora assai mi fenno,
　Ch'ei sì mi fecer della loro schiera,
　Sì ch'i' fui sesto, tra cotanto senno.

Così n'andammo insino alla lumiera,
　Parlando cose, che 'l tacere è bello,
　Sì com'era 'l parlar, colà dov'era.

Venimmo al piè d'un nobile castello,
　Sette volte cerchiato d'alte mura,
　Difeso 'ntorno d'un bel fiumicello.

Questo passammo, come terra dura:
　Per sette porte intrai, con questi savi:
　Giugnemmo in prato di fresca verdura.

vient ensuite est Horace, le satirique ; Ovide est le troisième, et le dernier Lucain. Ce nom de poète dont ils me saluent d'une seule voix nous réunit dans une gloire commune ; ils me rendent honneur, et ils font bien. »

Donc, je vis cette noble école réunie autour du maître de toute sublime poésie, qui, dans son vol, plane au-dessus de tous, comme l'aigle.

Après s'être parlé quelque temps ensemble, se tournant vers moi, ils me donnèrent le salut de la bienvenue, et ici mon maître se prit doucement à sourire. Ils voulurent même, pour comble d'honneur, me reconnaître comme l'un des leurs, et je pris place, sixième, dans la glorieuse compagnie.

Nous cheminions ensemble du côté de la lumière, en causant de choses qu'il me faut taire à présent : il convenait alors d'en parler.

Ainsi nous arrivâmes au pied d'un noble château sept fois entouré de hautes murailles [2] ; une petite rivière aux eaux limpides lui servait de fossé ; et, marchant sur cette rivière comme sur la terre ferme, nous franchîmes sept portes avant d'arriver en un pré frais et verdoyant.

CANTO QUARTO.

Genti v'eran, con occhi tardi e gravi,
   Di grande autorità ne' lor sembianti:
Parlavan rado, con voci soavi.

Traemmoci così dall'un de' canti,
   In luogo aperto, luminoso, e alto,
Sì che veder si poten tutti quanti.

Colà diritto, sopra 'l verde smalto,
   Mi fur mostrati gli spiriti magni,
Che di vederli, in me stesso, n'esalto.

I' vidi Elettra, con molti compagni,
   Tra' quai conobbi ed Ettore, ed Enea,
Cesare armato, con gli occhi grifagni.

Vidi Cammilla, e la Pentesilea,
   Dall'altra parte, e vidi 'l Re Latino,
Che con Lavina sua figlia sedea.

Vidi quel Bruto, che cacciò Tarquino,
   Lucrezia, Julia, Marzia, e Corniglia,
E solo in parte vidi 'l Saladino.

Poi che 'nnalzai un poco più le ciglia,
   Vidi 'l maestro di color che sanno,
Seder tra filosofica famiglia.

Tutti l'ammiran, tutti onor gli fanno.
   Quivi vid'io e Socrate, e Platone,
Che 'nnanzi agli altri più presso gli stanno.

Là se trouvaient des personnages illustres aux regards calmes et graves; leur contenance était pleine d'autorité; leur parole était rare; harmonieuse était leur voix.

Nous nous retirâmes un peu à l'écart, dans un lieu découvert, élevé et lumineux; de là nous pouvions à notre aise les voir tous ensemble. Debout sur la verte prairie, elles me furent montrées ces grandes ombres, et mon extase dure encore [3].

Je vis d'abord Electre [4]; au milieu de ses compagnons, je reconnus Hector, Enée et César, encore armé de ses yeux d'épervier [5]. Je vis aussi Camille et Penthésilée [6]; et je vis le roi Latinus assis à côté de sa fille Lavinie.

Je vis ce Brutus qui chassa Tarquin; je vis Lucrèce, Julie, Marcia, Cornélie, et seul, à l'écart, Saladin [7]. Je vis aussi, en levant la tête, le maître de toute science [8], au milieu de la famille des philosophes, qui tous l'admiraient et lui faisaient honneur.

A ses côtés, je vis, plus rapprochés que tous les autres, Socrate et Platon, puis Démocrite, qui fait du monde un coup du hasard; je vis aussi Diogène, Anaxagore et

Democrito, che 'l mondo a caso pone,
    Diogenes, Anassagora, e Tale,
    Empedocles, Eraclito, e Zenone:

E vidi 'l buon accoglitor del quale,
    Dioscoride dico: e vidi Orfeo,
    Tullio, e Lino, e Seneca morale:

Euclide geometra, e Tolommeo,
    Ippocrate, Avicenna, e Galieno,
    Averrois, che 'l gran comento feo.

I' non posso ritrai di tutti appieno,
    Perocchè sì mi caccia 'l lungo tema,
    Che molte volte al fatto il dir vien meno.

La sesta compagnia in duo si scema:
    Per altra via mi mena 'l savio duca,
    Fuor della queta, nell'aura che trema:

E vengo in parte, ove non è, che luca.

Thalès; Empédocle, Héraclite, Zénon et cet ingénieux investigateur de la nature, appelé Dioscoride [9]; je vis Orphée et Cicéron, et Linus et Sénèque le moraliste; Euclide, le géomètre; Ptolémée, Hippocrate, Avicenne et Galien, Averrhoes, le grand commentateur [10].

Je ne saurais les nommer tous, le temps presse et me pousse en avant : pour tant de choses, de brèves paroles ne suffiraient pas.

Ici la compagnie des six fut diminuée de deux : mon guide me mena par une autre voie hors de l'air tranquille, dans la région agitée, et j'arrivai en un lieu d'éternelle obscurité.

CANTO QUINTO

Così discesi del cerchio primajo
 Giù nel secondo, che men luogo cinghia,
 E tanto più dolor, che pugne a guajo.

Stavvi Minos orribilmente, e ringhia:
 Esamina le colpe nell'entrata:
 Giudica, e manda, secondo ch'avvinghia.

Dico, che quando l'anima mal nata
 Li vien dinanzi, tutta si confessa:
 E quel conoscitor delle peccata,

Vede qual luogo d'Inferno è da essa:
 Cignesi con la coda tante volte,
 Quantunque gradi vuol che giù sia messa.

Sempre dinanzi a lui ne stanno molte:
 Vanno, a vicenda, ciascuna al giudizio:
 Dicono, e odono, e poi son giù volte.

CHANT CINQUIÈME

Ainsi du premier cercle nous arrivâmes au second : dans un moindre espace, il enserre plus de douleurs; douleurs si vives qu'elles éclatent en cris.

Là siége Minos, le juge aux grincements horribles. A mesure qu'elles entrent, il examine les âmes, et, à la façon dont il replie sa queue, elles savent leur châtiment. Ainsi, à peine une âme comparaît devant lui, elle est forcée de tout dire; cet inquisiteur de nos péchés voit aussitôt quel cercle de l'enfer lui revient, et il s'entoure de sa queue autant de fois que l'âme a de degrés à descendre.

Toujours la foule des âmes est grande devant lui : chacune à son tour se présente au jugement; elle parle, elle écoute son arrêt et s'abîme dans le gouffre.

O tu, che vieni al doloroso ospizio,
   Disse Minos a me, quando mi vide,
   Lasciando l'atto di cotanto ufizio,

Guarda, com'entri, e di cui tu ti fide:
   Non t'inganni l'ampiezza dell'entrare.
   E 'l duca mio a lui: Perchè pur gride?

Non impedir lo suo fatale andare:
   Vuolsi così colà, dove si puote
   Ciò che si vuole, e più non dimandare.

Ora incomincian le dolenti note
   A farmisi sentire: or son venuto,
   Là dove molto pianto mi percuote.

I' venni in luogo d'ogni luce muto,
   Che mugghia, come fa mar, per tempesta,
   Se da contrari venti è combattuto.

La bufera infernal, che mai non resta,
   Mena gli spirti con la sua rapina,
   Voltando, e percotendo gli molesta.

Quando giungon davanti alla ruina;
   Quivi le strida, il compianto, e 'l lamento:
   Bestemmian quivi la virtù divina.

Intesi, ch'a così fatto tormento
   Eran dannati i peccator carnali,
   Che la ragion sommettono al talento.

« O toi qui viens dans ce séjour des douleurs, dit Minos, en suspendant, à ma vue, l'exercice de son terrible ministère, prends garde à ton entrée; prends garde à qui tu te fies; par cette large porte ne te laisse pas abuser. »

« A quoi bon tous ces cris? dit mon guide, cesse de t'opposer à ce voyage : il est écrit là-haut, où vouloir c'est pouvoir : que ceci te suffise. »

En ce moment commencent à se faire entendre des accents plaintifs, et j'arrive dans un lieu où le bruit des sanglots frappe mon oreille; lieu d'obscurité morne et qui mugissait comme fait la mer battue par des vents contraires pendant la tempête.

La tourmente infernale, qui ne s'arrête jamais, emporte au loin les esprits dans son tourbillon qui les roule et qui les brise en mille chocs douloureux. Arrivés sur le bord de l'enceinte, c'est un redoublement de cris, de pleurs, d'imprécations et de blasphèmes à la vertu divine.

Ce châtiment, je l'appris alors, était réservé aux grossiers esclaves de la chair, qui soumettent la raison à l'appétit des sens. Comme on voit, au temps froid,

E come gli stornei ne portan l'ali
    Nel freddo tempo, a schiera larga e piena,
    Così quel fiato gli spiriti mali

Di qua, di là, di giù, di su gli mena:
    Nulla speranza gli conforta mai,
    Non che di posa, ma di minor pena.

E come i grù van cantando lor lai,
    Facendo in aer di se lunga riga,
    Così vid'io venir, traendo guai,

Ombre portate dalla detta briga.
    Per ch'io dissi, Maestro, chi son quelle
    Genti, che l'aer nero sì gastiga?

La prima di color, di cui novelle
    Tu vuo' saper, mi disse quegli allotta,
    Fu Imperadrice di molte favelle.

A vizio di lussuria fu sì rotta,
    Che libito fe licito in sua legge,
    Per torre il biasmo, in che era condotta.

Ell' è Semiramis, di cui si legge,
    Che succedette a Nino, e fu sua sposa:
    Tenne la terra, che 'l Soldan corregge.

L'altra è colei, che s'ancise amorosa,
    E ruppe fede al cener di Sicheo:
    Poi è Cleopatras lussuriosa.

en troupes larges et pressées, des étourneaux qu'emporte la bise, ainsi ces malheureux esprits, heurtés et poussés, de çà, de là, en bas et en haut, sont entraînés par la bourrasque, et nul espoir de repos ou d'allégement jamais ne les soulage. Et, comme des grues qui traversent les airs en longues files et font entendre leur chant lamentable, ainsi je vis venir, traînant leur plainte, les ombres apportées par l'ouragan.

« Maître, m'écriai-je, quelle est cette multitude que châtie ainsi la noire tourmente ? »

Et il répondit :

« La première de ces âmes que tu demandes à connaître régna sur une foule de peuples différents de langage ; elle fut si adonnée à la luxure, que, pour se soustraire au blâme qu'elle avait encouru, elle établit par une loi que tout ce qui plaît est licite. C'est Sémiramis ; l'histoire apprend qu'elle fut l'épouse de Ninus et qu'elle régna à sa place : elle posséda la terre où règne aujourd'hui le soudan. L'autre est celle qui se tua par amour et trahit la foi jurée aux cendres de Sichée ; puis vient Cléopâtre la luxurieuse. »

Elena vidi, per cui tanto reo
   Tempo si volse: e vidi 'l grande Achille,
Che con amore al fine combatteo.

Vidi Paris, Tristano: e più di mille
   Ombre mostrommi, e nominolle a dito,
Ch' amor di nostra vita dipartille.

Poscia ch' i' ebbi il mio dottore udito
   Nomar le donne antiche e i cavalieri,
Pietà mi vinse, e fui quasi smarrito.

I' cominciai: Poeta, volentieri
   Parlerei a que' duo, ch 'nsieme vanno,
E pajon sì al vento esser leggieri.

Ed egli a me: Vedrai, quando saranno
   Più presso a noi: e tu allor gli prega,
Per quell' amor ch' ei mena; e quei verranno.

Sì tosto, come 'l vento a noi gli piega,
   Mossi la voce, O anime affannate,
Venite a noi parlar, s' altri nol niega.

Quali colombe dal disio chiamate
   Con l' ali aperte e ferme al dolce nido,
Volan per l' aer dal voler portate:

Cotali uscir della schiera, ov' è Dido,
   A noi venendo per l' aer maligno,
Sì forte fu l'affettuoso grido.

Je vis ensuite Hélène, qui fut la cause de temps si malheureux; je vis l'invincible Achille[1] vaincu dans son dernier combat contre l'amour; je vis Pâris et Tristan[2], (mon guide me les montrait du doigt) et plus de mille ombres que l'amour fit sortir du monde où nous vivons. Lorsqu'il m'eut nommé ces illustres personnes des temps anciens, la compassion me prit, et je fus sur le point de défaillir.

« O poete, si tu le permets, je serais heureux de parler à ces deux âmes, qui vont ensemble et que le vent emporte si légères. »

Il me répondit : « Attends qu'elles soient plus près de nous; alors, conjure-les au nom de cet amour qui les entraîne encore, et elles viendront à ta voix. »

Au même instant, comme le vent nous les apportait : « O âmes infortunées, m'écriai-je, si rien ne s'y oppose, approchez-vous et parlez-nous. »

Telles deux colombes, attirées par le même désir, volent d'une aile ouverte et sûre au nid bien-aimé, emportées dans l'air par le même élan; ainsi les deux âmes, sortant de la foule où se cachait Didon, viennent à nous, à travers cet air sombre; à ce point leur agréait notre appel affectueux.

O animal grazioso, e benigno,
  Che visitando vai, per l' aer perso,
  Noi, che tignemmo 'l mondo di sanguigno.

Se fosse amico il Re dell' universo,
  Noi pregheremmo lui, per la tua pace,
  Poch' hai pietà del nostro mal perverso.

Di quel, ch' udire, e che parlar ti piace:
  Noi udiremo, e parleremo a vui,
  Mentrechè 'l vento, come fa, si tace.

Siede la terra, dove nata fui,
  Su la marina, dove 'l Po discende,
  Per aver pace co' seguaci sui.

Amor, ch' al cor gentil ratto s' apprende,
  Prese costui della bella persona,
  Che mi fu tolta, e 'l modo ancor m' offende.

Amor, ch' a null' amato amar perdona,
  Mi prese, del costui piacer, sì forte,
  Che, come vedi, ancor non m' abbandona.

Amor condusse noi ad una morte:
  Caina attende, chi 'n vita ci spense:
  Queste parole da lor ci fur porte.

Da ch' io 'ntesi quell' anime offense,
  Chinai 'l viso, e tanto 'l tenni basso,
  Fin che 'l poeta mi disse, Che pense?

— « Être gracieux et bon, dit l'une d'elles, qui viens, dans cette région ténébreuse, nous visiter, nous, qui avons teint le monde de notre sang ; si le roi de l'univers nous était favorable, nous le prierions pour ton repos, puisque tu as eu compassion de notre peine cruelle. Ce qu'il vous plaît de dire, nous l'écouterons, et nous dirons ce qu'il vous plaira d'apprendre ; justement l'ouragan s'apaise un peu.

« La terre où je suis née est voisine de la mer, au lieu même où se jette le Pô pour se reposer avec ses nombreux affluents. L'amour, dont s'éprend si vite un cœur tendre, enflamma celui que tu vois près de moi pour les beautés du corps que j'ai perdu. (L'indigne coup qui me les ravit me navre encore !) L'amour, qui veut que nul ne soit aimé qu'il n'aime à son tour, m'attira si fort à ce charme, que rien, tu le vois, n'a pu m'en détacher. L'un et l'autre l'amour nous conduisit à une même mort ; le séjour de Caïn, le meurtrier, attend celui qui nous ôta la vie.

Telles furent leurs paroles. Dès que j'eus entendu ces deux âmes plaintives, je baissai la tête et je la tins longtemps baissée ; à la fin le poète : « A quoi penses-tu ?

Quando risposi, cominciai, O lasso,
   Quanti dolci pensier, quanto disio
   Menò costoro al doloroso passo!

Po' mi rivolsi a loro, e parla' io,
   E cominciai : Francesca, i tuoi martiri
   A lagrimar mi fanno tristo e pio.

Ma dimmi : Al tempo de' dolci sospiri,
   A che, e come concedette amore,
   Che conosceste i dubbiosi desiri?

Ed ella a me : Nessun maggior dolore,
   Che ricordarsi del tempo felice
   Nella miseria, e ciò sa 'l tuo dottore.

Ma s'a conoscer la prima radice
   Del nostro amor tu hai cotanto affetto,
   Farò come colui, che piange, e dice.

Noi leggiavamo un giorno, per diletto,
   Di Lancilotto, come amor lo strinse :
   Soli eravamo, e senza alcun sospetto.

Per più fiate gli occhi ci sospinse
   Quella lettura, e scoloroccì 'l viso :
   Ma solo un punto fu quel, che ci vinse.

Quando leggemmo il disiato riso
   Esser baciato da cotanto amante,
   Questi, che mai da me non fia diviso,

me dit-il. » « Hélas! lui répondis-je, que de douces pensées, que d'enivrants désirs les ont entraînés, l'un et l'autre, à cette fin douloureuse! » Et, me retournant vers eux, je leur dis : « Françoise³, ton martyre m'arrache des larmes de tristesse et de pitié. Mais, dis-moi, au temps des doux soupirs, à quel signe et comment l'amour vous laissa-t-il deviner le secret de vos cœurs? » Et elle à moi : « Se rappeler, dans la misère, le bonheur d'autrefois, quelle douleur plus grande? Demande-le à ton maître⁴.

« Mais si tu as tant à cœur de connaître la première source de notre amour, je ferai comme celui qui pleure et qui parle en pleurant.

« Nous lisions un jour, lui et moi, par plaisir, comment l'amour vint au cœur de Lancelot⁵. Nous étions seuls et sans défiance; plus d'une fois, à cette lecture, nos yeux se rencontrèrent, et la rougeur nous vint au visage; mais ce fut un seul passage qui triompha de nous. Lorsque nous lûmes que le sourire de la bien-aimée avait été baisé par un amant si tendre, alors celui qui de moi ne sera jamais séparé, tout tremblant, me baisa la bouche. Le livre et celui qui l'écrivit furent pour nous un autre Galléhaut; et, ce jour-là, nous ne lûmes pas davantage. »

La bocca mi baciò tutto tremante :
　　Galeotto fu il libro, e chi lo scrisse :
　　Quel giorno più non vi leggemmo avante.

Mentre che l'uno spirto questo disse,
　　L'altro piangeva sì, che di pietade
　　I' venni men, così com' io morisse,

E caddi, come corpo morto cade.

Tandis que cette ombre parlait ainsi, l'autre versait des larmes amères, et moi, pénétré de pitié, je me sentis défaillir comme si j'allais mourir. Et je tombai, comme tombe un corps mort.

CANTO SESTO

Al tornar della mente, che si chiuse,
   Dinanzi alla pietà de' duo cognati,
   Che di tristizia tutto mi confuse,

Nuovi tormenti, e nuovi tormentati
   Mi veggio intorno, come ch' i' mi muova,
   E come ch' i' mi volga, e ch' i' mi guati.

I' sono al terzo cerchio della piova
   Eterna, maladetta, fredda, e greve:
   Regola, e qualità mai non l'è nuova.

Grandine grossa, e acqua tinta, e neve,
   Per l'aer tenebroso si riversa:
   Pute la terra, che questo riceve.

Cerbero, fiera crudele, e diversa,
   Con tre gole caninamente latra
   Sovra la gente, che quivi è sommersa.

CHANT SIXIÈME

Défailli de tristesse et de pitié à la vue des deux âmes fraternelles, à peine je recouvrais mes esprits, que je me vis entouré de nouveaux tourments et de nouveaux tourmentés, quel que fût le lieu où se portaient et mes yeux et mes pas. J'avais atteint le troisième gouffre, le gouffre de la pluie éternelle, maudite, froide et lourde, qui tombe sans cesse et sans fin, toujours la même. Une grêle épaisse, de l'eau noirâtre mêlée de neige, sont versées à torrents dans cet air ténébreux : la terre, qui en est trempée, devient fétide.

Cerbère, cruelle et difforme bête, ouvre, en aboyant, ses trois gueules de chien sur cette foule d'inondés. Il a les yeux rouges, la barbe sale et noire, le ventre

Gliocchi ha vermigli, e la barba unta, e atra,
   E 'l ventre largo, e unghiate le mani:
   Graffia gli spirti, gli scuoja, ed isquatra.

Urlar gli fa la pioggia, come cani:
   Dell' un de' lati fanno all' altro schermo:
   Volgonsi spesso i miseri profani.

Quando ci scorse Cerbero il gran vermo,
   Le bocche aperse, e mostrocci le sanne:
   Non avea membro, che tenesse fermo.

E 'l duca mio distese le sue spanne
   Prese la terra, e con piene le pugna,
   La gittò dentro alle bramose canne.

Qual' è quel cane, ch' abbajando agugna,
   E si racqueta, poichè 'l pasto morde,
   Che solo a divorarlo intende, e pugna,

Cotai si fecer quelle facce lorde
   Dello demonio Cerbero, che 'ntrona
   L' anime sì, ch' esser vorrebber sorde.

Noi passavam su per l' ombre, ch' adona
   La greve pioggia, e ponavam le piante,
   Sopra lor vanità, che par persona.

Elle giacèn per terra tutte quante,
   Fuor ch' una, ch' a seder si levò, ratto
   Ch' ella ci vide passarsi davante.

immense et ses mains sont armées de crochets. Il griffe, il écorche, il déchire ces misérables. La pluie les fait hurler eux-mêmes comme des chiens : les malheureux se retournent sans cesse, abritant un de leurs côtés par l'autre.

A notre aspect, Cerbère, le grand reptile, ouvrit ses gueules et nous montra ses crocs; il n'avait pas un de ses membres qui ne fût en convulsion.

Mon guide ouvrit les mains, prit de la terre et la jeta à poignées dans ces gosiers voraces. Tel un dogue que fait aboyer la convoitise, et qui s'apaise en mordant à la pâture qu'il s'acharne à dévorer; ainsi firent les gueules immondes de l'infernal Cerbère, qui étourdit tellement les âmes qu'elles voudraient être sourdes.

Nous passons outre, en foulant ces ombres que fouette la lourde pluie, et nous mettons les pieds sur ce vide qui simule un corps.

Elles étaient toutes couchées par terre, hormis une seule, qui se redressa à demi dès qu'elle nous vit venir près d'elle en passant.

O tu, che se' per questo 'nferno tratto,
   Mi disse, riconoscimi, se sai:
   Tu fosti prima, ch'io disfatto, fatto.

Ed io a lei: L'angoscia, che tu hai,
   Forse ti tira fuor della mia mente,
   Sì, che non par, ch'i' ti vedessi mai.

Ma dimmi, chi tu se', che 'n sì dolente
   Luogo se' messa, e a sì fatta pena,
   Che s'altra è maggio, nulla è sì spiacente.

Ed egli a me: La tua città, ch'è piena
   D'invidia sì, che già trabocca il sacco,
   Seco mi tenne in la vita serena.

Voi, cittadini, mi chiamaste Ciacco:
   Per la dannosa colpa della gola,
   Come tu vedi, alla pioggia mi fiacco:

Ed io anima trista non son sola,
   Che tutte queste, a simil pena stanno,
   Per simil colpa: e più non fe parola.

Io gli risposi: Ciacco, il tuo affanno
   Mi pesa sì, ch'a lagrimar m'invita:
   Ma dimmi, se tu sai, a che verranno

Li cittadin della città partita:
   S'alcun v'è giusto: e dimmi la cagione,
   Perchè l'ha tanta discordia assalita.

« O toi, qui as été amené dans cet enfer, me dit-elle, est-ce donc que tu ne me reconnais pas? Tu étais déjà, avant que je cessasse d'être. »

« Peut-être, lui dis-je, l'excès de ta souffrance, en ce moment, t'a chassé de ma mémoire, car il ne me semble pas que je t'aie jamais vu. Mais, dis-moi, qui es-tu, toi, qui as été jeté dans un lieu si triste, subissant un tel supplice, le plus dégoûtant de tous, s'il n'en est pas le plus cruel? »

Et lui à moi : « Ta cité, qui est si pleine d'envie, que la mesure est comble, m'a vu aux jours de ma vie sereine. Vous, mes concitoyens, vous me nommiez Ciacco [1]. C'est pour l'ignoble péché de gourmandise que tu me vois, ici, battu par cette pluie. Et je ne suis pas seul à souffrir : toutes ces âmes que tu vois subissent une peine semblable à la mienne, pour un péché semblable au mien. » Et puis il se tut.

« Ciacco, répondis-je, ton malheur me touche et me pénètre jusqu'aux larmes; peux-tu cependant me dire à quoi en viendront les citoyens de la ville divisée; s'il s'y trouve encore un juste, et pourquoi tant de discordes l'ont assaillie? »

Ed egli a me : Dopo lunga tenzone,
  Verranno al sangue; e la parte selvaggia
  Caccerà l'altra, con molta offensione.

Poi appresso convien, che questa caggia,
  Infra tre soli, e che l'altra sormonti,
  Con la forza di tal, che testè piaggia.

Alto terrà lungo tempo le fronti,
  Tenendo l'altra, sotto gravi pesi,
  Come che di ciò pianga, e che n'adonti.

Giusti son duo, ma non vi sono 'ntesi :
  Superbia, invidia, e avarizia sono
  Le tre faville, ch'hanno i cuori accesi.

Qui pose fine al lacrimabil suono.
  Ed io a lui : Ancor vo' che m'insegni,
  E che di più parlar mi facci dono.

Farinata, e 'l Tegghiajo, che fur sì degni,
  Jacopo Rusticucci, Arrigo, e 'l Mosca,
  E gli altri, ch'a ben far poser gl'ingegni,

Dimmi, ove sono, e fa, ch'io gli conosca,
  Che gran disio mi stringe di sapere,
  Se 'l ciel gli addolcia, o lo 'nferno gli attosca.

E quegli : Ei son tra l'anime più nere :
  Diverse colpe giù gli aggrava al fondo.
  Se tanto scendi, gli potrai vedere.

Et lui à moi : « Après des luttes prolongées, ils arriveront à l'effusion du sang, et la faction qui *vient des bois* ² chassera l'autre avec une grande perte, jusqu'à ce qu'elle tombe à son tour, après la révolution de trois soleils. Alors la faction vaincue triomphera par l'assistance d'un homme qui se tient habilement à l'écart ³. Cette dernière aura longtemps le dessus, imposant à l'autre de lourdes charges, qui feront sa honte et son désespoir. Deux justes ⁴ sont restés dans la ville, et personne ne les écoute : l'orgueil, l'envie et l'avarice, autant de torches brûlantes, ont enflammé tous les cœurs. »

Ici le désolé mit fin à son discours : « J'ai besoin, lui dis-je alors, de savoir encore ; fais-moi la grâce de quelques paroles de plus. Farinata et Tegghiajo, qui furent si vertueux, Jacobo Rusticucci, Arrigo et Mosca ⁵, et les autres, qui appliquèrent leur intelligence à bien faire, dis-moi, où sont-ils? J'ai un grand désir d'apprendre s'ils ont les douceurs du ciel, ou si l'enfer les châtie. »

Et lui : « Ils sont parmi les ombres les plus noires : des crimes divers les ont plongés au plus bas. Si tu descends jusque-là, tu pourras les voir. Mais quand

Ma quando tu sarai nel dolce mondo,
   Pregoti, ch'alla mente altrui mi rechi:
   Più non ti dico, e più non ti rispondo.

Gli diritti occhi torse allora in biechi:
   Guardomm' un poco, e poi chinò la testa:
   Cadde con essa, a par degli altri ciechi.

E 'l duca disse a me, Più non si desta,
   Di qua dal suon dell'angelica tromba:
   Quando verrà lor nimica podesta;

Ciascun ritroverà la trista tomba,
   Ripiglierà sua carne, e sua figura,
   Udirà quel, che in eterno rimbomba.

Sì trapassammo per sozza mistura
   Dell'ombre, e della pioggia, a passi lenti,
   Toccando un poco la vita futura:

Perch'i' dissi: Maestro, esti tormenti
   Cresceranno ei, dopo la gran sentenza,
   O fien minori, o saran sì cocenti?

Ed egli a me: Ritorna a tua scienza,
   Che vuol quanto la cosa è più perfetta,
   Più senta 'l bene, e così la doglienza.

Tuttochè questa gente maladetta
   In vera perfezion giammai non vada,
   Di là, più che di qua, essere aspetta.

tu seras retourné sur notre douce terre, je t'en prie, rapportes-y mon souvenir. J'ai dit : ne m'interroge plus. »

Ses yeux, fixes d'abord, s'égarèrent et devinrent louches; il me regarda un instant, puis il pencha la tête, et, en même temps, il retomba au milieu des autres réprouvés.

Mon maître me dit : « Il ne se réveillera plus qu'au son de la trompette de l'Archange, quand viendra la puissance vengeresse. Chacun alors, regagnant sa triste sépulture, reprendra sa figure et son corps, et il entendra l'arrêt qui doit retentir dans l'éternité.

Ainsi nous passâmes à travers ce sale pêle-mêle d'ombres fangeuses et de pluie, à pas lents, et nous entretenant de la vie à venir. Alors je dis : « Maître, ces tourments augmenteront-ils après la grande sentence; seront-ils atténués ou resteront-ils aussi cuisants? »

Et lui à moi : « Interroge ta science [6], elle te répondra que plus un être est parfait, plus il ressent vivement la joie et la douleur. Certes, cette race maudite n'arrivera jamais à une véritable perfection; mais elle attend mieux de l'avenir que du présent. »

Noi aggirammo a tondo quella strada,
    Parlando più assai, ch' i' non ridico :
    Venimmo al punto, dove si digrada :

Quivi trovammo Pluto il gran nemico.

Nous traversions ainsi cette route circulaire, causant de beaucoup de choses que je ne dois pas redire, et nous arrivâmes au point où l'on descend au cercle inférieur. Là nous trouvâmes Plutus [7], le grand corrupteur.

CANTO SETTIMO

Pape Satan, pape Satan aleppe,
   Cominciò Pluto, con la voce chioccia :
   E quel savio gentil, che tutto seppe,

Disse, per confortarmi : Non ti noccia
   La tua paura, che poder, ch'egli abbia,
   Non ti terrà lo scender questa roccia :

Poi si rivolse a quella enfiata labbia,
   E disse, Taci, maladetto lupo :
   Consuma dentro te, con la tua rabbia.

Non è sanza cagion l'andare al cupo ;
   Vuolsi nell'alto, là dove Michele
   Fe la vendetta del superbo strupo.

Quali dal vento le gonfiate vele
   Caggiono avvolte, poichè l'alber fiacca,
   Tal cadde a terra la fiera crudele.

CHANT SEPTIÈME

Pape Satan! Pape Satan! Aleppe[1]*!* se mit à crier Plutus d'une voix enrouée; et le sage qui sait tout me dit gracieusement pour me rassurer : « Ne te laisse pas effrayer : Plutus est bien puissant, mais il ne t'empêchera pas de descendre ce rocher. »

Puis se tournant vers cette face toute bouffie de colère : « Tais-toi, loup maudit, s'écria-t-il; consume-toi en toi-même de ta propre rage. Ce n'est pas sans raison qu'on pénètre dans l'abîme; cela est ainsi voulu là-haut, où Michel tira vengeance du grand attentat de l'orgueil. »

Comme les voiles gonflées par le vent retombent sur elles-mêmes si le mât est rompu, ainsi tombe à terre l'affreuse bête.

Così scendemmo nella quarta lacca,
   Prendendo più della dolente ripa,
   Che 'l mal dell' universo tutto 'nsacca.

Ahi giustizia di Dio, tante chi stipa
   Nuove travaglie e pene, quante i' viddi?
   E perchè nostra colpa sì ne scipa?

Come fa l'onda là sovra Cariddi,
   Che si frange con quella, in cui s'intoppa,
   Così convien, che qui la gente riddi.

Qui vid'io gente, più ch'altrove, troppa,
   E d'una parte, e d'altra, con grand'urli,
   Voltando pesi, per forza di poppa:

Percotevansi incontro, e poscia pur li
   Si rivolgea ciascun, voltando a retro,
   Gridando, Perchè tieni, e perchè burli?

Così tornavan, per lo cerchio tetro,
   Da ogni mano all'opposito punto,
   Gridandosi anche loro ontoso metro:

Poi si volgea ciascun, quand'era giunto,
   Per lo suo mezzo cerchio, all'altra giostra.
   Ed io, ch'avea lo cor quasi compunto,

Dissi: Maestro mio, or mi dimostra,
   Che gente è questa, e se tutti fur cherci,
   Questi chercuti, alla sinistra nostra.

Alors nous descendîmes dans la quatrième fosse, en pénétrant plus profondément dans cette région désolée, réceptacle du mal de tout l'univers.

O justice de Dieu! qui donc a pu entasser en ce lieu autant de peines et de tourments inconnus que j'en découvris? Est-il possible que nos crimes nous torturent ainsi?

Sur Charybde les flots se brisent contre les flots qui les heurtent : de même ici le damné se heurte au damné.

De ces ombres je vis une multitude plus nombreuse que partout ailleurs : de côtés opposés, avec d'affreux hurlements, elles partaient, poussant des poids énormes de toute la force de leur poitrine. A chaque rencontre, c'était un choc terrible, et, brisées, elles revenaient au point de départ en criant : « Pourquoi tout jeter? Pourquoi tout garder[2]? » Ainsi elles allaient, en sens opposé, dans le cercle ténébreux, toujours se renvoyant leur insultant reproche. Puis, quand elles étaient revenues au centre, elles se heurtaient, et un nouveau choc les rejetait.

Et moi, qui en avais le cœur navré, je dis : « Mon maître, quelle est cette foule? furent-ils prêtres tous ces tonsurés que je vois à notre gauche? »

Ed egli a me : Tutti quanti fur guerci
   Sì della mente, in la vita primaja,
   Che, con misura, nullo spendio ferci.

Assai la voce lor chiaro l'abbaja,
   Quando vengono a' duo punti del cerchio,
   Ove colpa contraria gli dispaja.

Questi fur cherci, che non han coperchio
   Piloso al capo, e Papi, e Cardinali,
   In cui usa avarizia il suo soperchio.

Ed io : Maestro, tra questi cotali
   Dovre' io ben riconoscere alcuni,
   Che furo immondi di cotesti mali.

Ed egli a me : Vano pensiero aduni :
   La sconoscente vita, che i fe sozzi,
   Ad ogni conoscenza or gli fa bruni.

In eterno verranno agli duo cozzi :
   Questi risurgeranno del sepulcro,
   Col pugno chiuso, e questi co' crin mozzi.

Mal dare, e mal tener lo mondo pulcro
   Ha tolto loro, e posti a questa zuffa :
   Qual' ella sia, parole non ci appulcro.

Or puoi, figliuol, veder la corta buffa
   De' ben, che son commessi alla fortuna,
   Perchè l'umana gente si rabbuffa.

Et lui à moi : « Tous, tant qu'ils sont, furent, dans la première vie, si aveugles d'esprit qu'ils ne surent jamais dépenser dans une juste mesure. Leur voix aboyante le dit assez haut, lorsqu'ils viennent des deux points du cercle où ils se repoussent par des vices contraires.

« Tous ceux dont la tête est dégarnie de cheveux furent prêtres, papes et cardinaux ; l'avarice a épuisé sur eux ses derniers excès. »

Et moi : « Maître, en cette foule je devrais bien reconnaître quelques-uns de ceux qui furent entachés de vices si honteux. »

« Tu le chercherais en vain, me répondit-il, leur ignoble vie les a rendus si difformes qu'ils en sont méconnaissables. Pour toute l'éternité, les voilà livrés à ce double choc, et ils sortiront du sépulcre, ceux-ci la tête rase, ceux-là le poing fermé. Mal donner et mal conserver les a fait exclure du séjour bienheureux et les a condamnés à cette lutte indescriptible et sans fin.

« Or, tu peux voir, mon fils, la vanité de ces biens de courte durée, qui dépendent de la fortune, et à la dispute desquels s'acharne l'espèce humaine. Car tout l'or qui

Che tutto l'oro, ch'è sotto la luna,
  O che già fu di quest'anime stanche,
  Non poterebbe farne posar' una.

Maestro, dissi lui, or mi dî anche:
  Questa fortuna, di che tu mi tocche,
  Che è, che i ben del mondo ha sì tra branche?

E quegli a me: O creature sciocche,
  Quanta ignoranza è quella, che v'offende!
  Or vo', che tu mia sentenza ne 'mbocche:

Colui, lo cui saver tutto trascende,
  Fece li cieli: e diè lor, chi conduce,
  Sì ch'ogni parte ad ogni parte splende,

Distribuendo ugualmente la luce:
  Similemente agli splendor mondani
  Ordinò general ministra e duce,

Che permutasse a tempo li ben vani,
  Di gente in gente, e d'uno in altro sangue,
  Oltre la difension de' senni umani:

Perch'una gente impera, e l'altra langue,
  Seguendo lo giudicio di costei,
  Ched è occulto, com'in erba l'angue.

Vostro saver non ha contrasto a lei:
  Ella provvede, giudica, e persegue
  Suo regno, come il loro gli altri Dei.

est et qui fut jamais sous la lune ne suffirait pas pour donner du repos à une seule de ces âmes fatiguées. »

« Maître, lui dis-je, quelle est donc cette Fortune dont tu parles, qui tient dans ses mains tous les biens de l'univers ? »

Et lui à moi : « O créatures imprévoyantes, que votre ignorance est grande et qu'elle vous est funeste ! Mais je veux que mon enseignement te serve. Celui dont le savoir est au-dessus de tout, créa les cieux et les fit se mouvoir par une loi, qui, distribuant également la lumière, fait que chaque point lumineux du ciel correspond tour à tour à un point de la terre. Ainsi, pour les splendeurs terrestres, il établit un ministre souverain, qui, au moment voulu, déconcertant la résistance et les conseils de la sagesse humaine, fait passer la vanité des biens périssables de telle nation à telle nation, de telle famille à telle famille. C'est ainsi qu'une nation domine et que l'autre s'éteint, obéissant, l'une et l'autre, aux secrets desseins de cette puissance, invisible comme le serpent caché dans l'herbe, et sur laquelle votre prudence ne saurait prévaloir [3]. Elle pourvoit, juge et gouverne son empire, comme les autres divinités ; ses révolutions n'ont pas de trêve, et la nécessité, qui la fait si rapide, la précipite sans cesse à de nouvelles vicissitudes [4].

Le sue permutazion non hanno triegue:
  Necessità la fa esser veloce,
  Sì spesso vien, chi vicenda consegue.

Quest'è colei, ch'è tanto posta in croce,
  Pur da color, che le dovrian dar lode,
  Dandole biasmo a torto e mala voce.

Ma ella s'è beata, e ciò non ode:
  Con l'altre prime creature lieta
  Volve sua spera, e beata si gode.

Or discendiamo, omai, a maggior pieta:
  Già ogni stella cade, che saliva,
  Quando mi mossi, e 'l troppo star si vieta.

Noi ricidemmo 'l cerchio all'altra riva,
  Sovr'una fonte, che bolle, e riversa,
  Per un fossato, che da lei diriva.

L'acqua era buja molto più, che persa:
  E noi in compagnia dell'onde bige,
  Entrammo giù per una via diversa.

Una palude fa, ch'ha nome Stige,
  Questo tristo ruscel, quand'è disceso
  Al piè delle maligne piagge grige.

Ed io, che di mirar mi stava inteso,
  Vidi genti fangose in quel pantano,
  Ignude tutte, e con sembiante offeso.

« Telle est cette puissance que mettent si souvent en croix ceux qui devraient le plus la bénir, et qui l'accablent à tort de leurs outrages. Mais elle est heureuse et ne les entend pas; sereine au milieu des créatures primitives, elle donne le branle à sa roue, et se complaît dans ce mouvement.

« Allons maintenant à des châtiments encore plus terribles. Déjà chacune des étoiles qui se levaient quand je me mis en marche, tombe et nous défend de tarder davantage. »

Nous coupons le cercle, et, par le côté opposé, nous arrivons près d'une source qui bouillonne. Un fossé creusé par le courant reçoit ses eaux noirâtres. En suivant le cours de ces ondes limoneuses, nous descendons par une pente sinueuse. Au bas de ces plages sombres et putrides, le triste ruisseau forme un étang qui s'appelle le Styx. Comme j'étais tout occupé à regarder, je vis, au milieu de ce bourbier, des âmes toutes nues, couvertes de fange et le visage en fureur. Elles se frappaient entre elles, des mains, de la tête, de la poitrine et des pieds. Elles se déchiquetaient pièce à pièce à belles dents.

Questi si percotean, non pur con mano,
   Ma con la testa, e col petto, e co' piedi,
   Troncandosi co' denti a brano a brano.

Lo buon maestro disse; Figlio, or vedi
   L'anime di color, cui vinse l'ira ;
   E anche vo' che tu per certo credi,

Che sotto l'acqua ha gente, che sospira.
   E fanno pullular quest'acqua al summo,
   Come l'occhio ti dice, u' che s'aggira.

Fitti nel limo dicon, Tristi fummo
   Nell'aer dolce, che dal Sol s'allegra,
   Portando dentro accidioso fummo :

Or ci attristiam nella belletta negra.
   Quest'inno si gorgoghan nella strozza,
   Che dir nol posson con parola integra

Così girammo della lorda pozza,
   Grand'arco tra la ripa secca, e 'l mezzo,
   Con gli occhi volti a chi del fango ingozza :

Venimmo appiè d'una torre al dassezzo.

« Mon fils, me dit le maître, tu vois ici les esclaves de la colère. Apprends aussi et tiens pour assuré que, sous la fange, s'agite une autre foule, dont les soupirs font bouillonner cette eau à la surface. Tu le peux voir de quelque côté que se tournent tes regards. »

Plongées dans ce limon : « Autrefois, disaient ces âmes, le ciel était si doux, si gaie était la lumière ; et nous, nous étions tristes, portant en nous-mêmes une vapeur malfaisante ! Et tristes encore nous sommes maintenant sous cette bourbe noire ! »

Cet hymne de douleur forme une sorte de gargouillement dans leur gosier, qui ne peut articuler des paroles entières.

Ainsi nous allions autour du fétide marais, décrivant une grande courbe entre la rive solide et le bord des eaux, les yeux tournés vers les âmes qui se gorgent de fange.

Voilà qu'enfin nous arrivons au pied d'une tour.

CANTO OTTAVO

I' dico seguitando, ch'assai prima,
   Che no' fussimo al piè dell'alta torre,
   Gli occhi nostri n'andar suso alla cima,

Per duo fiammette, che vedemmo porre,
   E un'altra da lungi render cenno,
   Tanto, ch'a pena 'l potea l'occhio torre.

Ed io rivolto al mar di tutto 'l senno,
   Dissi : Questo che dice? e che risponde
   Quell'altro fuoco? e chi son que'. che 'l fenno?

Ed egli a me : su per le sucide onde
   Già scorger puoi quello, che s'aspetta,
   Se 'l fummo del pantan nol ti nasconde.

Corda non pinse mai da se saetta,
   Che sì corresse via, per l'aer, snella,
   Com' i' vidi una nave piccioletta

CHANT HUITIÈME

Mon récit continuant, apprenez qu'avant d'atteindre au pied de cette tour, nos regards furent attirés à son faîte par deux petites flammes brillantes ; un autre feu répondait à ce signal, mais de si loin, que c'est à peine si mon œil le pouvait entrevoir.

Je me tournai vers mon guide, cet océan de science : « Oh! lui dis-je, que signifient ces feux? que répond cet autre là-bas, et quelles mains les dirigent? »

Et lui : « Regarde sur les eaux fangeuses, et déjà, si le brouillard du marais te le permet, tu pourras voir qui l'on attend ici. »

Jamais corde tendue ne lança dans l'air une flèche qui volât plus rapide que la nacelle qui venait droit à nous, conduite par un seul nautonier. Il criait : « Te voilà donc enfin, âme maudite! »

Venir per l'acqua verso noi in quella,
  Sotto 'l governo d'un sol galeoto,
  Che gridava, Or se' giunta, anima fella?

Flegiàs, Flegiàs, tu gridi a voto,
  Disse lo mio signore, a questa volta :
  Più non ci avrai, se non passando il loto.

Quale colui, che grande inganno ascolta,
  Che gli sia fatto, e poi se ne rammarca,
  Tal si fe Flegiàs nell' ira accolta.

Lo duca mio discese nella barca,
  E poi mi fece entrare appresso lui,
  E sol, quand' i' fui dentro, parve carca.

Tosto che 'l duca, ed io nel legno fui,
  Segando se ne va l'antica prora
  Dell' acqua, più che non suol con altrui.

Mentre noi corravam la morta gora,
  Dinanzi mi si fece un pien di fango,
  E disse : Chi se' tu, che vieni anzi ora?

Ed io a lui : S' i' vegno, non rimango :
  Ma tu chi se', che sì se' fatto brutto?
  Rispose : Vedi, che son un che piango.

Ed io a lui : Con piangere e con lutto,
  Spirito maladetto, ti rimani :
  Ch' i' ti conosco, ancor sie lordo tutto.

« Phlégias, Phlégias [1], cette fois tes cris sont vains, lui dit mon maître ; nous ne serons avec toi que pour passer le marais. »

Celui qui découvre soudain l'insigne tromperie qu'on lui a faite, en est vivement irrité ; ainsi Phlégias s'irrite et se contient pourtant.

Mon guide alors prend place dans la barque et m'appelle auprès de lui. La barque ne parut chargée que lorsque j'y fus entré.

Aussitôt que la nacelle nous eut reçus, mon guide et moi, l'antique proue creusa l'eau d'un sillon plus profond qu'elle n'avait jamais fait, chargée de ses passagers accoutumés [2].

Tandis que nous courions sur l'immobilité de cette eau morte, un damné tout fangeux, se dressant devant moi : « Qui es-tu, toi, et pourquoi ici avant l'heure ? » me dit-il.

« Je viens, lui dis-je, et je ne reste pas. Mais qui es-tu toi-même, sous cette dégradation ? »

« Tu le vois, je suis de ceux qui pleurent. »

Et moi : « Reste dans tes pleurs et dans ton désespoir, esprit maudit ; même dans ta fange et dans ta souillure, à présent je te reconnais. »

Allora stese al legno ambe le mani :
   Perchè 'l maestro, accorto, lo sospinse,
Dicendo, Via costà, con gli altri cani.

Lo collo poi, con le braccia, mi cinse :
   Baciommi 'l volto, e disse : Alma sdegnosa,
Benedetta colei, che 'n te s'incinse.

Que' fu al mondo persona orgogliosa :
   Bontà non è, che sua memoria fregi :
Così s'è l'ombra sua qui furiosa.

Quanti si tengono or lassù gran regi,
   Che qui staranno, come porci in brago,
Di se lasciando orribili dispregi.

Ed io : Maestro, molto sarei vago
   Di vederlo attuffare in questa broda,
Prima che noi uscissimo del lago.

Ed egli a me : Avanti che la proda
   Ti si lasci veder, tu sara' sazio :
Di tal disio converrà, che tu goda.

Dopo ciò poco vidi quello strazio
   Far di costui alle fangose genti,
Che Dio ancor ne lodo, e ne ringrazio.

Tutti gridavano, a Filippo Argenti :
   Lo Fiorentino spirito bizzarro,
In se medesmo si volgea co' denti.

Il tendit ses deux mains vers la barque ; mais le guide attentif : « Va-t'en, chien, avec les autres chiens ! » s'écria-t-il en le repoussant.

Puis, m'entourant le cou de ses deux bras, il me baisa au visage et me dit : « Ame aux indignations généreuses, bénie soit celle qui t'a porté dans ses flancs ! Celui que je chasse fut dans le monde un orgueilleux. Rien de bon ne recommande sa mémoire, et son ombre, ici, en est furieuse. Combien, là-haut, qui se prennent pour de grands rois, se rouleront ici dans la fange, à la façon des pourceaux, ne laissant après eux que d'effroyables mépris ! »

Et moi : « Quelle joie, ô mon maître, si je voyais cette âme superbe se débattre dans cette bourbe, tandis que nous sommes encore sur le lac ! »

Et lui : « Avant que le rivage se montre à nos yeux, tu seras content. Ton désir est juste : il sera satisfait. »
Presque aussitôt je vis les fangeux habitants du marais accabler ce superbe d'outrages si cruels, que j'en rends grâce encore et louanges au Seigneur. Tous criaient : « A Philippe Argenti ! [3] » Et le Florentin altier, dans sa rage, se mordait et s'en prenait à lui-même.

Quivi 'l lasciammo, che più non ne narro :
　　Ma negli orecchi mi percosse un duolo,
　　Perch' i' avanti intento l' occhio sbarro :

E 'l buon maestro disse : Omai, fighuolo,
　　S' appressa la città, ch' ha nome Dite,
　　Co' gravi cittadin, col grande stuolo.

Ed io : Maestro, già le sue meschite
　　Là entro certo nella valle cerno
　　Vermiglie, come se di fuoco uscite

Fossero : ed ei mi disse : Il fuoco eterno,
　　Ch' entro l' affuoca, le dimostra rosse,
　　Come tu vedi in questo basso 'nferno.

Noi pur giugnemmo dentro all' alte fosse,
　　Che vallan quella terra sconsolata :
　　Le mura mi parea, che ferro fosse.

Non senza prima far grande aggirata,
　　Venimmo in parte, dove 'l nocchier forte
　　Uscite, ci gridò, quì è l' entrata.

I' vidi più di mille in su le porte
　　Da ciel piovuti, che stizzosamente
　　Dicean, Chi è costui, che, senza morte,

Va per lo regno della morta gente?
　　E 'l savio mio maestro fece segno
　　Di voler lor parlar segretamente :

Là nous le laissons, et je n'en dis plus rien.

Alors de grandes lamentations me frappèrent l'oreille, et je portai devant moi mes regards attentifs.

« A cette heure, dit le maître, est près de nous la ville dont le nom est Dité [4], avec son peuple immense, avec ses citoyens si rudement châtiés. »

« Oui, lui dis-je, et j'entrevois déjà dans la vallée ses mosquées, vermeilles [5] comme si elles sortaient du brasier. »

« L'incendie éternel, répliqua-t-il, qui les brûle au dedans les fait paraître rouges, comme tu le vois, même dans cette partie basse de l'enfer. »

Arrivés aux fossés profonds qui entourent cette terre des désolations, il me sembla que les murs étaient d'airain.

Après quoi nous venons, par un long circuit, à l'endroit où le nocher, d'une voix forte, s'écrie : « Sortez, voici la porte ! »

En ce moment j'en vis par milliers, sur le seuil, de ces tombés du ciel comme une pluie, qui disaient avec colère : « Qui donc est celui-là, qui, sans être mort, s'en va par le royaume des morts ? »

Et mon maître témoigna par un signe qu'il voulait leur parler en secret.

Allor chiusero un poco il gran disdegno,
   E disser: Vien tu solo, e quei sen vada,
   Che sì ardito entrò per questo regno.

Sol si ritorni per la folle strada:
   Pruovi, se sa, che tu quì rimarrai,
   Che gli hai scorta sì buja contrada.

Pensa, Lettor, s'i' mi disconfortai,
   Nel suon delle parole maladette:
   Ch'i' non credetti ritornarci mai.

O caro duca mio, che più di sette
   Volte m'hai sicurtà renduta, e tratto
   D'alto periglio, che 'ncontra mi stette,

Non mi lasciar, diss'io, così disfatto:
   E se l'andar più oltre c'è negato,
   Ritroviam l'orme nostre insieme ratto.

E quel signor, che lì m'avea menato,
   Mi disse, Non temer: che 'l nostro passo
   Non ci può torre alcun, da tal n'è dato.

Ma quì m'attendi, e lo spirito lasso
   Conforta, e ciba di speranza buona:
   Ch'i' non ti lascerò nel mondo basso.

Così sen va, e quivi m'abbandona
   Lo dolce padre, ed io rimango in forse:
   Che sì, e nò nel capo mi tenzona.

CHANT HUITIÈME.

Alors, réfrénant un peu leur colère, ils dirent : « Viens seul et que celui-ci s'en aille ; c'est déjà trop qu'il ait osé pénétrer jusqu'ici ; qu'il reprenne sa folle route ou que du moins il l'essaie : ici tu resteras, toi, qui l'as guidé dans cette ténébreuse région. »

Pense, à ce coup, lecteur, si je fus consterné par ces paroles maudites ! Je crus alors ne jamais revenir.

« O mon guide chéri ! m'écriai-je, plus de sept fois déjà tu m'as rendu le courage et tué des grands périls qui se dressaient contre moi, ne m'abandonne pas dans ma détresse, et, s'il m'est refusé d'aller plus loin, retrouvons promptement ensemble la trace de nos pas. »

Et lui qui m'avait conduit jusque-là : « Rassure-toi : nul ne peut nous fermer le passage, tant est grand le pouvoir qui nous l'accorde. Seulement, attends-moi là, raffermis ton esprit abattu, et nourris-le d'une bonne espérance : je ne t'abandonnerai pas dans ce monde infernal. »

A ces mots paternels, il s'en va, et moi, resté seul, je retombe en mon doute, avec le oui le non se querellant dans ma tête.

Udir non pote' quello, ch'a lor porse:
   Ma ei non stette là con essi guari.
   Che ciascun dentro a pruova si ricorse.

Chiuser le porte que' nostri avversari
   Nel petto al mio signor, che fuor rimase,
   E rivolsesi a me con passi rari.

Gli occhi alla terra, e le ciglia avea rase
   D'ogni baldanza, e dicea ne' sospiri,
   Chi m'ha negate le dolenti case?

E a me disse: Tu, perch'io m'adiri,
   Non sbigottir: ch'i' vincerò la pruova,
   Qual, ch'alla difension dentro s'aggiri.

Questa lor tracotanza non è nuova,
   Che già l'usaro a men segreta porta,
   La qual senza serrame ancor si truova.

Sovr'essa vedestù la scritta morta:
   E già di qua da lei discende l'erta,
   Passando, per li cerchi, senza scorta,

Tal che per lui ne fia la terra aperta.

Que dit-il à ces âmes? Je l'ignore ; mais il ne resta guère avec elles : toutes s'enfuirent précipitamment vers leur abri, et l'ennemi ferma sa porte à la face de mon maître, qui resta dehors et s'en revint à pas lents de mon côté.

Les yeux à terre et le front abattu, il soupirait, se disant : « Qui donc m'a refusé l'entrée de la cité douloureuse ? » Et, s'adressant à moi : « Si je suis indigné, me dit-il, ne te trouble pas ; je viendrai à bout de cette épreuve, quelle que soit la résistance qui conspire là-dedans.

« Leur audace n'est pas nouvelle : ils en ont déjà fait l'essai sur une porte moins secrète et restée sans verroux [6]. Tu as lu, au-dessus, l'inscription fatale.

« Mais, en deçà de cette porte, il descend déjà le rocher, seul, sans guide, et venant de cercle en cercle, celui par qui la ville doit s'ouvrir. »

CANTO NONO

Quel color, che viltà di fuor mi pinse,
    Veggendo 'l duca mio tornare in volta,
    Più tosto dentro il suo nuovo ristrinse.

Attento si fermò, com' uom, ch' ascolta:
    Che l' occhio nol potea menare a lunga,
    Per l' aer nero, e per la nebbia folta.

Pure a noi converrà vincer la punga,
    Cominciò ei: se non, tal ne s'offerse.
    Oh quanto tarda a me, ch' altri qui giunga!

I' vidi ben, sì com' ei ricoperse
    Lo cominciar con l' altro, che poi venne,
    Che fur parole alle prime diverse.

Ma nondimen paura il suo dir dienne,
    Perch' i' traeva la parola tronca,
    Forse a piggior sentenzia, ch' e' non tenne.

CHANT NEUVIÈME

La couleur livide dont ma lâcheté me couvrit le visage, quand je vis mon guide s'en retourner sur ses pas, fit disparaître sa pâleur d'un moment. Attentif, il s'arrêta comme un homme qui écoute, car son regard ne pouvait aller bien loin par cet air sombre et dans ce brouillard épais.

« Il faut pourtant, disait-il, que ce soit ma volonté qui l'emporte ! ou bien !.. Il s'est offert un tel appui ! Oh ! qu'il tarde à venir ! »

Je vis bien que ces dernières paroles démentaient le commencement de son discours. Cependant ma frayeur en augmenta, parce que je tirai de ces mots entrecoupés un sens plus mauvais peut-être que celui qu'ils renfermaient. « Maître, au fond de cette triste fosse est-il jamais descendu quelque âme du premier cercle, où la seule peine est l'espérance perdue ? »

In questo fondo della trista conca
   Discende mai alcun del primo grado,
   Che sol per pena ha la speranza cionca?

Questa question fec'io : e quei : Di rado
   Incontra, mi rispose, che di nui
   Faccia 'l cammino alcun, per quale i' vado.

Ver' è, ch' altra fiata quaggiù fui
   Congiurato da quella Eriton cruda,
   Che richiamava l' ombre a' corpi sui.

Di poco era di me la carne nuda :
   Ch' ella mi fece 'ntrar dentro a quel muro,
   Per trarne un spirto del cerchio di Giuda.

Quell' è il più basso luogo, e 'l più oscuro,
   E 'l più lontan dal ciel, che tutto gira :
   Ben so 'l cammin : però ti fa sicuro.

Questa palude, che 'l gran puzzo spira,
   Cinge d' intorno la città dolente,
   U' non potemo entrare omai sanz' ira ;

E altro disse : ma non l'ho a mente :
   Perocchè l' occhio m' avea tutto tratto,
   Ver l' alta torre alla cima rovente,

Ove in un punto vidi dritte ratto
   Tre furie infernal, di sangue tinte,
   Che membra femminili avèno, e atto,

A cette question il répondit : « Rarement il arrive qu'un de nous prenne le chemin que je suis en ce moment. Une fois cependant je fus forcé de descendre dans les bas fonds de l'enfer par les conjurations de cette infâme Erycto[1], qui rappelait à volonté les âmes à leurs corps. Il y avait peu de temps que ma chair était vide de moi, lorsque la sorcière me poussa dans ces murailles, afin d'en retirer un damné du cercle de Judas. C'est là le fond de l'abîme, c'est l'obscurité la plus profonde, c'est le point le plus éloigné du ciel, qui contient toutes choses. Sois tranquille; j'en connais le chemin.

« Ce marais, qui exhale la grande puanteur, entoure la cité de douleur où nous ne pouvons plus entrer maintenant sans combat. »

A ces paroles il en ajouta beaucoup d'autres; mais je n'ai rien de plus en mémoire; j'étais tout entier à la contemplation de cette tour aux cimes flamboyantes. Au même instant, trois furies infernales, trois femmes (elles en avaient le geste et la forme extérieure), toutes teintes de sang, se dressèrent devant moi. Une ceinture d'hydres verdâtres se tordait à leurs flancs; elles avaient pour

E con idre verdissime eran cinte :
 Serpentelli, e ceraste avean per crine,
 Onde le fiere tempie eran' avvinte.

E quei, che ben conobbe le meschine
 Della regina dell' eterno pianto,
 Guarda, mi disse, le feroci Erine.

Quest' è Megera dal sinistro canto :
 Quella, che piange dal destro, è Aletto :
 Tesifone è nel mezzo : e tacque a tanto.

Con l' unghie si fendea ciascuna il petto :
 Batteansi a palme, e gridavan sì alto,
 Ch' i' mi strinsi al poeta, per sospetto.

Venga Medusa : sì 'l farem di smalto,
 Dicevan tutte, riguardando in giuso :
 Mal non vengiammo in Teseo l'assalto.

Volgiti 'ndietro, e tien lo viso chiuso :
 Che se 'l Gorgon si mostra, e tu 'l vedessi,
 Nulla sarebbe del tornar mai suso :

Così disse 'l maestro : ed egli stessi
 Mi volse, e non si tenne alle mie mani,
 Che con le sue ancor non mi chiudessi.

O voi, ch' avete gl' intelletti sani,
 Mirate la dottrina, che s' asconde
 Sotto 'l velame degli versi strani.

chevelure des vipères et des aspics qui s'entrelaçaient sur leur tempes cruelles ².

D'un coup d'œil, il reconnut les suivantes de la reine des lamentations éternelles. « Regarde-les, me dit-il, voilà les Furies. Tu vois Mégère, à la gauche ; celle qui pleure, à droite, c'est Alecto ; Tisiphone est au milieu. » Puis il se tut.

Chacune d'elles s'enfonçait les ongles dans la poitrine ; elles se battaient entre elles avec les mains, et poussaient des cris terribles ; dans ma frayeur, je me serrai contre le poete.

« Vienne donc Méduse ! criaient les trois Erinnyes, en regardant en bas, nous le changerons en pierre. Nous ne nous sommes pas assez vengées de Thésée et de son audacieuse entreprise. »

« Détourne-toi et prends garde à tenir tes yeux bien fermés, car si la Gorgone se montre et si ton regard vient à la rencontrer, tout espoir de remonter là-haut est perdu. »

Ainsi parla le maître ; et lui-même il me fit tourner le visage en arrière, et, ne se fiant pas assez à mes mains, avec les siennes encore il me couvrit les yeux.

O vous, qui avez l'entendement sain, soyez attentifs à la doctrine qui se cache sous ces vers mystérieux !

E già venia su, per le torbid'onde,
   Un fracasso d'un suon pien di spavento,
   Per cui tremavano amendue le sponde,

Non altrimenti fatto, che d'un vento
   Impetuoso per gli avversi ardori,
   Che fier la selva, sanza alcun rattento:

Gli rami schianta, abbatte, e porta i fiori:
   Dinanzi polveroso va superbo,
   E fa fuggir le fiere, e gli pastori.

Gli occhi mi sciolse, e disse: or drizza 'l nerbo
   Del viso su per quella schiuma antica,
   Per indi, ove quel fummo è più acerbo.

Come le rane innanzi alla nimica
   Biscia per l'acqua si dileguan tutte,
   Fin ch'alla terra ciascuna s'abbica,

Vid'io più di mille anime distrutte
   Fuggir così dinanzi ad un, ch'al passo
   Passava Stige con le piante asciutte.

Dal volto rimovea quell'aer grasso,
   Menando la sinistra innanzi spesso,
   E sol di quell'angoscia parea lasso.

Ben m'accorsi ch'egli era del ciel messo,
   E volsimi al maestro, e quei fe' segno,
   Ch'i' stessi cheto, ed inchinassi ad esso.

CHANT NEUVIÈME.

Déjà, sur les ondes troublées, se prolongeaient, avec un immense fracas, des bruits pleins d'épouvante ; ils ébranlaient les deux bords du marais.

Ainsi il arrive, lorsque le vent, rendu plus impétueux par des chaleurs ennemies, livre un combat sans relâche à la forêt ; déchire les rameaux, les brise, les emporte, et s'en va devant lui, dans son orgueil et sa poussière, mettant en fuite les troupeaux et les bergers.

A la fin mon guide ouvrit mes yeux, en me disant : « Dirige le nerf de ta vue sur cette écume antique, au point même d'où s'exhale la plus épaisse vapeur. »

Devant la couleuvre ennemie, les grenouilles aussitôt se dispersent et nagent çà et là, jusqu'à ce que toutes se soient enfouies dans la vase ; de même je vis plus de mille de ces âmes réprouvées s'enfuir devant quelqu'un qui s'avançait sur le Styx à pied sec.

Il écartait de son visage cette vapeur impure en agitant sa main gauche, et il paraissait n'avoir souci que de ce travail.

Je m'aperçus bien que c'était un messager du ciel, et je me retournai vers mon guide, qui m'avertit par un signe de me taire et de me courber. Oh ! combien sur son visage

Ahi quanto mi parea pien di disdegno!
　Giunse alla porta, e con una verghetta
　L'aperse, che non v'ebbe alcun ritegno.

O cacciati del Ciel, gente dispetta,
　Cominciò egli in su l'orribil soglia,
　Ond'esta oltracotanza in voi s'alletta?

Perchè ricalcitrate a quella voglia,
　A cui non puote 'l fin mai esser mozzo,
　E che più volte v'ha cresciuta doglia?

Che giova nelle fata dar di cozzo?
　Cerbero vostro, se ben vi ricorda,
　Ne porta ancor pelato il mento e 'l gozzo.

Poi si rivolse per la strada lorda,
　E non fe motto a noi: ma fe sembiante
　D'uomo, cui altra cura stringa, e morda,

Che quella di colui, che gli è davante:
　E noi movemmo i piedi inver la terra,
　Sicuri appresso le parole sante.

Dentro v'entrammo, sanza alcuna guerra:
　Ed io, ch'avea di riguardar disio
　La condizion, che tal fortezza serra,

Com'i' fu' dentro, l'occhio intorno invio,
　E veggio ad ogni man grande campagna,
　Piena di duolo, e di tormento rio.

se montrait de dédain! Arrivé près de la porte, avec une baguette il frappe, et la porte obéit.

« Vils exilés du ciel, race abjecte, s'écria-t-il sur l'horrible seuil, qui donc nourrit en vous une telle audace, et vous pousse une fois de plus contre cette volonté qui jamais ne manque son but, et qui tant de fois aggrava vos tourments? Que vous sert-il de vous heurter aux destins? Votre Cerbère, vous devriez le savoir, en est encore tout déchiré à la gorge et au museau [3]! »

Ceci dit, il s'en retourna par le sentier fangeux, sans nous adresser une parole. Tel un homme stimulé et mordu au cœur par un tout autre souci que celui des gens qu'il a sous les yeux.

Nous, cependant, rassurés par les saintes paroles, nous tournons nos pas vers cette terre de Dité, où nous pénétrons sans plus d'obstacle.

Et moi qui avais un grand désir de savoir quelles destinées renfermait cette enceinte fortifiée, à peine y fus-je entré, je portai mes regards à l'entour, et je vis de tous côtés une vaste campagne féconde en douleurs et en tourments.

I
8

Sì come ad Arli, ove 'l Rodano stagna,
    Sì com' a Pola presso del Quarnaro,
    Ch' Italia chiude, e i suoi termini bagna,

Fanno i sepolcri tutto 'l loco varo ;
    Così facevan quivi d' ogni parte,
    Salvo che 'l modo v' era più amaro :

Che tra gli avelli fiamme erano sparte,
    Per le quali eran sì del tutto accesi,
    Che ferro più non chiede verun' arte.

Tutti gli lor coperchi eran sospesi,
    E fuor n' uscivan sì duri lamenti,
    Che ben parean di miseri, e d' offesi.

Ed io : Maestro, quai son quelle genti,
    Che seppellite dentro da quell' arche
    Sì fan sentir con gli sospir dolenti?

Ed egli a me : Quì son gli eresiarche
    Co' lor seguaci d' ogni setta, e molto
    Più, che non credi, son le tombe carche.

Simile quì con simile è sepolto :
    E i monimenti son più, e men caldi :
    E poi ch' alla man destra si fu volto,

Passammo tra i martiri, e gli alti spaldi.

Aux lieux où le Rhône n'est plus qu'un marais, non loin de la ville d'Arles⁴, tout comme à Pola, voisine du Quarnaro qui ferme l'Italie et baigne ses frontières, d'anciennes tombes ont bossué le sol ; ainsi faisaient ici les tombeaux pressés de toutes parts, mais avec un redoublement d'horreur, car ces tombeaux étaient enveloppés de flammes au milieu desquelles ils devenaient aussi incandescents que peut l'être le fer pour l'usage d'aucun métier.

Tous leurs couvercles étaient soulevés, et il s'en échappait des accents lamentables. C'était bien la désolation de malheureux torturés !

« Maître, quelles sont les âmes ensevelies au fond de ces cercueils, qui s'annoncent par de si douloureux gémissements ? »

Et lui à moi : « Ce sont les hérésiarques et leurs complices de toute secte. Ces tombes sont bien plus encombrées que tu ne le penses : le semblable y est enseveli à côté de son semblable. Mais le feu n'est pas le même pour tous les tombeaux. »

Et, tournant à droite, nous passâmes entre les supplices et les remparts.

CANTO DECIMO

Ora sen' va, per un segreto calle,
   Tra 'l muro della terra, e gli martìri,
   Lo mio maestro, ed io dopo le spalle.

O virtù somma, che per gli empi giri
   Mi volvi, cominciai, com'a te piace,
   Parlami, e soddisfammi a' miei desìri.

La gente, che, per li sepolcri, giace,
   Potrebbesi veder? già son levati
   Tutti i coperchi, e nessun guardia face.

Ed egli a me: Tutti saran serrati,
   Quando di Josaffà quì torneranno,
   Co i corpi, che lassù hanno lasciati.

Suo cimitero da questa parte hanno
   Con Epicuro tutti i suoi seguaci,
   Che l'anima col corpo morta fanno.

CHANT DIXIÈME

Par un sentier ménagé entre la muraille et les martyrisés, mon maître s'avance et je le suis.

« Puissant esprit, m'écriai-je, toi qui me fais tourner comme il te plaît dans les cercles impies, réponds et contente mon désir. Ces foules d'âmes, qui sont là, gisantes au fond des sépulcres, ne pourrait-on pas les voir? Tous les couvercles sont levés, et personne qui les surveille. »

Et lui : « Ils seront tous fermés quand les âmes retourneront ici de Josaphat, ayant repris les corps qu'elles ont laissés là-haut. Epicure et tous ses prosélytes, pour avoir affirmé que l'âme doit mourir avec le corps, sont enfouis de ce côté. C'est du fond de ces tombes qu'il sera fait réponse à la question que tu m'as adressée et même à celle que tu me tais. »

Però alla dimanda, che mi faci,
  Quinc' entro soddisfatto sarai tosto,
  E al disio ancor, che tu mi taci.

Ed io : Buon duca, non tegno nascosto
  A te mio cuor se non per dicer poco,
  E tu m'hai non pur mo a ciò disposto.

O Tosco, che per la città del foco
  Vivo ten' vai così parlando onesto,
  Piacciati di restare in questo loco.

La tua loquela ti fa manifesto
  Di quella nobil patria natìo,
  Alla qual forse fui troppo molesto.

Subitamente questo suono uscio
  D' una dell' arche : pero m' accostai,
  Temendo, un poco più, al duca mio.

Ed ei mi disse : Volgiti, che fai?
  Vedi là Farinata, che s' è dritto :
  Dalla cintola 'n su tutto 'l vedrai.

I' avea già 'l mio viso nel suo fitto :
  Ed ei s' ergea col petto, e con la fronte,
  Come avesse lo 'nferno in gran dispitto :

E l' animose man del duca, e pronte
  Mi pinser tra le sepolture a lui,
  Dicendo, le parole tue sien conte.

Et moi : « Bon guide, si je ne te dis pas toutes mes pensées, c'est pour être sobre de paroles et fidèle à cette discrétion que tu m'as toi-même recommandée. »

« O Toscan, qui vas ainsi, tout vivant, par la cité de feu, en parlant avec tant de courtoisie, qu'il te plaise de t'arrêter un moment. Ton langage dit clairement que tu es né dans ce noble pays, auquel je n'ai peut-être été que trop funeste. »

Telle fut la voix qui subitement sortit d'une de ces tombes; et, tout tremblant, je me rapprochai de mon guide.

« Que fais-tu? me dit-il ; tourne-toi et regarde Farinata¹ qui se dresse dans sa tombe : de la tête au nombril tu peux le voir. » Déjà mes yeux étaient fixés sur les yeux de Farinata. Il se haussait de la poitrine et du front, comme s'il avait l'enfer en grand mépris.

Alors, d'une main prompte et confiante, mon guide me poussa vers lui à travers les sépultures, en disant : « Va et parle nettement. »

Tosto ch' al piè della sua tomba fui,
  Guardommi un poco, e poi, quasi sdegnoso,
  Mi dimandò : Chi fur gli maggior tui?

Io, ch' era d' ubbidir disideroso,
  Non ghel celai, ma tutto ghele apersi :
  Ond' ei levò le ciglia un poco in soso :

Poi disse : Fieramente furo avversi
  A me, e a' miei primi, e a mia parte;
  Sì che per duo fiate gli dispersi.

S' ei fur cacciati, e' tornar d' ogni parte,
  Risposi lui, l' una, e l' altra fiata :
  Ma i vostri non appreser ben quell' arte.

Allor surse alla vista scoperchiata
  Un' ombra, lungo questa, infino al mento :
  Credo, che s' era inginocchion levata.

D' intorno mi guardò, come talento
  Avesse di veder, s' altri era meco :
  Ma, poi che 'l sospicciar fu tutto spento,

Piangendo disse : se per questo cieco
  Carcere vai per altezza d' ingegno;
  Mio figlio ov' è, e perchè non è teco?

Ed io a lui : Da me stesso non vegno :
  Colui, ch' attende là, per qui mi mena,
  Forse cui Guido vostro ebbe a disdegno.

Dès que je fus au pied de sa tombe, il me regarda un instant : « Quels furent tes ancêtres ? me demanda cet esprit dédaigneux. »

Empressé d'obéir, je lui dis qui j'étais et je lui nommai tous les miens. Alors, d'un sourcil plus hautain : « Tes ancêtres, dit-il, furent de cruels adversaires à moi, aux miens et à ceux de mon parti. Aussi bien les ai-je chassés par deux fois. »

« S'ils furent chassés deux fois, lui répondis-je, ils revinrent par deux fois de tous les côtés. Cet art de revenir, les vôtres ne l'ont guère bien appris [2].

Alors de cette tombe sans couvercle un autre esprit [3] se dressa près de celui qui me parlait, mais jusqu'au menton seulement ; je crois qu'il s'était levé sur ses genoux.

Il regarda tout à l'entour comme pour s'assurer si quelque autre était avec moi. Puis, lorsque son soupçon fut écarté, il me dit en pleurant : « Puisque, grâce à ton génie sublime, tu viens visiter cette prison ténébreuse, réponds, où est mon fils, et pourquoi n'est-il pas avec toi ? »

« Je ne viens pas de moi-même, lui répondis-je. Celui qui attend là m'a amené. Peut-être votre Guido eut-il pour lui trop de dédain. »

Le sue parole, e 'l modo della pena
   M'avevan di costui già letto il nome:
   Però fu la risposta così piena.

Disubito drizzato gridò: Come
   Dicesti, egli ebbe? non viv'egli ancora?
   Non fiere gli occhi suoi lo dolce lome?

Quando s'accorse d'alcuna dimora,
   Ch'i' faceva dinanzi alla risposta,
   Supin ricadde, e più non parve fuora.

Ma quell'altro magnanimo, a cui posta
   Restato m'era, non mutò aspetto,
   Ne mosse collo, nè piegò sua costa:

E se, continuando al primo detto,
   Egli han quell'arte, disse, male appresa,
   Ciò mi tormenta più, che questo letto.

Ma non cinquanta volte fia raccesa
   La faccia della donna, che qui regge,
   Che tu saprai quanto quell'arte pesa:

E se tu mai nel dolce mondo regge,
   Dimmi, perchè quel popolo è sì empio
   Incontr'a' miei, in ciascuna sua legge?

Ond'io a lui: Lo strazio, e 'l grande scempio,
   Che fece l'Arbia colorata in rosso,
   Tal orazion fa far nel nostro tempio.

Ses paroles et le genre de son châtiment m'avaient déjà dit le nom de cette ombre; c'est pourquoi je lui répondis si vite et si bien.

Se dressant brusquement, il s'écrie : « Comment dis-tu, *il eut?* Mon fils ne vit-il plus? La douce lumière ne frappe-t-elle plus ses yeux? »

J'hésitais; il s'aperçut que je cherchais ma réponse; alors il tomba à la renverse et ne reparut plus.

Mais l'esprit magnanime pour qui je restais obstinément à cette place, ne changea pas de visage. Immobile et inflexible, il reprit l'entretien où il l'avait laissé.

« Si les miens, dit-il, ont mal appris cet art du retour, j'en suis plus tourmenté que de ce lit de l'enfer. Mais la Dame¹ qui commande ici n'aura pas rallumé cinquante fois sa face éteinte, que tu sauras combien un pareil art vaut peu. Dis-moi (et à ce prix puisses-tu retrouver bientôt le doux monde!), dis-moi pourquoi ce peuple, dans toutes ses lois, se montre si impitoyable contre les miens? »

« Cette haine, répondis-je, qui parle contre vous dans le temple des lois ⁴, c'est le souvenir sanglant du carnage de l'Arbia ⁵ qui nous l'inspire. »

Poi ch'ebbe sospirando il capo scosso,
　A ciò non fu'io sol, disse, nè certo
　Sanza cagion sarei con gli altri mosso:

Ma fu'io sol colà, dove sofferto
　Fu per ciascun di torre via Fiorenza,
　Colui, che la difesi a viso aperto.

Deh se riposi mai vostra semenza,
　Prega'io lui, solvetemi quel nodo,
　Che qui ha inviluppata mia sentenza.

E' par, che voi veggiate, se ben odo,
　Dinanzi quel, che 'l tempo seco adduce,
　E nel presente tenete altro modo.

Noi veggiam, come quei, ch'ha mala luce,
　Le cose, disse, che ne son lontano;
　Cotanto ancor ne splende 'l sommo Duce:

Quando s'appressano, o son, tutto è vano
　Nostro 'ntelletto, e s'altri non ci apporta,
　Nulla sapem di vostro stato umano.

Però comprender puoi, che tutta morta
　Fia nostra conoscenza da quel punto,
　Che del futuro fia chiusa la porta.

Allor, come di mia colpa compunto,
　Dissi: Or direte dunque a quel caduto,
　Che 'l suo nato è co' vivi ancor congiunto.

Il secoua la tête, et, en soupirant : « Je n'y étais pas seul à l'Arbia, dit-il, et certes ce n'est pas sans de puissants motifs que je pris part à l'action avec les autres. Mais j'étais vraiment seul quand tout le monde consentait à la destruction de Florence, et c'est moi seul qui la défendis à visage découvert. »

« Puisse le ciel, lui répondis-je, donner un jour la paix à votre postérité ! Mais ici un nœud secret étouffe ma pensée : c'est à vous à le trancher. Il paraît, si je vous comprends bien, que vous avez le don de prévoir les choses que le temps amène avec lui, et qu'en revanche, vous ne savez rien des choses du présent.

« Nous y voyons, répondit-il, comme celui qui a la vue mauvaise : nous voyons les choses qui sont loin de nous, dernier rayon dont nous éclaire le maître souverain ! Quand les événements s'approchent ou s'accomplissent, toute clairvoyance nous échappe, et, à moins qu'un autre ne vienne nous en instruire, nous ne savons rien de votre condition humaine. Tu peux donc comprendre maintenant que toute notre prescience s'éteindra du jour où, pour nous, se fermera la porte de l'avenir. »

Alors, comme repentant d'une faute commise, je dis : « Faites savoir à celui qui vient de tomber que son fils est encore parmi les vivants. Et si j'ai hésité tout à l'heure

E s'io fu' dianzi alla risposta muto,
  Fat'ei saper, che 'l fei, perchè pensava
  Già nell'error, che m'avete soluto.

E già 'l maestro mio mi richiamava:
  Perch'i' pregai lo spirito più avaccio,
  Che mi dicesse, chi con lui si stava.

Dissemi: Qui con più di mille giaccio:
  Qua entro è lo secondo Federico,
  E 'l Cardinale, e degli altri mi taccio:

Indi s'ascose: ed io inver l'antico
  Poeta volsi i passi, ripensando
  A quel parlar, che mi parea nemico.

Egli si mosse: e poi così andando,
  Mi disse: Perchè se' tu sì smarrito?
  Ed io li soddisfeci al suo dimando.

La mente tua conservi quel, ch'udito
  Hai contra te, mi comandò quel saggio,
  E ora attendi qui, e drizzò 'l dito.

Quando sarai dinanzi al dolce raggio
  Di quella, il cui bell' occhio tutto vede,
  Da lei saprai di tua vita il viaggio.

Appresso volse a man sinistra il piede:
  Lasciammo 'l muro, e gimmo inver lo mezzo,
  Per un sentier, ch'ad una valle fiede,

Che 'n fin lassù facea spiacer suo lezzo.

à lui répondre, c'est que j'étais déjà tourmenté en moi-même du doute que vous venez d'éclaircir. »

Mais déjà le maître me rappelait, et je priai l'esprit plus instamment de me dire quels autres étaient avec lui.

Il répondit : « Je suis ici gisant au milieu de plus de mille : Là est Frédéric [6]; ici, le cardinal [7]. Quant aux autres, je me tais. »

A ces mots, il s'enfonça dans sa tombe, et moi je tournai mes pas vers l'antique poète, repassant dans mon esprit ces paroles qui me paraissaient une prédiction menaçante.

Il se mit en marche, et, tout en allant, il me disait : « Pourquoi es-tu si troublé? » Et je lui dis pourquoi j'étais troublé.

« Prends bien soin de garder le souvenir de ces présages; et cependant sois attentif, me dit-il, un doigt levé. Quand tu seras devant le doux rayon de celle [8] dont le bel œil voit tout, tu sauras d'elle les secrets du voyage de ta vie. »

Puis il se détourna vers la gauche, et nous laissâmes les murailles pour nous diriger au centre par un sentier aboutissant à une autre vallée; déjà elle faisait monter jusqu'à nous ses fétides exhalaisons.

CANTO DECIMOPRIMO

—

In su l'estremità d'un'alta ripa,
 Che facevan gran pietre rotte in cerchio,
 Venimmo sopra più crudele stipa:

E quivi per l'orribile soperchio
 Del puzzo, che 'l profondo abisso gitta,
 Ci raccostammo dietro ad un coperchio

D'un grand'avello, ov'io vidi una scritta,
 Che diceva: Anastagio Papa guardo,
 Lo qual trasse Fotin della via dritta.

Lo nostro scender conviene esser tardo,
 Sì, che s'ausi un poco prima il senso
 Al tristo fiato, e poi non fia riguardo:

Così 'l maestro: ed io, alcun compenso,
 Dissi lui, truova, che 'l tempo non passi
 Perduto: ed egli: Vedi, ch'a ciò penso.

CHANT ONZIÈME

A l'extrémité d'un escarpement formé par l'accumulation circulaire de grandes pierres brisées, nous parvenons à un ramas de damnés encore plus tourmentés. Mais l'insupportable excès de puanteur qui s'exhalait du profond abîme nous repoussa derrière le couvercle d'un grand tombeau qui portait une inscription : « Je garde le pape Anastase [1] que Photin détourna de la bonne voie. » Ainsi disait l'inscription.

« Il convient de descendre lentement, afin d'accoutumer peu à peu nos sens à ces émanations fétides : bientôt nous n'y prendrons plus garde. »

Ainsi parla le maître; et moi : « Trouve, lui dis-je, quelque expédient pour que le temps ne s'envole pas sans profit. »

Figliuol mio, dentro da cotesti sassi,
  Cominciò poi a dir, son tre cerchietti
  Di grado in grado, come que', che lassi.

Tutti son pien di spirti maladetti :
  Ma perchè poi ti basti pur la vista,
  Intendi come, e perchè son costretti.

D'ogni malizia, ch'odio in cielo acquista,
  Ingiuria è il fine, e ogni fin cotale,
  O con forza, o con frode altrui contrista.

Ma perchè frode è dell'uom proprio male,
  Più spiace a Dio : e però stan di sutto
  Gli frodolenti, e più dolor gli assale.

De' violenti il primo cerchio è tutto :
  Ma perchè si fa forza a tre persone,
  In tre gironi è distinto, e costrutto.

A Dio, a se, al prossimo si puone
  Far forza, dico in se, ed in lor cose,
  Com' udirai con aperta ragione.

Morte per forza, e ferute doghose
  Nel prossimo si danno, e nel suo avere
  Ruine, incendi, e tollette dannose :

Onde omicide, e ciascun, che mal fiere,
  Guastatori, e predon tutti tormenta
  Lo giron primo, per diverse schiere.

Et lui : « Ainsi fais-je. Mon fils, sous ce rempart de rochers sont trois cercles qui vont se rétrécissant de degré en degré, comme ceux que tu viens de quitter. Ils sont chargés d'esprits maudits. Mais pour que tu ne t'arrêtes pas à les interroger, apprends comment et pourquoi ils y sont renfermés.

« Toute méchanceté qui provoque la colère céleste a pour principe et pour fin l'injustice qui procède tantôt par la violence, tantôt par la fraude. Et comme la fraude est le vrai crime de l'humaine nature, il n'en est pas qui déplaise à Dieu davantage. Aussi les frauduleux sont-ils enfouis plus au fond et en proie à de plus cruels châtiments.

« Le premier de ces trois cercles est occupé par les hommes de violence. Mais comme la violence peut se commettre à l'égard de trois sortes de personnes, ce cercle se divise en trois enceintes d'expiation.

« On peut faire violence, en effet, à Dieu, à soi, à son prochain, de deux manières : ou dans leur personne ou dans les choses qui leur appartiennent. Un raisonnement bien simple te le fera comprendre.

« On nuit au prochain, dans sa personne, par la mort violente et par des blessures douloureuses ; dans ses biens, par la ruine, l'incendie et la spoliation. Ainsi le meurtrier, qu'il tue ou qu'il blesse, le dévastateur et le voleur sont tous, et par bandes distinctes, tourmentés dans la première enceinte que voici.

Puote uomo avere in se man violenta,
   E ne' suoi beni : e però nel secondo
   Giron convien, che, sanza pro, si penta

Qualunque priva se del vostro mondo,
   Biscazza, e fonde la sua facultade.
   E piange, là dove esser dee giocondo.

Puossi far forza nella Deitade,
   Col cuor negando, e bestemmiando quella,
   E spregiando natura, e sua bontade:

E però lo minor giron suggella
   Del segno suo, e Soddoma, e Caorsa,
   E chi, spregiando Dio, col cuor favella.

La frode, ond' ogni coscienza è morsa,
   Può l'uomo usare in colui, che 'n lui fida,
   Ed in quei, che fidanza non imborsa.

Questo modo di retro par, ch'uccida
   Pur lo vincol d'amor, che fa natura,
   Onde nel cerchio secondo s'annida

Ipocrisia, lusinghe, e chi affattura,
   Falsità, ladroneccio, e simonia,
   Ruffian, baratti, e simile lordura.

Per l'altro modo quell'amor s'obblia,
   Che fa natura, e quel, ch'è poi aggiunto,
   Di che la fede spezial si cria:

« L'homme peut aussi porter sur soi-même ou sur ses biens une main violente : il est juste alors que, dans la seconde enceinte, celui-là soit puni d'un repentir sans mérites, qui s'exile volontairement de votre monde; celui-là aussi qui dissipe follement sa fortune et se rend misérable avec toutes les conditions du bonheur.

« On violente, en le reniant, Dieu lui-même; le blasphème est une violence; une violence aussi, le mépris de la nature et de ses bienfaits.

« Voilà pourquoi, dans l'enceinte la plus étroite, sont marqués du même sceau brûlant Sodome et Cahors [2], et quiconque, en pensée ou par paroles, attente à la suprême majesté.

« La fraude, qui laisse à toute conscience qu'elle mord une trace de sa morsure, peut nuire également et à l'homme qui se fie à nous et à celui qui nous refuse sa confiance. Ce dernier genre de fraude, moins coupable que le premier, brise seulement les liens d'affection naturelle qui rapprochent les hommes. Aussi c'est dans la seconde enceinte que sont enserrés les hypocrites, les flatteurs, ceux qui jettent des sorts, les faussaires, les escrocs et les simoniaques, les rufiens, les filous et autre engeance impure.

« Mais par la première espèce de fraude, on met en oubli tout à la fois et cet amour que la nature inspire, et cet autre sentiment plus particulier d'où naît une mutuelle confiance.

Onde nel cerchio minore, ov'è il punto
　Dell'universo, in su che Dite siede,
　Qualunque trade, in eterno è consunto.

Ed io : Maestro, assai chiaro procede
　La tua ragione, e assai ben distingue
　Questo baratro, e 'l popol, che 'l possiede.

Ma dimmi : Quei della palude pingue,
　Che mena 'l vento, e che batte la pioggia,
　E che s'incontran con sì aspre lingue,

Perchè non dentro della città roggia
　Son ei puniti, se Dio gli ha in ira?
　E se non gli ha, perchè sono a tal foggia?

Ed egli a me : Perchè tanto delira,
　Disse, lo 'ngegno tuo da quel, ch' e' suole?
　Over la mente dove altrove mira?

Non ti rimembra di quelle parole,
　Con le quai la tua Etica pertratta
　Le tre disposizion, che 'l Ciel non vuole,

Incontinenza, malizia, e la matta
　Bestialitade? e come incontinenza
　Men Dio offende, e men biasimo accatta?

Se tu riguardi ben questa sentenza,
　E rechiti alla mente, chi son quelli,
　Che su di fuor sostengon penitenza,

« Voilà pourquoi, au fond du dernier cercle, au centre de cet univers, au lieu même où siége Dité ³, quiconque trahit est éternellement consumé. »

Et moi : « Maître, ton raisonnement est parfaitement clair : il m'explique très-bien les divisions de cet abîme et du peuple qu'il renferme. Dis-moi cependant, ceux qui se vautrent dans le lac de boue, ceux qu'emporte le vent, que fouette la pluie, et ceux qui s'entre-choquent avec ces paroles sauvages, pourquoi ne sont-ils pas châtiés dans la cité ardente, si Dieu les a dans sa colère; sinon, pourquoi les châtier ainsi? »

Et lui à moi : « Pourquoi ton esprit, ordinairement si juste, s'égare-t-il ainsi? Serait-ce donc qu'un autre objet l'attire ailleurs? Ne te souvient-il plus en quels termes le maître ⁴ a parlé de ces trois mauvais penchants que Dieu réprouve : à savoir, l'incontinence, la méchanceté et la stupide brutalité? L'incontinence, disait-il, est une moindre offense à Dieu, et mérite moins de blâme. Si tu approfondis bien cette doctrine, et si tu reportes ta pensée à ceux qui subissent leur châtiment hors de cette enceinte, tu comprendras pourquoi ils sont séparés de ces pervers et pourquoi la justice de Dieu les frappe avec moins de courroux. »

Tu vedrai ben, perchè da questi felli
  Sien dipartiti, e perchè men crucciata
  La divina giustizia gli martelli.

O sol, che sani ogni vista turbata.
  Tu mi contenti sì, quando tu solvi,
  Che non men, che saver, dubbiar m'aggiata.

Ancora un poco 'ndietro ti rivolvi,
  Diss'io, là dove dî, ch'usura offende
  La divina bontade, e 'l groppo svolvi.

Filosofia, mi disse, a chi l'attende,
  Nota non pure in una sola parte.
  Come natura lo suo corso prende

Dal divino 'ntelletto, e da sua arte:
  E se tu ben la tua Fisica note,
  Tu troverai, non dopo molte carte,

Che l'arte vostra quella, quanto puote,
  Segue, come 'l maestro fa il discente,
  Sì che vostr'arte a Dio quasi è nipote.

Da queste due, se tu ti rechi a mente
  Lo Genesi dal principio. conviene
  Prender sua vita, e avanzar la gente.

E perchè l'usuriere altra via tiene.
  Per se natura, e per la sua seguace,
  Dispregia, poichè in altro pon la spene.

« O lumière qui guérirais la vue la plus malade, toute difficulté est par toi si clairement résolue, que le doute a presque autant de charme pour moi que la certitude ! Si pourtant il te plaisait de revenir un peu en arrière, tu m'expliquerais comment il se fait que l'usure soit une offense à la divine bonté ! »

« La philosophie bien comprise, me dit-il, nous apprend et nous répète que la nature est une pure émanation de l'intelligence de Dieu et de son art; or, si tu te reportes à la physique d'Aristote, tu trouveras, sans trop de recherches, que l'art, autant qu'il est en lui, se conforme à la nature, comme un disciple qui marche sur les pas du maître ; si bien qu'il est, pour ainsi dire, le petit-fils de Dieu [5].

« Tu comprends maintenant, si tu te souviens des premiers versets de la Genèse, que l'humanité puise justement à ces deux sources la vie et le progrès. Quiconque, comme l'usurier, marche par une autre voie, insulte tout à la fois la nature et l'art qui en est l'imitation : celui-là a placé ses espérances où il ne devait pas les placer [6].

Ma seguimi oramai, che 'l gir mi piace:
Che i Pesci guizzan su per l'orizzonta,
E 'l Carro tutto sovra 'l Coro giace,

E 'l balzo via là oltre si dismonta.

« A présent suis-moi ; il faut que j'avance : déjà les Poissons brillent sur l'horizon et le Chariot [7] touche à Corus. Encore un pas : c'est par là qu'on descend le rocher. »

CANTO DECIMOSECONDO

Era lo loco, ove a scender la riva
    Venimmo, alpestro, e per quel ch' iv' er' anco,
    Tal, ch' ogni vista ne sarebbe schiva.

Qual' è quella ruina, che nel fianco
    Di qua da Trento l' Adice percosse,
    O per tremuoto, o per sostegno manco:

Che da cima del monte, onde si mosse.
    Al piano è sì la roccia discoscesa,
    Ch' alcuna via darebbe a chi su fosse;

Cotal di quel burrato era la scesa:
    E 'n su la punta della rotta lacca
    L' infamia di Creti era distesa,

Che fu concetta nella falsa vacca:
    E quando vide noi, se stessa morse,
    Sì come quei, cui l' ira dentro fiacca.

CHANT DOUZIÈME

Véritablement la roche était affreuse : l'escarpement et ce qu'on y découvrait auraient effrayé le regard le plus hardi.

A cette grande ruine, qu'un tremblement de terre ou le manque d'appui jeta en deçà de la ville de Trente, sur un des flancs de l'Adige, la roche est si abrupte depuis la cime où se fit la chute jusqu'à la plaine, que sur ses pentes aucun chemin n'est possible. Ainsi s'escarpait la descente de ce précipice, et sur le sommet brisé d'une roche était étendu le fléau de la Crète ¹, ce Minotaure que la fausse Génisse avait conçu.

Dès qu'il nous vit, de rage il se mordit lui-même.

Lo savio mio in ver lui gridò : Forse,
   Tu credi, che qui sia 'l Duca d'Atene,
   Che su nel mondo la morte ti porse?

Partiti, bestia, che questi non viene
   Ammaestrato dalla tua sorella,
   Ma vassi per veder le vostre pene.

Qual'è quel toro, che si slaccia in quella,
   Ch'ha ricevuto già 'l colpo mortale,
   Che gir non sa, ma qua e là saltella,

Vid'io lo Minotauro far cotale :
   E quegli accorto gridò, corri al varco :
   Mentre ch'è 'n furia, è buon, che tu ti cale.

Così prendemmo via giù per lo scarco
   Di quelle pietre, che spesso moviensi,
   Sotto i miei piedi, per lo nuovo carco.

Io gìa pensando : e quei disse : Tu pensi
   Forse a questa rovina, ch'è guardata
   Da quell'ira bestial, ch'io ora spensi.

Or vo', che sappi, che l'altra fiata,
   Ch'i' discesi quaggiù nel basso 'nferno,
   Questa roccia non era ancor cascata.

Ma certo poco pria (se ben discerno),
   Che venisse colui, che la gran preda
   Levò a Dite del cerchio superno,

Et mon guide : « Crois-tu par hasard que tu vas rencontrer ici le prince d'Athènes qui de toi là-haut fit justice ? Loin d'ici, brute ! celui que voici ne vient pas endoctriné par ta sœur. Il n'est ici que pour voir vos supplices. »

Semblable au taureau qui se précipite du côté où déjà il reçut le coup mortel, et qui, ne pouvant courir, bondit çà et là ; tel je vis le Minotaure.

Et mon guide attentif me cria : « Vite, cours à l'entrée ; descends, il en est temps, ne vois-tu pas qu'il est furieux ? »

Nous reprîmes notre route par cet amas de cailloux qui, chargés d'un poids inconnu, roulaient sous nos pieds à chaque pas.

Je marchais tout rêveur, et le maître : « Tu songes peut-être à ces ruines gardées par la fureur brutale que je viens d'amortir ? Ecoute-moi : la première fois que je descendis au fond de l'enfer, cette roche n'était pas encore ainsi fracassée. Mais certainement peu de temps, si mon compte est exact, avant la venue de celui [2] qui enleva la grande proie au cercle supérieur de Dité, l'infecte et profonde vallée éprouva de toutes parts de violentes convulsions ; je crus alors que l'univers tressaillait encore de cet amour créateur [3] qui a donné à croire que le monde était plus d'une fois retombé dans le chaos. Et

Da tutte parti l'alta valle feda
   Tremò sì, ch'i' pensai, che l'universo
   Sentisse amor, per lo quale è, chi creda

Più volte 'l Mondo in Caos converso:
   Ed in quel punto, questa vecchia roccia,
   Quì, e altrove tal fece riverso.

Ma ficca gli occhi a valle: che s'approccia
   La riviera del sangue, in la qual bolle,
   Qual che per violenza in altrui noccia.

O cieca cupidigia, o ira folle,
   Che sì ci sproni nella vita corta,
   E nell'eterna poi sì mal c'immolle!

I' vidi un'ampia fossa in arco torta,
   Come quella, che tutto 'l piano abbraccia,
   Secondo ch'avea detto la mia scorta:

E tra 'l piè della ripa, ed essa in traccia
   Correan Centauri armati di saette,
   Come solean nel mondo andare a caccia.

Vedendoci calar ciascun ristette,
   E della schiera tre si dipartiro,
   Con archi, e asticciuole prima elette:

E l'un gridò da lungi: A qual martiro
   Venite voi, che scendete la costa?
   Ditel costinci, se non l'arco tiro.

la vieille roche se rompit, et ses débris ont formé tous ces précipices.

« Mais fixe les yeux sur la vallée : nous approchons de la rivière de sang où ceux-là sont condamnés à bouillir, qui ont violenté leurs semblables. O aveugle passion, ô colère insensée qui, dans notre courte vie, nous presses de tes aiguillons, et, morts, nous submerges dans ce bouillonnement éternel! »

Et je vis une immense fosse (mon guide me l'avait bien dit), creusée en arc comme celle qui enceint toute la plaine. Entre le pied du rocher et le bord de cette fosse, couraient des Centaures armés de flèches, comme c'était leur coutume quand ils allaient à la chasse sur la terre.

A mesure que nous descendons, ils s'arrêtent, et trois d'entre eux s'écartent de la troupe, l'arc en main et la flèche sur la corde tendue.

Et l'un cria de loin : « Pour quel supplice descendez-vous la côte? Répondez de l'endroit où vous êtes, sinon je tire. »

Lo mio maestro disse : La risposta
　Farem noi a Chiron, costà di presso :
　Mal fu la voglia tua sempre sì tosta.

Poi mi tentò, e disse : Quegli è Nesso,
　Che morì per la bella Dejanira,
　E fe di se la vendetta egli stesso :

E quel di mezzo, ch'al petto si mira,
　È 'l gran Chirone, il qual nudrì Achille :
　Quell'altr'è Folo, che fu sì pien d'ira.

Dintorno al fosso vanno a mille a mille,
　Saettando quale anima si svelle
　Del sangue più che sua colpa sortille.

Noi ci appressammo a quelle fiere snelle :
　Chiron prese uno strale, e con la cocca
　Fece la barba indietro alle mascelle.

Quando s'ebbe scoperta la gran bocca,
　Disse a' compagni : Siete voi accorti,
　Che quel di rietro muove ciò ch' c' tocca?

Così non soglion fare i piè de' morti.
　E 'l mio buon duca, che già gli era al petto,
　Ove le duo nature son consorti,

Rispose : Ben è vivo, e sì soletto
　Mostrarli mi convien la valle buja :
　Necessità 'l c'induce, e non diletto.

CHANT DOUZIÈME.

Mon maître dit : « Mal t'en a pris d'être toujours si emporté dans tes désirs : c'est à Chiron que nous répondrons tout à l'heure. »

Puis, me touchant légèrement, il me dit : « Celui-ci est Nessus qui est mort pour la belle Déjanire et qui sut lui-même tirer vengeance de sa propre mort.

« Celui du milieu qui se regarde à la poitrine, c'est le Centaure Chiron, le précepteur d'Achille. Cet autre, c'est Pholus, le furieux.

« Ils courent par milliers, autour de la fosse, transperçant de leurs flèches toute âme qui sort de la rivière de sang au delà du niveau que lui assigne sa faute. »

Bientôt nous fûmes près de ces monstres agiles : Chiron saisit une flèche ; de la coche il retrousse sa barbe derrière l'une et l'autre mâchoire, et, sa grande bouche ainsi découverte, il dit à ses compagnons : « Avez-vous pris garde à celui qui vient le dernier ? il fait mouvoir ce qu'il touche ! Les pieds des morts n'ont pas coutume de faire ainsi. »

Déjà mon guide avait rejoint le Centaure : il le touchait au point où les deux natures se marient. « Certes, répliqua-t-il, il est bien vivant, et je suis chargé de lui montrer la vallée ténébreuse. Il ne cède pas, en venant ici, à une vaine curiosité : il obéit à une loi suprême. Elle [4] a un moment suspendu l'éternel *Alleluia* celle qui

Tal si partì da cantare alleluja,
  Che ne commise quest'uficio nuovo,
  Non è ladron, nè io anima fuja.

Ma per quella virtù, per cu'io muovo
  Li passi miei per sì selvaggia strada,
  Danne un de'tuoi, a cui noi siamo a pruovo,

Che ne dimostri, là ove si guada,
  E che porti costui in su la groppa,
  Che non è spirto, che per l'aer vada.

Chiron si volse in su la destra poppa,
  E disse a Nesso: Torna, e sì gli guida,
  E fa cansar, s'altra schiera v'intoppa.

Noi ci movemmo con la scorta fida
  Lungo la proda del bollor vermiglio,
  Ove i bolliti facèno alte strida.

I' vidi gente sotto infino al ciglio:
  E 'l gran Centauro disse: Ei son tiranni,
  Che dier nel sangue, e nell'aver di piglio.

Quivi si piangon gli spietati danni:
  Quiv'è Alessandro, e Dionisio fero,
  Che fe Cicilia aver dolorosi anni:

E quella fronte, ch'ha 'l pel così nero,
  E Azzolino; e quell'altro, ch'è biondo,
  E Obizzo da Esti, il qual per vero

m'a donné cette mission nouvelle. Il n'est pas un réprouvé, et moi-même je ne suis pas une âme criminelle.

« Donc, au nom de la puissance qui conduit mes pas dans ce chemin sauvage, donne-nous, pour voyager de compagnie avec nous, un de tes Centaures qui nous enseigne où la rivière est guéable, et qui porte en croupe ce vivant qui ne sait pas voler dans les airs comme un esprit. »

Chiron, tournant la tête à droite : « Va, dit-il à Nessus; sois leur guide et les protége si une autre troupe vient à les rencontrer. »

Sous cette escorte fidèle, nous longeons les rivages de ce sang en ébullition où les damnés, en bouillant, jetaient d'effroyables cris.

J'en vis qui en avaient jusqu'aux sourcils, et le grand Centaure : « Tu vois, dit-il, les tyrans dont la vie a été pleine de meurtres et de rapines. Ici s'expient les crimes des cœurs qui furent sans pitié. Voici Alexandre de Phère et Denys le Tyran, qui a donné à la Sicile de si sombres années.

« Le front que recouvre une si noire chevelure, c'est Ezzelino [5]; cet autre est le blond Obizzo d'Est qui, très-certainement, fut tué là-haut par son beau-fils. »

CANTO DECIMOSECONDO.

Fu spento dal figliastro su nel mondo.
   Allor mi volsi al poeta, e quei disse,
   Questi ti sia or primo, ed io secondo.

Poco più oltre 'l Centauro s'affisse
   Sovr'una gente, che 'n fino alla gola
   Parea, che di quel Bulicame uscisse.

Mostrocci un'ombra dall'un canto sola,
   Dicendo: Colui fesse in grembo a Dio
   Lo cuor, che 'n su Tamigi ancor si cola.

Po' vidi genti, che di fuor del rio
   Tenean la testa, e ancor tutto 'l casso:
   E di costoro assai riconobb'io.

Così a più a più si facea basso
   Quel sangue sì, che copria pur li piedi:
   E quivi fu del fosso il nostro passo.

Sì come tu da questa parte vedi
   Lo Bulicame, che sempre si scema,
   Disse 'l Centauro, voglio che tu credi,

Che da quest'altr'a più a più giù prema
   Lo fondo suo, infin ch'ei si raggiunge,
   Ove la tirannia convien, che gema.

La divina giustizia di qua punge
   Quell'Attila, che fu flagello in terra,
   E Pirro, e Sesto, ed in eterno munge

A ces mots, je me tournai vers le poete : « Oui, dit-il, que Nessus soit ici le premier à t'instruire, je serai le second. »

Quelques pas plus loin, le Centaure s'arrêta au-dessus d'une foule qui paraissait avoir la tête hors de ce lac bouillant, et, nous montrant un damné seul à l'écart, il dit : « En voilà un qui frappa jusque dans le sein de Dieu [6], un cœur toujours honoré aux bords de la Tamise. »

J'en vis d'autres qui avaient la tête et toute la poitrine hors du lac. Parmi ceux-là j'en reconnus plusieurs.

De plus en plus s'abaissait le niveau du sang : à peine s'il baignait les pieds des coupables quand nous fûmes arrivés au point du fleuve où se fit notre passage.

Et le Centaure : « De ce côté, tu le vois, la source sanglante va sans cesse en décroissant; apprends que, de l'autre côté, elle va toujours plus profonde et plus pesante, jusqu'à ce qu'elle s'arrête au point même où les tyrans, submergés, reçoivent leur punition.

« C'est là que le Dieu juste tourmente Attila, qui fut le fléau de la terre, Pyrrhus et Sextus [7]. C'est là que, pour l'éternité, à chaque bouillonnement qui les met en

Le lagrime, che col bollor disserra
   A Rinier da Corneto, a Rinier Pazzo,
Che fecero alle strade tanta guerra:

Poi si rivolse, e ripassossi 'l guazzo.

lambeaux, la douleur arrache des pleurs à René de Corneto et à René de Pazzi⁸, ces héros de grands chemins. »

Il dit, se retourne et repasse le gué.

CANTO DECIMOTERZO

Non era ancor di là Nesso arrivato,
   Quando noi ci mettemmo per un bosco,
   Che da nessun sentiero era segnato.

Non frondi verdi, ma di color fosco;
   Non rami schietti, ma nodosi e 'nvolti;
   Non pomi v' eran, ma stecchi con tosco.

Non han sì aspri sterpi, nè sì folti
   Quelle fiere selvagge, che 'n odio hanno
   Tra Cecina e Corneto i luoghi colti.

Quivi le brutte Arpie lor nido fanno,
   Che cacciar delle Strofade i Trojani,
   Con tristo annunzio di futuro danno.

Ale hanno late, e colli, e visi umani,
   Piè con artigli, e pennuto 'l gran ventre:
   Fanno lamenti in su gli alberi strani.

CHANT TREIZIÈME

—

Nessus n'avait pas encore atteint l'autre rive, que déjà nous pénétrions dans un bois où nul sentier n'était tracé.

Là, au lieu de vertes feuilles, un feuillage de couleur sinistre; point de rameaux lisses, mais un branchage noueux et tourmenté, et, au lieu de fruits, des épines et du poison.

Les bêtes fauves qui ont en horreur les campagnes cultivées entre la Cécina et Corneto [1], n'habitent pas des repaires plus âpres et plus épais.

C'est là qu'elles font leur nid les affreuses harpies [2] qui, aux Strophades, mirent les Troyens en fuite avec le triste présage de leurs malheurs à venir. Elles ont de larges ailes, le cou et le visage de forme humaine, des pieds armés de serres, un ventre énorme recouvert de plumes : du haut de ces arbres hideux, elles jettent leurs lamentations.

E 'l buon maestro : Prima che più entre,
　　Sappi, che se' nel secondo girone,
　　Mi cominciò a dire, e sarai, mentre

Che tu verrai nell'orribil Sabbione.
　　Però riguarda bene, e sì vedrai
　　Cose, che torrien fede al mio sermone.

I' sentia d'ogni parte tragger guai,
　　E non vedea persona, che 'l facesse :
　　Perch'io tutto smarrito m'arrestai.

I' credo, ch'ei credette, ch'io credesse,
　　Che tante voci uscisser tra que' bronchi
　　Da gente, che per noi si nascondesse :

Però, disse 'l maestro, se tu tronchi
　　Qualche fraschetta d'una d'este piante,
　　Li pensier, ch'hai, si faran tutti monchi.

Allor porsi la mano un poco avante,
　　E colsi un ramuscel da un gran pruno,
　　E 'l tronco suo gridò, Perchè mi schiante ?

Da che fatto fu poi di sangue bruno,
　　Ricominciò a gridar, Perchè mi scerpi ?
　　Non hai tu spirto di pietate alcuno ?

Uomini fummo, ed or sem fatti sterpi ;
　　Ben dovrebb'esser la tua man più pia,
　　Se state fossim'anime di serpi.

Et le bon maître : « Avant d'aller plus loin, sois averti que nous voici dans la seconde enceinte : elle va se prolongeant jusqu'aux sables affreux. Regarde bien, et tu verras des choses dont le récit paraîtrait incroyable. »

J'entendais gémir de toutes parts, et je ne voyais cependant personne qui gémît. Etonné, je m'arrêtai.

Mon guide crut sans doute que je croyais que ces cris étaient poussés par des esprits qui se cachaient de nous au milieu de cet épais fourré.

« Si tu brises, me dit-il, quelque petit rameau d'un de ces arbres, toutes te spensées seront bientôt déconcertées. »

Alors, avançant la main, je détache une petite branche d'un grand arbre épineux, et le tronc crie aussitôt : « Ah ! pourquoi me déchirer[3] ? »

Et tout noir de sang, il criait encore : « Pourquoi me briser? es-tu donc sans pitié? Nous avons été des hommes; maintenant nous sommes des arbres. Ne fussions-nous que des âmes de reptiles, ta main devrait être plus charitab'e. »

Come d'un stizzo verde, che arso sia
　Dall'un de' capi, che dall'altro geme,
　E cigola, per vento, che va via,

Così di quella scheggia usciva insieme
　Parole, e sangue: ond'i' lasciai la cima
　Cadere, e stetti, come l'uom, che teme.

S'egli avesse potuto creder prima,
　Rispose 'l savio mio, anima lesa,
　Ciò ch'ha veduto, pur con la mia rima,

Non averebbe in te la man distesa:
　Ma la cosa incredibile mi fece
　Indurlo ad ovra, ch'a me stesso pesa.

Ma dilli, chi tu fosti, sì che 'n vece
　D'alcuna ammenda, tua fama rinfreschi
　Nel mondo su, dove tornar gli lece.

E 'l tronco; Sì, col dolce dir, m'adeschi,
　Ch'i' non posso tacere: e voi non gravi,
　Perch'io un poco a ragionar m'inveschi.

I' son colui, che tenni ambo le chiavi
　Del cuor di Federigo, e che le volsi,
　Serrando e disserrando, sì soavi,

Che dal segreto suo quasi ogni uom tolsi:
　Fede portai al glorioso ufizio
　Tanto, ch'i' ne perde' le vene e' polsi.

Un tison vert qui brûle par un bout, pleure à l'autre bout en pétillant avec l'air qui s'en dégage ; ainsi de ce rameau brisé s'échappèrent tout ensemble des paroles et du sang. Je laissai tomber le rameau, et je restai comme un homme qui a peur.

« Ame blessée, reprit mon guide, s'il avait pu croire ce qu'il a pourtant lu dans mes vers, il n'aurait pas ainsi porté la main sur toi. Mais la chose était si peu vraisemblable, que je l'ai poussé à une action que je me reproche à moi-même.

« Dis-lui, cependant, qui tu étais là-haut, pour qu'il puisse te dédommager, en ravivant ta mémoire dans le monde où le retour lui est permis. »

Et l'arbre, à son tour : « Ta parole est si engageante. que je ne saurais me taire ; mais que du moins je ne vous sois pas importun si je m'engage dans un trop long parler.

« C'est moi qui tins, de mon vivant, les deux clés du cœur de l'empereur Frédéric [4]. Pour ouvrir et pour fermer j'avais la main si douce, que personne n'eut, comme moi, sa confiance. A ce glorieux office j'apportai tant de fidélité, que j'y perdis le sommeil et les battements de la vie.

La meretrice, che mai dall'ospizio
   Di Cesare non torse gli occhi putti,
   Morte comune, e delle corti vizio,

Infiammò contra me gli animi tutti,
   E gl'infiammati infiammar sì Augusto,
   Che i lieti onor tornaro in tristi lutti.

L'animo mio, per disdegnoso gusto,
   Credendo, col morir, fuggir disdegno,
   Ingiusto fece me, contra me, giusto.

Per le nuove radici d'esto legno
   Vi giuro, che giammai non ruppi fede
   Al mio signor, che fu d'onor sì degno:

E se di voi alcun nel mondo riede,
   Conforti la memoria mia, che giace
   Ancor del colpo, che 'nvidia le diede.

Un poco attese, e poi, da ch'ei si tace,
   Disse 'l poeta a me, Non perder l'ora,
   Ma parla, e chiedi a lui se più ti piace.

Ond'io a lui: Dimandal tu ancora
   Di quel, che credi, ch'a me soddisfaccia:
   Ch'i' non potrei, tanta pietà m'accora.

Però ricominciò: Se l'uom ti faccia
   Liberamente ciò, che 'l tuo dir piega,
   Spirito 'ncarcerato: ancor ti piaccia

« Cette courtisane, cette peste⁵, la perte des cours, dont le regard impudent interroge sans cesse les palais de César, enflamma contre moi tous les esprits. A leur tour ils enflammèrent Auguste de leurs ressentiments, et le joyeux éclat de mes honneurs se changea bientôt en tristesse et en funérailles. Mon âme, dans un excès d'indignation, crut par la mort échapper au mépris : innocent, je portai sur moi une main coupable !

« Je jure, par les racines nouvelles de cet arbre, que je restai fidèle à un maître qui mérita si bien d'être honoré; si l'un de vous deux retourne au monde, qu'il y relève la mémoire de Pierre Desvignes, encore abattue sous les coups de l'envie. »

Le poete attendit, et bientôt : « Puisqu'il se tait, me dit-il, profite du moment, parle et demande encore ce qu'il te plaît de savoir. »

Et moi à lui : « Toi-même interroge-le sur les choses que j'aurais à demander : quant à moi, je ne pourrais, tant la pitié m'attriste. »

Et Virgile reprit : « Si cet homme est prêt à obéir à ta parole, âme captive, qu'il te plaise encore de nous dire comment les âmes sont liées dans ces troncs noueux,

Di' dunne, come l'anima si lega
   In questi nocchi : e dinne, se tu puoi,
   S'alcuna mai da tai membra si spiega.

Allor soffiò lo tronco forte, e poi
   Si convertì quel vento in cotal voce;
   Brevemente sarà risposto a voi.

Quando si parte l'anima feroce
   Dal corpo, ond'ella stessa s'è disvelta,
   Minos la manda alla settima foce.

Cade in la selva, e non l'è parte scelta,
   Ma là dove fortuna la balestra :
   Quivi germoglia, come gran di spelta.

Surge in vermena, ed in pianta silvestra :
   L'Arpìe pascendo poi delle sue foglie
   Fanno dolore, e al dolor finestra.

Come l'altre, verrem per nostre spoglie,
   Ma non però ch'alcuna sen rivesta :
   Che non è giusto aver ciò, ch'uom si toglie.

Qui le strascineremo, e per la mesta
   Selva saranno i nostri corpi appesi,
   Ciascuno al prun dell'ombra sua molesta.

Noi eravamo ancora al tronco attesi,
   Credendo ch'altro ne volesse dire,
   Quando noi fummo d'un romor sorpresi,

et, autant que tu le peux, dis-nous si jamais âme se dépouille d'une si rude enveloppe. »

Alors il s'échappa du tronc même un souffle violent, et ce souffle devint une voix : « On vous répondra, dit-elle, en peu de mots.

« Quand l'âme, dans sa fureur, quitte le corps dont elle s'est elle-même violemment séparée, Minos la plonge au septième cercle. Elle tombe dans la forêt, n'importe où ; mais en quelque lieu que le hasard la sème, elle germe comme un grain d'épeautre. Puis le germe devient un arbrisseau, et l'arbrisseau devient un arbre de la forêt. Les harpies broutent son feuillage et de chaque déchirure font sortir une douleur.

« Pour nous aussi le jour viendra où nous irons pour reprendre nos dépouilles mortelles, sans pouvoir nous en revêtir : il n'est pas juste que l'homme recouvre ce qu'il s'est volontairement ravi à lui-même. Nous les traînerons ici même, et, dans la forêt sinistre, ces misérables corps resteront suspendus, chacun à l'arbre de son âme emprisonnée. »

Comme nous écoutions encore, attendant que l'arbre en dît davantage, nous fûmes attirés par un bruit semblable à celui qu'entend le chasseur à l'affût, lorsque

Similemente a colui, che venire
　Sente 'l porco, e la caccia alla sua posta,
　Ch' ode le bestie e le frasche stormire.

Ed ecco duo dalla sinistra costa
　Nudi, e graffiati, fuggendo sì forte,
　Che della selva rompieno ogni rosta.

Quel dinanzi: Ora accorri, accorri, Morte;
　E l'altro, a cui pareva tardar troppo,
　Gridava, Lano, sì non furo accorte

Le gambe tue alle giostre del Toppo.
　E poichè forse gli fallia la lena,
　Di se e d'un cespuglio fe'un groppo.

Dirietro a loro era la selva piena
　Di nere cagne, bramose, e correnti,
　Come veltri, ch'uscisser di catena.

In quel, che s'appiattò, miser li denti,
　E quel dilacerato a brano a brano,
　Poi sen' portar quelle membra dolenti.

Presemi allor la mia scorta per mano,
　E menommi al cespuglio, che piangea,
　Per le rotture sanguinenti, invano.

O Jacopo, dicea, da sant'Andrea,
　Che t'è giovato di me fare schermo?
　Che colpa ho io della tua vita rea?

accourt le sanglier entraînant la chasse entière, aux cris de la meute et aux craquements des broussailles brisées.

Et voici venir à notre gauche deux malheureux, nus et déchiquetés, qui fuyaient si vite, que, dans leur course, ils rompaient toutes les branches de la forêt.

L'un allait devant en s'écriant : « Viens donc, viens donc, ô mort ! » Et l'autre, inquiet de sa propre lenteur : « O Lano, disait-il, elles ne couraient pas si vite, tes deux jambes, à l'escarmouche de la Pieve del Toppo[6] ! »

En ce moment sans doute l'haleine lui manque, il s'arrête près d'un buisson, et ne fait avec lui qu'un seul et même groupe immobile.

Derrière eux cependant la forêt, hurlante, lançait de toutes parts des chiennes noires, affamées et rapides comme des lévriers dont la chaîne vient de se rompre. Leurs dents s'enfonçant dans les chairs de celui qui s'était arrêté, le déchirent par morceaux, et elles emportent à leur gueule ces lambeaux gémissants.

Mon guide alors me prend par la main et me rapproche du buisson qui pleurait (peine inutile!), à travers ses sanglantes mutilations.

« O Jacques de Saint-André[7], disait-il, à quoi t'a servi de t'abriter à mon ombre? Qu'y a-t-il de commun entre tes crimes et les miens? »

Quando 'l maestro fu sovr'esso fermo,
   Disse: Chi fusti, che, per tante punte,
   Soffi col sangue doloroso sermo?

E quegli a noi: O anime, che giunte
   Siete a veder lo strazio disonesto,
   Ch'ha le mie frondi sì da me disgiunte,

Raccoglietele al piè del tristo cesto;
   I' fui della città, che nel Battista
   Cangiò 'l primo padrone: ond'e' per questo

Sempre con l'arte sua la farà trista:
   E se non fosse, che 'n sul passo d'Arno
   Rimane ancor di lui alcuna vista;

Quei cittadin, che poi la rifondarno,
   Sovra 'l cener, che d'Attila rimase,
   Avrebber fatto lavorare indarno;

I' fe' giubbetto a me delle mie case.

Le maître, arrêté près du buisson : « Qui donc as-tu été, lui dit-il, toi qui, par tant de déchirures, laisses échapper, avec du sang, ces paroles douloureuses ? »

Et lui : « Ames qui arrivez pour être témoins de l'affreuse dévastation qui me dépouille de mes feuilles, ramassez-les au pied de mes tristes rameaux. J'appartiens à la cité qui abandonna, pour saint Jean-Baptiste, Mars, son premier patron [8]. Celui-ci, par vengeance, ne cessera pas de lui faire sentir son terrible génie. Et si ce n'était qu'il reste encore de lui un vestige respecté sur le pont de l'Arno, les citoyens qui rebâtirent la cité de Florence, sur les ruines laissées par Attila, auraient entrepris une tâche vaine.

« Quant à moi, d'une poutre de ma maison, je me fis un gibet ! »

CANTO DECIMOQUARTO

Poichè la carità del natìo loco
   Mi strinse, raunai le fronde sparte,
   E rendéle a colui, ch'era già roco:

Indi venimmo al fine, onde si parte
   Lo secondo giron dal terzo, e dove
   Si vede di giustizia orribil'arte.

A ben manifestar le cose nuove
   Dico, che arrivammo ad una landa,
   Che dal suo letto ogni pianta rimuove.

La dolorosa selva l'è ghirlanda
   Intorno, come 'l fosso tristo ad essa:
   Quivi fermammo i piedi, a randa a randa.

Lo spazzo era una rena arida, e spessa,
   Non d'altra foggia fatta, che colei,
   Che fu da' piè di Caton già soppressa.

CHANT QUATORZIÈME

—

Telles furent ses dernières paroles, et moi, touché jusque au fond de l'âme par le souvenir de la terre natale, je recueillis ces feuilles dispersées et je les lui rendis.

Nous arrivâmes ensuite à l'extrême limite où la seconde enceinte conduit à la troisième. Là se manifeste en toute sa terreur l'industrie de la justice divine.

Pour vous bien rendre compte de tant de choses incroyables, j'ai à dire que nous parvînmes à une lande dont le sol répugne à toute végétation. La forêt douloureuse l'entoure comme une affreuse guirlande; elle est elle-même entourée par le triste fossé.

Là, nos pieds s'arrêtèrent sur la lisière du sol nouveau. La vaste étendue offrait à nos yeux un sable aride et profond, pareil à celui que les pas de Caton [1] jadis avaient foulé.

O vendetta di Dio, quanto tu dei
   Esser temuta da ciascun, che legge
   Ciò che fu manifesto agli occhi miei!

D'anime nude vidi molte gregge,
   Che piangean tutte assai miseramente,
   E parea posta lor diversa legge.

Supin giaceva in terra alcuna gente:
   Alcuna si sedea tutta raccolta,
   E altra andava continuamente.

Quella, che giva intorno, era più molta,
   E quella men, che giaceva al tormento,
   Ma più al duolo avea la lingua sciolta.

Sovra tutto 'l sabbion d'un cader lento
   Piovén di fuoco dilatate falde,
   Come di neve in alpe sanza vento.

Quali Alessandro in quelle parti calde
   D'India vide sovra lo suo stuolo
   Fiamme cadere infino a terra salde:

Perch'e' provvide a scalpitar lo suolo
   Con le sue schiere, perciocchè 'l vapore
   Me' si stingueva, mentre ch'era solo:

Tale scendeva l'eternale ardore:
   Onde la rena s'accendea, com' esca,
   Sotto focile a doppiar lo dolore.

O vengeance de Dieu ! quelle terreur à qui lira plus tard le spectacle qui se découvrit à mes yeux !

J'aperçus des troupeaux d'âmes dépouillées ; toutes elles pleuraient ; si l'amertume était la même, le supplice semblait différent. Celles-ci étaient par terre, étendues sur le dos ; celles-là, accroupies et ramassées sur elles-mêmes ; d'autres marchaient sans cesse et sans fin.

Les âmes qui couraient ainsi en tourbillon étaient les plus nombreuses ; celles qui, pour leur supplice, gisaient à terre, avaient la langue plus active à la plainte. Sur cette arène tombaient, en pluie, et d'une chute lente, de larges flocons de feu, comme fait la neige, quand le vent se tait, sur le sommet des Alpes.

Alexandre le Grand, dans ces brûlantes régions de l'Inde, voyant descendre sur son armée des flammes qui, tombées sur le sol, brûlaient encore, s'avisa de les faire piétiner par ses soldats, étouffant ainsi, en l'isolant, la vapeur embrasée.

De même descendait la flamme éternelle, et l'arène, prenant feu comme l'amorce au choc de la pierre, redoublait le supplice des âmes. Avec leurs misérables

Sanza riposo mai era la tresca
   Delle misere mani, or quindi, or quinci,
   Iscotendo da se l'arsura fresca.

I' cominciai : Maestro, tu, che vinci
   Tutte le cose, fuor che i Dimon duri,
   Ch'all' entrar della porta incontro uscinci :

Chi è quel grande, che non par che curi
   Lo 'ncendio, e giace dispettoso e torto
   Sì, che la pioggia non par che 'l maturi?

E quel medesmo, che si fue accorto,
   Ch'i' dimandava 'l mio duca di lui,
   Gridò, Quale i' fu' vivo, tal son morto.

Se Giove stanchi il suo fabbro, da cui
   Crucciato prese la folgore acuta,
   Onde l'ultimo dì percosso fui,

O s'egli stanchi gli altri, a muta a muta,
   In Mongibello alla fucina negra,
   Gridando, Buon Vulcano, ajuta ajuta ;

Sì com'e' fece alla pugna di Flegra,
   E me saetti di tutta sua forza,
   Non ne potrebbe aver vendetta allegra.

Allora 'l duca mio parlò di forza
   Tanto, ch'i' non l'avea sì forte udito,
   O Capaneo in ciò, che non s'ammorza

mains qui s'agitaient sans cesse et dans tous les sens, elles se débattaient pour écarter de nouvelles brûlures.

Et moi : « Maître, toi qui as triomphé de tout, hormis des rudes démons qui, sur le seuil de la porte, s'opposaient à notre entrée, quel est ce grand réprouvé qui paraît n'avoir souci de l'incendie, et qui, dédaigneux et insultant, reste étendu comme s'il était à l'abri de la pluie de feu? »

Le damné, comprenant que je parlais de lui à mon guide, s'écria : « Mort, je suis ce que je fus vivant! Que Jupiter accable sous le travail de l'enclume le forgeron qui arma sa colère des foudres aigues dont je fus frappé à mon dernier jour; qu'il fatigue l'un après l'autre, dans leurs forges enfumées du mont Gibel, tous les Cyclopes, en s'écriant, comme il fit au combat de Phlégra[2] : « A l'aide, bon Vulcain, à mon secours! » Enfin que, de toute sa force, il me perce des flèches de son tonnerre, il n'aura jamais, par ma soumission, les pleines joies de la vengeance! »

Alors mon guide (il n'avait pas parlé encore avec cette énergie et avec cet accent) : « O Capanée, en vain tu blasphèmes : il y a un châtiment dans ton orgueil

La tua superbia, se tu più punito:
   Nullo martirio, fuor che la tua rabbia,
   Sarebbe al tuo furor dolor compito.

Poi si rivolse a me con miglior labbia,
   Dicendo, Quel fu l'un de' sette regi,
   Ch'assiser Tebe; ed ebbe, e par ch'egli abbia

Dio in disdegno, e poco par, che 'l pregi:
   Ma, com'i' dissi lui, li suoi dispetti
   Sono al suo petto assai debiti fregi.

Or mi vien dietro, e guarda, che non metti
   Ancor li piedi nella rena arsiccia:
   Ma sempre al bosco gli ritieni stretti.

Tacendo divenimmo, là 've spiccia,
   Fuor della selva, un picciol fiumicello,
   Lo cui rossore ancor mi raccapriccia.

Quale del Bulicame esce 'l ruscello,
   Che parton poi tra lor le peccatrici,
   Tal per la rena giù sen' giva quello.

Lo fondo suo, e ambo le pendici
   Fatt'eran pietra, e i margini dallato:
   Perch'i' m'accorsi, che 'l passo era lici.

Tra tutto l'altro, ch'io t'ho dimostrato,
   Posciachè noi entrammo, per la porta,
   Lo cui soglıare a nessuno è serrato,

indompté. Nul supplice au delà de ta propre rage ne serait une digne expiation de tes fureurs. »

Et se tournant vers moi, d'une voix plus douce, il me dit : « Celui-ci fut un des sept chefs devant Thèbes ». Toujours il eut Dieu en grand mépris, et il lui refuse encore sa prière. Insensé ! (je tenais à le lui dire) comme si ces mépris-là n'étaient pas l'inséparable cortége de son orgueil !

« Or, maintenant, viens derrière moi et prends garde de ne pas poser ton pied sur ce sable embrasé. Marche avec soin sur l'extrême lisière de la forêt. »

Nous arrivons, sans plus rien dire, à l'endroit où jaillit du bois une petite rivière dont la couleur sanglante est pour moi encore un objet d'épouvante.

Semblable à la source qui s'échappe en bouillonnant du Bulicame [4], et dont les prostituées de Viterbe se disputent les eaux tièdes, cette rivière se perdait dans les sables. Ses deux rives s'étaient durcies : elle avait même changé en pierre le limon de son lit. Je compris que c'était là qu'il fallait passer.

« Parmi toutes les choses que je t'ai montrées depuis que nous sommes entrés par la porte, hélas ! trop ouverte à tous les coupables, tes yeux n'ont encore vu rien d'aussi

Cosa non fu dagli tu' occhi scorta
  Notabile, com' è 'l presente rio,
  Che sopra se tutte fiammelle ammorta:

Queste parole fur del duca mio:
  Perchè 'l pregai, che mi largisse 'l pasto,
  Di cui largito m'aveva 'l disio.

In mezzo 'l mar siede un paese guasto,
  Diss' egli allora, che s'appella Creta,
  Sotto 'l cui rege fu già 'l mondo casto.

Una montagna v'è, che già fu lieta
  D'acque, e di fronde, che si chiamò Ida,
  Ora è diserta, come cosa vieta.

Rea la scelse già per cuna fida
  Del suo figliuolo, e, per celarlo meglio,
  Quando piangea, vi facea far le grida.

Dentro dal monte sta dritto un gran veglio,
  Che tien volte le spalle inver Damiata,
  E Roma guarda, sì come suo speglio.

La sua testa è di fin' oro formata,
  E puro argento son le braccia, e 'l petto,
  Poi è di rame infino alla forcata:

Da indi in giuso è tutto ferro eletto,
  Salvo che 'l destro piede è terra cotta,
  E sta 'n su quel, più che 'n sul' altro eretto.

merveilleux que ce ruisseau : toute flamme s'éteint qui passe au dessus de ses vapeurs. »

Telles furent les paroles de mon guide, et je le priai d'accorder à ma curiosité l'aliment dont il venait de l'affamer.

Alors il me répondit : « Au milieu de la mer existe une contrée, entièrement dévastée, dont le nom est la Crète. Cette contrée eut un roi [5] sous lequel le monde vécut dans l'innocence.

« Là s'élève une montagne qui s'appelait le mont Ida ; elle était autrefois charmante de verdure et de belles eaux ; et, aujourd'hui, comme tout ce qui a vieilli, elle est déserte et abandonnée.

« Jadis Rhéa la choisit comme l'abri fidèle du berceau de son fils; pour mieux cacher l'enfant, elle étouffait ses cris sous les cris de ses serviteurs.

« Dans les flancs mêmes de la montagne se tient debout un grand vieillard [6], dont les épaules sont tournées vers Damiette, dont le regard est fixé sur Rome comme sur son miroir. Sa tête est de l'or le plus pur, ses bras et sa poitrine sont du plus bel argent; il est de cuivre jusqu'au buste, et du buste à ses pieds, tout est de fer affiné ; seulement le pied droit est d'argile, et sur ce pied d'argile il se pose plus souvent que sur l'autre. De ce colosse chaque partie, à l'exception de l'or, est entamée par une brisure d'où s'épanchent goutte à goutte des larmes qui s'amassent et filtrent à travers la montagne.

Ciascuna parte, fuor che l'oro, è rotta
   D'una fessura, che lagrime goccia,
   Le quali accolte foran quella grotta.

Lor corso in questa valle si diroccia :
   Fanno Acheronte, Stige, e Flegetonta :
   Poi sen' va giù per questa stretta doccia

Infin là, ove più non si dismonta :
   Fanno Cocito : e qual sia quello stagno,
   Tu 'l vederai : però qui non si conta.

Ed io a lui : Se 'l presente rigagno
   Si deriva così dal nostro mondo,
   Perchè ci appar pure a questo vivagno?

Ed egli a me : Tu sai, che 'l luogo è tondo,
   E tutto che tu sii venuto molto,
   Pure sinistra giù calando al fondo :

Non se ancor per tutto 'l cerchio volto.
   Perchè se cosa n'apparisce nuova,
   Non dee addur maraviglia al tuo volto.

Ed io ancor : Maestro, ove si truova
   Flegetonte, e Leteo, che dell'un taci,
   E l'altro dî, che si fa d'esta piova?

In tutte tue question certo mi piaci,
   Rispose : ma 'l bollor dell'acqua rossa
   Dovea ben solver l'una, che tu faci.

Leur cours les précipite dans cette vallée, où elles forment l'Achéron, le Styx et le Phlégéton [7]. Bientôt elles s'écoulent par cet étroit canal, jusqu'au point où l'on ne descend plus. Alors elles deviennent le Cocyte. Je ne te parle pas de cet étang : tu le verras bientôt. »

Et moi : « Si cette rivière a sa source dans le monde habité, comment se fait-il qu'on ne la découvre qu'au bord de cette enceinte? »

« Ce lieu est de forme circulaire, me dit-il, tu le sais : tu as déjà beaucoup marché; mais toujours en descendant et tournant à ta gauche; ainsi le cercle entier n'est pas encore parcouru ; c'est pourquoi, à chaque rencontre nouvelle, il ne faut pas qu'un nouvel étonnement se montre sur ton visage. »

Et moi, insistant : « Maître, où se trouvent le Phlégéton et le Léthé? De l'un tu ne parles pas, et l'autre, dis-tu, a sa source dans les larmes que la montagne laisse suinter? »

Et lui : « Certes, tes questions n'ont rien qui me déplaise; mais à l'une d'elles le bouillonnement de l'eau rouge était une réponse suffisante. Tu verras bientôt,

Lete vedrai, ma fuor di questa fossa,
 Là ove vanno l'anime a lavarsi,
 Quando la colpa pentuta è rimossa.

Poi disse, Omai è tempo da scostarsi
 Dal bosco: fa, che diretro a me vegne:
 Li margini fan via, che non son arsi,

E sopra loro ogni vapor si spegne.

mais hors de cette enceinte, le Léthé, où les âmes se purifient quand le pardon de la faute a été accordé au repentir.

« Mais le moment est venu de quitter la forêt. Allons et marche avec précaution derrière moi. Le passage nous est ouvert sur les bords du ruisseau : ils ne sont pas brûlants, car en tombant sur eux toute flamme s'éteint. »

CANTO DECIMOQUINTO

Ora cen' porta l'un de' duri margini,
   E 'l fummo del ruscel di sopra aduggia
   Sì, che dal fuoco salva l'acqua, e gli argini.

Quale i Fiamminghi tra Guzzante, e Bruggia
   Temendo 'l fiotto, che in ver lor s'avventa,
   Fanno lor schermo, perchè 'l mar si fuggia.

E quale i Padovan, lungo la Brenta,
   Per difender lor ville, e lor castelli,
   Anzi che Chiarentana il caldo senta;

A tale imagine eran fatti quelli,
   Tutto che nè sì alti, nè sì grossi,
   Qual che si fosse, lo maestro felli.

Già eravam dalla selva rimossi
   Tanto, ch'i' non avrei visto dov'era,
   Perch'io 'ndietro rivolto mi fossi,

CHANT QUINZIÈME

.

Nous suivions donc un de ces sentiers pétrifiés : la vapeur du ruisseau forme au dessus un nuage humide et préserve du feu le cours de l'onde et ses bords.

A l'exemple des Flamands, entre Cadsandt et Bruges, qui élèvent contre les flots menaçants des digues capables d'arrêter l'Océan; ou comme les Padouans, le long de la Brenta, qui protégent d'un large rempart leurs villes et leurs châteaux, avant que les glaciers de la Chiarentana[1] aient senti le soleil du printemps; de même, ici, les berges étaient faites à cette image; mais le maître inconnu qui les façonna, les avait construites moins hautes et moins épaisses.

Déjà nous étions si loin de la forêt, que vainement pour la revoir je me serais retourné tout à fait, lorsque vint à notre rencontre une troupe d'âmes longeant la

Quando 'ncontrammo d'anime una schiera,
   Che venia lungo l'argine, e ciascuna
   Ci riguardava, come suol da sera

Guardar l'un l'altro sotto nuova luna;
   E sì ver noi aguzzavan le ciglia,
   Come vecchio sartor fa nella cruna.

Così adocchiato da cotal famiglia,
   Fu' conosciuto da un, che mi prese
   Per lo lembo, e gridò: Qual maraviglia?

Ed io, quando 'l suo braccio a me distese,
   Ficcai gli occhi per lo cotto aspetto,
   Sì che 'l viso abbruciato non difese

La conoscenza sua al mio 'ntelletto:
   E chinando la mano alla sua faccia
   Risposi: Siete voi quì, ser Brunetto?

E quegli: O figliuol mio, non ti dispiaccia
   Se Brunetto Latini un poco teco,
   Ritorna in dietro, e lascia 'ndar la traccia.

Io dissi lui: Quanto posso, ven' preco.
   E se volete, che con voi m'asseggia,
   Faról, se piace a costui, che vo seco.

O figliuol, disse, qual di questa greggia
   S'arresta punto, giace poi cent'anni,
   Sanza arrostarsi, quando 'l fuoco il feggia.

rivière, et chacune d'elles nous regardait comme on a coutume de se regarder le soir, à l'indécise clarté de la lune nouvelle; et sur nous elles clignaient les yeux comme fait le vieux tailleur sur le chas de son aiguille.

Parmi tous ces esprits curieux qui me regardaient avec tant d'attention, il y en eut un qui me reconnut : « Quel miracle! » s'écria-t-il en me tirant par ma robe. Comme il tendait les bras, mes yeux se posèrent attentivement sur ses traits noircis, et je le reconnus enfin à travers les brûlures de son visage. Alors, abaissant ma figure vers la sienne : « Est-ce bien vous qui êtes ici, Ser Brunetto² ? »

Et lui : « O mon fils, je t'en prie, laisse aller cette foule, et ne trouve pas mauvais que Brunetto Latini retourne un peu sur ses pas avec toi. »

« Je vous en prie aussi, et de tout mon pouvoir, lui répondis-je; et si vous voulez que je m'asseye avec vous, je le ferai volontiers, avec le consentement de celui qui m'accompagne. »

« O mon fils, reprit-il, il est une loi pour ces esprits en peine : qui s'arrête un instant, reste exposé, immobile, pendant un siècle, aux atteintes de ce feu dévorant. Ainsi

Però va oltre : i' ti verrò a' panni,
   E poi rigiugnerò la mia masnada,
   Che va piangendo i suoi eterni danni.

I' non osava scender della strada,
   Per andar par di lui : ma 'l capo chino
   Tenea, com' uom, che riverente vada.

Ei cominciò : Qual fortuna, o destino,
   Anzi l'ultimo dì quaggiù ti mena?
   E chi è questi, che mostra 'l cammino?

Lassù di sopra in la vita serena,
   Rispos'io lui, mi smarrì in una valle,
   Avanti che l'età mia fosse piena.

Pur jer mattina le volsi le spalle :
   Questi m'apparve, ritornando, in quella,
   E riducemi a ca per questo calle.

Ed egli a me : Se tu segui tua stella,
   Non puoi fallire a glorioso porto,
   Se ben m'accorsi nella vita bella :

E s'i' non fossi, sì per tempo, morto,
   Veggendo 'l Cielo a te così benigno,
   Dato t'avrei all'opera conforto.

Ma quello 'ngrato popolo maligno,
   Che discese di Fiesole ab antico,
   E tiene ancor del monte e del macigno,

marchons toujours ; j'irai ton pas et je rejoindrai plus tard ces autres esprits qui s'en vont pleurant leurs éternelles douleurs. »

Et moi, sans quitter le sentier, tant j'avais peur de toucher aux sables, j'allais, baissant la tête en signe de déférence et de respect.

Il commença : « Quel accident ou quelle destinée t'amène ici-bas avant ton heure dernière ; et celui qui te guide, qui est-il ? »

« Là-haut, lui répondis-je, dans la vie sereine, avant d'avoir accompli tous mes jours, je m'égarai au fond d'une vallée. Mais, hier au matin, je l'avais laissée derrière moi, m'égarant de plus en plus, lorsque ce bon guide m'apparut. Par cette route il me ramène dans le monde des vivants. »

Et lui : « Obéis à ton étoile [3] ; si j'ai bien auguré de toi dans le monde, elle te mènera glorieusement au port. Je suis mort trop tôt : te voyant le ciel si propice, je t'aurais soutenu dans tes labeurs. Ce peuple ingrat et malveillant qui jadis descendit de Fiesole [4], ce peuple qui, par sa rudesse, tient encore de la montagne et du rocher, mieux tu feras, plus il sera ton ennemi. Quoi d'étrange? vit-on jamais, au milieu des âpres cormiers, mûrir les doux fruits du figuier ?

Ti si farà, per tuo ben far, nimico:
   Ed è ragion: che tra gli lazzi sorbi
   Si disconvien fruttare al dolce fico.

Vecchia fama nel mondo li chiama orbi;
   Gente avara, invidiosa, e superba:
   Da' lor costumi fa, che tu ti forbi.

La tua fortuna tanto onor ti serba,
   Che l'una parte, e l'altra avranno fame
   Di te: ma lungi fia dal becco l'erba.

Faccian le bestie Fiesolane strame
   Di lor medesme, e non tocchin la pianta;
   S'alcuna surge ancor nel lor letame,

In cui riviva la sementa santa
   Di quei Roman, che vi rimaser, quando
   Fu fatto 'l nidio di malizia tanta.

Se fosse pieno tutto 'l mio dimando,
   Risposi lui, voi non sareste ancora
   Dell'umana natura posto in bando:

Che in la mente m'è fitta, ed or m'accuora
   La cara buona imagine paterna
   Di voi, quando nel mondo ad ora ad ora

Mi 'nsegnavate, come l'uom s'eterna:
   E quant' io l'abbo in grado; mentr'io vivo,
   Convien, che nella mia lingua si scerna.

« Tu sais comment les nomme, là-haut, ces Florentins, une ancienne tradition! O race d'aveugles en effet⁵! ô race avare, pleine d'orgueil et d'envie! Honte à toi, mon fils, si tu te laissais corrompre à de pareilles mœurs!

« Ton destin te promet tant de gloire, que l'un et l'autre parti en seront affamés. Mais prends garde que l'aliment reste loin de leur bouche. Ces brutes de Fiesole⁶ peuvent se faire litière d'elles-mêmes, mais qu'elles ne touchent pas à la fleur, s'il en reste encore une sur leur fumier, en qui renaît la sainte semence de ces Romains si attachés à cette contrée, qu'ils y sont restés quand fut construit ce nid d'impiété. »

« Si toutes mes prières eussent été exaucées, lui répondis-je, vous ne seriez pas exilé de la terre des hommes; car j'ai toujours dans la mémoire (et maintenant ce souvenir m'attriste!) votre chère image, si bienveillante et si paternelle, alors que, dans le monde, à chaque instant, vous m'appreniez par quels efforts l'homme devient immortel. De ma reconnaissance filiale il faudra que, moi vivant, la trace se retrouve en toutes mes paroles.

Ciò che narrate di mio corso, scrivo,
　E serbolo a chiosar con altro testo
　A donna, che 'l saprà, s'a lei arrivo.

Tanto vogl'io, che vi sia manifesto,
　Pur che mia coscienza non mi garra,
　Ch'alla fortuna, come vuol, son presto.

Non è nuova agli orecchi miei tale arra:
　Però giri fortuna la sua ruota,
　Come le piace, e 'l villan la sua marra.

Lo mio maestro allora in su la gota
　Destra si volse 'ndietro, e riguardommi:
　Poi disse: Bene ascolta, chi la nota:

Nè per tanto di men, parlando, vommi
　Con ser Brunetto, e dimando, chi sono
　Li suoi compagni più noti e più sommi.

Ed egli a me: Saper d'alcuno è buono:
　Degli altri fia laudabile il tacerci,
　Che 'l tempo saria corto a tanto suono.

In somma sappi, che tutti fur cherci,
　E letterati grandi, e di gran fama,
　D'un medesmo peccato al mondo lerci.

Priscian sen' va con quella turba grama,
　E Francesco d'Accorso anco, e vedervi,
　S'avessi avuto di tal tigna brama,

« Cet avenir que vous m'annoncez, j'en conserve le souvenir en mon cœur, précieusement gardé pour une Dame (puissé-je être bientôt auprès d'elle!) qui saura l'expliquer à l'aide d'une autre prédiction [7]. Au reste, il faut que vous le sachiez bien, pourvu que je sois en paix avec ma conscience, je suis résigné à tout ce que les destins me réservent. Ce n'est pas la première fois que j'entends de telles prédictions. Ainsi donc qu'à son gré la fortune tourne sa roue et le laboureur son hoyau! »

Mon maître alors se tournant à droite : « Bon entendeur qui a bonne mémoire ! » me dit-il.

Cependant je marchais toujours en parlant avec Sei Brunetto, et je finis par lui demander le nom de ses compagnons les plus connus et les plus éminents.

Et lui à moi : « En connaître quelques-uns, à la bonne heure ; mais sur les autres il est sage de se taire. D'ailleurs trop peu de temps nous reste pour de si longs récits : sache, en somme, que tu as sous les yeux des clercs, des savants lettrés, tous de grand renom, mais tous également souillés du même vice infâmant.

« Voilà Priscien [8] qui s'en va avec cette troupe misérable, et François d'Accurse avec lui ; et si l'aspect d'une telle vermine ne t'était pas trop déplaisant, je te montrerais

Colui potei, che dal servo de' servi
   Fu trasmutato d'Arno in Bacchiglione,
   Ove lasciò li mal protesi nervi.

Di più direi: ma 'l venir, e 'l sermone
   Più lungo esser non può, però ch'i' veggio
   Là surger nuovo fummo dal sabbione.

Gente vien, con la quale esser non deggio:
   Sieti raccomandato 'l mio Tesoro,
   Nel quale i' vivo ancora; e più non cheggio:

Poi si rivolse, e parve di coloro,
   Che corrono a Verona 'l drappo verde,
   Per la campagna, e parve di costoro

Quegli, che vince, e non colui, che perde.

l'évêque dont le souverain pontife a délivré les bords de l'Arno, pour le reléguer aux rives du Bacchiglione, où il laissa enfin les lambeaux de son vieux corps [9].

« J'en dirais davantage ; hélas ! je ne puis ni parler ni t'accompagner plus longtemps : ici s'élève des sables une nouvelle vapeur, et près de nous s'avance une troupe que je ne dois pas rencontrer. Adieu ; je te recommande mon *Trésor*, le livre de ma vie. C'est là mon vœu suprême. »

.

Il dit, se retourne, et, semblable à ceux qui dans la campagne de Vérone courent au Drap-Vert [10], il s'enfuit, rapide non comme ceux qui perdent, mais comme celui qui gagne le prix de la course.

CANTO DECIMOSESTO

Già era in loco, ove s'udia 'l rimbombo
   Dell'acqua, che cadea nell'altro giro,
   Simile a quel, che l'arnie fanno rombo;

Quando tre ombre insieme si partiro,
   Correndo d'una torma, che passava,
   Sotto la pioggia dell'aspro martiro.

Venien ver noi: e ciascuna gridava,
   Sostati tu, che all'abito nè sembri
   Essere alcun di nostra terra prava.

Aimè, che piaghe vidi ne' lor membri
   Recenti e vecchie dalle fiamme incese!
   Ancor men' duol, pur ch'i' me ne rimembri.

Alle lor grida il mio dottor s'attese,
   Volse 'l viso ver me, e, Ora aspetta,
   Disse: a costor si vuole esser cortese:

CHANT SEIZIÈME

Déjà nous entendions le bruit des eaux qui tombent dans le cercle où nous allions entrer, comme on entend le bourdonnement de l'abeille autour des ruches, lorsque trois ombres à la fois se détachèrent, en courant, d'une troupe qui passait sous la pluie martyrisante. Elles venaient à nous, chacune en criant : « Arrête ! à tes habits on te reconnaît pour être de notre cité perverse ! »

Hélas ! que de plaies sur les membres de ces malheureux ! plaies anciennes, plaies récentes, incessamment brûlées par les flammes ! Je souffre encore à m'en souvenir.

Mon maître, attentif à leurs clameurs, se tourna de mon côté : « Attends ! me dit-il ; en voilà qui sont dignes de ta courtoisie, et bien plus, sans la flamme qui darde

E se non fosse il fuoco, che saetta
   La natura del luogo, i' dicerei,
   Che meglio stesse a te, ch'a lor la fretta.

Ricominciar, come noi ristemmo, ei
   L'antico verso, e quando a noi fur giunti,
   Fenno una ruota di se tutti e trei.

Qual soleano i campion far nudi e unti,
   Avvisando lor presa e lor vantaggio,
   Prima che sien tra lor battuti, e punti:

Così rotando ciascuna il visaggio,
   Drizzava a me, sì che 'n contrario il collo
   Faceva a' piè continuo viaggio:

E se miseria d'esto loco sollo
   Rende in dispetto noi, e nostri preghi,
   Cominciò l'uno, e 'l tristo aspetto e brollo;

La fama nostra il tuo animo pieghi
   A dirne, chi tu se', che i vivi piedi
   Così sicuro, per lo 'nferno, freghi.

Questi, l'orme di cui pestar mi vedi,
   Tutto che nudo e dipelato vada,
   Fu di grado maggior, che tu non credi:

Nepote fu della buona Gualdrada:
   Guidoguerra ebbe nome, ed in sua vita
   Fece col senno assai, e con la spada.

ses traits sur les sables, je dirais que c'est à toi, non pas à eux, à faire les premières avances. »

Nous voyant arrêtés, les âmes reprirent leur triste refrain, et lorsqu'elles furent près de nous, elles se mirent toutes trois à former un cercle en tournant autour de nous.

Des athlètes, nus et frottés d'huile, avant de s'étreindre et de se frapper, s'observent, cherchant une prise ou un avantage; ainsi ces ombres, en tournant, fixaient leurs regards sur moi, si bien que le mouvement de leur tête et l'action de leurs pieds se contrariaient sans cesse.

« Si le triste aspect de ce sol mouvant, dit l'une d'elles, et nos misérables figures toutes calcinées nous attirent tes mépris et te font dédaigner nos prières, que du moins notre renommée incline ta volonté à nous dire qui tu es, toi, qui poses hardiment le pied d'un vivant sur le sol de l'enfer.

« Celui-là que je suis à la trace est bien nu, bien écorché; et pourtant il tenait dans le monde un rang plus haut que tu ne penses.

« Petit-fils de la bonne Gualdrada[1], il eut nom Guidoguerra et fut aussi puissant par l'esprit que par l'épée.

L'altro, ch'appresso me la rena trita,
  È Tegghiajo Aldobrandi, la cui voce
  Nel mondo su dovrebbe esser gradita:

Ed io, che posto son con loro in croce,
  Jacopo Rusticucci fui; e certo
  La fiera moglie, più ch'altro, mi nuoce.

S'i' fussi stato dal fuoco coverto,
  Gittato mi sarei tra lor disotto,
  E credo, che 'l dottor l'avria sofferto.

Ma perch'i' mi sarei bruciato e cotto,
  Vinse paura la mia buona voglia,
  Che di loro abbracciar mi facea ghiotto.

Poi cominciai: Non dispetto, ma doglia
  La vostra condizion dentro mi fisse
  Tanto, che tardi tutta si dispoglia:

Tosto che questo mio signor mi disse
  Parole, per le quali io mi pensai,
  Che qual voi siete, tal gente venisse.

Di vostra terra sono: e sempre mai
  L'ovra di voi, e gli onorati nomi
  Con affezion ritrassi e ascoltai.

Lascio lo fele, e vo pei dolci pomi
  Promessi a me per lo verace duca:
  Ma fino al centro pria convien ch'i' tomi.

… « L'autre, qui foule ma trace dans le sable, c'est Tegghiajo Aldobrandi ². Là-haut, dans le monde, sa haute sagesse devrait être écoutée ! Et moi, qui porte cette croix avec eux, j'ai été Jacopo Rusticucci ³ ; c'est mon impérieuse femme qui fut la cause de ma perte. »

Si j'avais pu me mettre à couvert du feu, assurément je me serais jeté parmi ces âmes, et je crois que mon guide ne m'en eût pas empêché. Mais la crainte d'être consumé l'emporta sur la bonne intention et le désir qui me poussait dans leurs bras.

« Certes, dis-je, ce n'est pas du mépris que j'éprouve ; c'est au contraire une ineffaçable compassion de votre horrible sort dont j'ai été touché au premier mot que m'a dit mon maître, en m'expliquant quelles grandes âmes j'allais rencontrer. Nous sommes, en effet, du même pays, et j'ai toujours aimé à redire comme à entendre citer vos belles actions et vos noms honorés.

« Je vais, en traversant l amertume, vers les doux fruits qui me sont promis par mon guide fidèle. Mais il faut auparavant que je descende au fond même de l'abîme. »

Se lungamente l'anima conduca
   Le membra tue, rispose quegli allora,
   E se la fama tua dopo te luca,

Cortesia e valor, dî, se dimora
   Nella nostra città, sì come suole,
   O se del tutto se n'è gito fuora?

Che Guglielmo Borsiere, il qual si duole
   Con noi per poco, e va là co i compagni
   Assai ne cruccia con le sue parole.

La gente nuova, e i subiti guadagni,
   Orgoglio, e dismisura han generata,
   Fiorenza, in te, sì che tu già ten' piagni:

Così gridai con la faccia levata:
   E i tre, che ciò inteser per risposta,
   Guardar l'un l'altro, come al ver si guata.

Se l'altre volte sì poco ti costa,
   Risposer tutti, il soddisfare altrui,
   Felice te, che sì parli a tua posta.

Però se campi d'esti luoghi bui,
   E torni a riveder le belle stelle,
   Quando ti gioverà dicere, I' fui,

Fa che di noi alla gente favelle:
   Indi rupper la ruota, e, a fuggirsi
   Ale sembiaron le lor gambe snelle.

« Puisse la vie longtemps animer ton corps mortel ! me répondit-il ; puisse ta renommée resplendir longtemps après toi ! Apprends-moi cependant si la courtoisie et le courage habitent encore notre cité, ou si elles en ont été chassées sans retour. Guillaume Borsiere [4], un nouveau venu dans ce lieu de douleur, et qui chemine là-bas parmi nos compagnons, n'a pas cessé de nous affliger de mille odieux récits. »

« O Florence ! la génération nouvelle et les fortunes subites ont engendré en ton sein un tel orgueil et tant de déréglement, que toi-même tu as fini par en gémir ! »

Ainsi m'écriai-je en levant la tête ; et les trois ombres, comprenant cette réponse, se regardèrent l'une l'autre comme on fait lorsqu'on acquiesce à une vérité.

« En toute occasion, s'il t'en coûte si peu de satisfaire autrui, reprirent les trois âmes, sois béni, toi qui parles avec tant d'abandon !

« Mais si tu échappes à ces ténèbres, et s'il t'est permis de revoir le firmament étoilé, lorsque avec plaisir tu diras : « J'étais là, je les ai vus, » puisses-tu rendre bon témoignage de nous à nos compatriotes ! »

Un ammen non saria potuto dirsi
   Tosto così, com' ei furo spariti:
   Perchè al maestro parve di partirsi.

Io lo seguiva, e poco eravam'iti,
   Che 'l suon dell' acqua n'era sì vicino,
   Che per parlar saremmo appena uditi.

Come quel fiume, ch' ha proprio cammino,
   Prima da monte Veso in ver levante,
   Dalla sinistra costa d' Apennino,

Che si chiama Acquacheta suso avante,
   Che si divalli giù nel basso letto,
   E a Forlì quel nome è vacante,

Rimbomba là sovra San Benedetto
   Dall' alpe, per cadere ad una scesa,
   Dove dovria per mille esser ricetto;

Così, giù d'una riva discoscesa
   Trovammo risonar quell'acqua tinta,
   Sì che 'n poca ora avria l'orecchia offesa:

Io aveva una corda intorno cinta,
   E con essa pensai, alcuna volta,
   Prender la lonza alla pelle dipinta.

Poscia, che l'ebbi tutta da me sciolta,
   Sì come 'l duca m'avea comandato,
   Porsila a lui aggroppata e ravvolta.

CHANT SEIZIÈME.

A ces mots, ils rompirent le cercle, et pour fuir, on eût dit que leurs pieds avaient des ailes. Le temps de dire *Amen*, ils avaient disparu.

Le maître aussi voulut partir. Je le suivais et nous avions déjà fait quelques pas en avant, lorsque le bruit de l'eau se fit si voisin de nous, qu'en parlant nous aurions eu peine à nous entendre.

Tel ce fleuve ' qui, toujours seul dans son cours, va du Mont-Viso vers l'orient, sur la gauche des Apennins; qui, sur la hauteur, et avant d'avoir dévalé dans son lit inférieur, se nomme Acquacheta, et bientôt, perdant son nom à Forli, retentit et se précipite dans les ravins de Saint-Benoît, où mille cénobites devraient trouver asile; ainsi, au pied de la roche escarpée, retentissait avec un épouvantable fracas cette eau teinte de sang : le bruit, en peu d'instants, nous aurait assourdis.

J'avais gardé autour de moi la corde avec laquelle je voulais tantôt prendre la panthère au pelage nuancé. Sur l'ordre du maître, je déroule ma corde, et, l'enroulant de nouveau, je la lui mets entre les mains.

CANTO DECIMOSESTO.

Ond'ei si volse inver lo destro lato,
  E, alquanto di lungi dalla sponda,
  La gittò giuso in quell'alto burrato.

E pur convien, che novità risponda,
  Dicea fra me medesmo, al nuovo cenno,
  Che 'l maestro con l'occhio sì seconda.

Ahi quanto cauti gli uomini esser denno,
  Presso a color, che non veggon pur l'opra,
  Ma perentro i pensier miran col senno!

Ei disse a me: Tosto verrà di sopra
  Ciò, ch'i' attendo, e che 'l tuo pensier sogna.
  Tosto convien ch'al tuo viso si scuopra.

Sempre a quel ver, ch'ha faccia di menzogna
  De' l'uom chiuder le labbra quant'ei puote;
  Però che sanza colpa fa vergogna:

Ma qui tacer nol posso: e per le note
  Di questa commedía, lettor, ti giuro,
  S'elle non sien di lunga grazia vote,

Ch'i' vidi, per quell'aer grosso e scuro,
  Venir, notando, una figura in suso,
  Meravigliosa ad ogni cuor sicuro,

Sì come torna colui, che va giuso
  Talora a solver áncora, ch'aggrappa
  O scoglio, o altro, che nel mare è chiuso,
Che 'n su si stende, e da piè si rattrappa.

Aussitôt, non loin du bord, à droite, il lance la corde dans les profondeurs du gouffre.

« Il faudra bien, me disais-je à part moi, que quelque nouveau prodige réponde à ce nouveau signal : ce n'est pas pour rien que l'œil du maître surveille avec tant d'attention. »

Oh ! comme on doit être circonspect près de ceux qui ne voient pas seulement l'action, mais la pensée, et dont le regard pénètre au fond de l'âme !

Car il me dit : « Tout à l'heure va venir de là-bas ce que j'attends ; tout à l'heure va se montrer à tes yeux ce que rêve ta pensée. »

L'homme sage doit toujours, avec soin, tenir ses lèvres closes pour toute vérité qui prend l'apparence du mensonge. Autrement, exempt de faute, il s'expose à la honte. Mais ici je ne saurais me taire. Je jure, ô lecteur, par les chants de ce poeme (puisse-t-il mériter une longue faveur !), je jure qu'en ce moment je vis surgir, nageant dans cet air épais et sombre, une figure faite pour étonner le plus ferme courage. Elle venait semblable au plongeur qui, au fond de l'eau, a dégagé l'ancre accrochée à l'écueil ou à tout autre obstacle caché sous les flots, et qui remonte ensuite, les bras étendus et les jambes repliées.

CANTO DECIMOSETTIMO

Ecco la fiera con la coda aguzza,
　Che passa i monti, e rompe' muri e l'armi:
　Ecco colei, che tutto 'l mondo appuzza:

Sì cominciò lo mio duca a parlarmi,
　E accennolle, che venisse a proda,
　Vicino al fin de' passeggiati marmi:

E quella sozza imagine di froda
　Sen' venne, e arrivò la testa e 'l busto:
　Ma 'n su la riva non trasse la coda.

La faccia sua era faccia d'uom giusto,
　Tanto benigna avea di fuor la pelle,
　E d'un serpente tutto l'altro fusto.

Duo branche avea pilose infin l'ascelle:
　Lo dosso, e 'l petto, ed amenduo le coste
　Dipinte avea di nodi e di rotelle,

CHANT DIX-SEPTIÈME

« Voici la bête à la queue affilée, qui passe les monts, renverse les murailles et brise les armures ! Voici la bête qui infecte le monde entier ! »

Ainsi mon guide s'écria en toute hâte, et en même temps, il fit signe au monstre qu'il eût à nous rejoindre sur notre sentier pétrifié.

Et cette ignoble image de la Fraude s'en vint à nous. Elle avançait la tête et le buste ; sa queue n'était pas encore sur la rive.

Sa figure était la figure d'un honnête homme, tant il y avait de bénignité en tous ses traits ; mais le reste du corps était d'un serpent. La bête étendait ses deux grands bras velus jusqu'aux aisselles ; son dos, sa poitrine et ses flancs étaient parsemés de nœuds et d'anneaux peints en un vif relief. Jamais le Tartare ou le Turc ne nuança de tant de couleurs différentes la trame ou le dessin de

Con più color sommesse e soprapposte
    Non fer ma' in drappo Tartari, nè Turchi,
    Nè fur tai tele per Aragne imposte.

Come tal volta stanno a riva i burchi,
    Che parte sono in acqua, e parte in terra,
    E come là tra li Tedeschi lurchi

Lo bevero s'assetta a far sua guerra;
    Così la fiera pessima si stava
    Su l'orlo, che di pietra il sabbion serra.

Nel vano tutta sua coda guizzava,
    Torcendo 'n su la venenosa forca,
    Ch'a guisa di scorpion la punta armava.

Lo duca disse: Or convien che si torca
    La nostra via un poco, infino a quella
    Bestia malvagia, che colà si corca.

Però scendemmo alla destra mammella,
    E dieci passi femmo in su lo stremo,
    Per ben cessar la rena e la fiammella:

E quando noi a lei venuti semo,
    Poco più oltre veggio, in su la rena,
    Gente seder propinqua al luogo scemo.

Quivi 'l maestro: Acciocchè tutta piena
    Esperienza d'esto giron porti,
    Mi disse, or va, e vedi la lor mena.

ses étoffes; jamais Arachné ne fila un tissu plus merveilleux.

Parfois vous voyez une barque amarrée au rivage : la poupe est dans l'eau et la proue sur la grève; chez les Germains, ces grands mangeurs, le castor s'accroupit, guettant sa proie; ainsi se tenait la détestable bête sur la limite solide qui longe les sables. Sa queue allait de çà et de là dans le vide, et dardait la fourche empoisonnée dont sa pointe est armée, comme celle du scorpion.

Et mon guide : « Il faut nous détourner un peu pour aller vers cette méchante bête accroupie là-bas. »

Nous descendîmes sur notre droite, en faisant dix pas sur le bord, de façon à éviter les flammes et le sable embrasé. Arrivés près du monstre, je découvris un peu plus loin une foule assise sur le bord du précipice.

« Il te faut, dit le maître, une pleine connaissance de tout ce qui est enfermé dans cette enceinte. Va donc à ces esprits, et contemple de près leurs supplices. Mais

Li tuoi ragionamenti sien là corti:
   Mentre che torni, parlerò con questa,
   Che ne conceda i suoi omeri forti.

Così ancor su per la strema testa
   Di quel settimo cerchio, tutto solo,
   Andai, ove sedea la gente mesta.

Per gli occhi fuori scoppiava lor duolo:
   Di quà, di là soccorrén con le mani,
   Quando a' vapori, e quando al caldo suolo.

Non altrimenti fan di state i cani,
   Or col ceffo, or col piè, quando son morsi
   O da pulci, o da mosche, o da tafani.

Poi che nel viso a certi gli occhi porsi,
   Ne' quali il doloroso fuoco casca,
   Non ne conobbi alcun: ma i' m'accorsi,

Che dal collo a ciascun pendea una tasca,
   Ch'avea certo colore, e certo segno,
   E quindi par che 'l loro occhio si pasca.

E com'io riguardando tra lor vegno,
   In una borsa gialla vidi azzurro,
   Che di lione avea faccia, e contegno.

Poi procedendo di mio sguardo il curro,
   Vidine un'altra, più che sangue, rossa,
   Mostrare un'oca bianca, più che burro.

reste peu, et pas de longs entretiens. Pendant ton absence, je vais commander à la bête de nous prêter ses fortes épaules. »

J'obéis, et, seul pour la seconde fois, je m'en allai par l'extrême bord de ce septième cercle, au lieu où se trouvaient tant de misérables esprits. A tous la souffrance leur sortait par les yeux : de leurs mains convulsives, ils se défendaient tantôt des flammes, tantôt des sables brûlants. Tels, pendant l'été, les chiens se démènent de la griffe et des dents contre la vermine dévorante : puces, taons et cousins.

Mon premier soin fut de regarder bien en face plusieurs des malheureux exposés à cette pluie enflammée ; je n'en reconnus aucun. Cependant, au cou de chacun, était suspendue une bourse, où certains emblèmes étaient marqués avec certaines couleurs très-variées, et on eût dit, à leur contemplation, que leurs yeux ne pouvaient s'en rassasier.

Et dans cette foule, où j'entrai pour mieux voir, je distinguai sur une de ces bourses, qui était jaune, de l'azur qui simulait la face et l'attitude d'un lion [2] ; puis,

E un, che d'una scrofa azzurra e grossa
   Segnato avea lo suo sacchetto bianco:
   Mi disse: Che fai tu in questa fossa?

Or te ne va: e perchè se' viv'anco,
   Sappi, che 'l mio vicin Vitaliano
   Sederà qui dal mio sinistro fianco,

Con questi Fiorentin son Padovano:
   Spesse fiate m'intruonan gli orecchi,
   Gridando, Vegna il cavalier sovrano,

Che recherà la tasca co' tre becchi:
   Quindi storse la bocca, e di fuor trasse
   La lingua, come bue, che 'l naso lecchi.

Ed io, temendo, nol più star crucciasse
   Lui, che di poco star m'avea ammonito,
   Tornàmi indietro dall' anime lasse.

Trovai lo duca mio, ch'era salito
   Già su la groppa del fiero animale,
   E disse a me: Or sie forte e ardito.

Omai si scende per sì fatte scale:
   Monta dinanzi, ch'i' voglio esser mezzo,
   Sì che la coda non possa far male.

Qual' è colui, ch'ha sì presso 'l riprezzo
   Della quartana, ch'ha già l'unghia smorte,
   E triema tutto, pur guardando il rezzo,

donnant un libre cours à mon regard, j'en vis une autre, plus rouge que du sang, où se dessinait une oie aussi blanche que la crème battue ³.

Alors un des esprits qui, sur sa bourse blanche, portait une truie pleine, en champ d'azur ⁴, me dit : « Que viens-tu chercher dans cette fosse ? Va-t'en, et puisque tu es encore en vie, apprends que Vitaliano ⁵, mon voisin, viendra bientôt ici à ma gauche. Parmi ces Florentins, je reste Padouan ; bien des fois ils m'assourdissent en criant : Vienne enfin le chevalier souverain qui apportera la bourse marquée de trois becs ⁶ ! » A ces mots, de sa bouche tordue il tira une langue pareille à celle du bœuf qui se lèche les naseaux.

Et moi, craignant, en restant plus longtemps, de fâcher celui qui m'avait ordonné de rester peu, je m'éloignai de ces âmes malheureuses.

Je trouvai mon guide déjà monté sur la croupe de la terrible bête : « A présent, me dit-il, il s'agit d'être fort et hardi. Voilà désormais par quelle échelle il faut descendre. Place-toi sur le dos de la bête, je serai sur la croupe, pour te garantir du danger d'être trop près de sa queue.

A l'approche d'un accès de fièvre quarte, quand le frisson est si près, que déjà les ongles sont livides, le malade tremble de tous ses membres rien qu'à voir de

Tal divenn'io alle parole porte :
  Ma vergogna mi fer le sue minacce,
  Che 'nnanzi a buon signor fa servo forte.

I' m'assettai in su quelle spallacce :
  Sì volli dir : ma la voce non venne,
  Com'i credetti, Fa che tu m'abbracce.

Ma esso, ch'altra volta mi sovvenne
  Ad alto forte, tosto ch'io montai,
  Con le braccia m'avvinse e mi sostenne :

E disse : Gerion, muoviti omai :
  Le ruote larghe, e lo scender sia poco :
  Pensa la nuova soma, che tu hai.

Come la navicella esce di loco
  In dietro in dietro, sì quindi si tolse :
  E poi ch'al tutto si sentì a giuoco,

Là 'v'era 'l petto, la coda rivolse,
  E quella tesa, com'anguilla, mosse,
  E con le branche l'aere a se raccolse.

Maggior paura non credo che fosse,
  Quando Fetonte abbandonò gli freni,
  Perchè 'l Ciel, come pare ancor, si cosse :

Nè quando Icaro misero le reni
  Sentì spennar per la scaldata cera,
  Gridando 'l padre a lui, Mala via tieni,

l'ombre; tel je devins en entendant ces paroles; mais en même temps j'éprouvai cette honte salutaire qui, en face d'un bon maître, rend tout serviteur valeureux.

Je me plaçai sur le dos de la bête, et je voulus m'écrier : « Maître, étreins-moi ! » mais la voix ne vint pas à mon cri.

Lui cependant, qui m'avait secouru dans un autre péril, aussitôt que je fus monté, m'entoura de ses bras et me soutint. « Géryon, dit-il ensuite, allons et marchons en larges spirales, pour que la descente soit douce au nouveau fardeau que tu as sur les épaules. »

Comme la barque se détache du rivage, allant peu à peu et lentement en arrière, ainsi recula le monstre; et lorsqu'il se sentit dégagé et en pleine liberté, là où il avait la poitrine il ramena sa queue, et, raidie, il l'agita comme une anguille, en même temps que de sa double griffe, il semblait entasser le vent sur le vent.

Lorsque Phaeton abandonna les rênes en laissant au ciel incendié [7] des traces ineffaçables; lorsque le malheureux Icare, la cire venant à fondre, sentit ses flancs se dégarnir de leurs plumes d'emprunt, tandis que son père lui criait : « Prends garde ! tu n'es pas dans le bon chemin ! » ils n'éprouvèrent, je crois, ni l'un ni l'autre, une terreur comparable à la mienne, lorsque, entouré de toutes parts

Che fu la mia, quando vidi, ch'i' era
   Nell'aer d'ogni parte, e vidi spenta
   Ogni veduta, fuor che della fiera.

Ella sen' va, notando, lenta lenta:
   Ruota, e discende, ma non me n'accorgo,
   Se no ch'al viso, e disotto mi venta.

I' sentia già dalla man destra il gorgo
   Far sotto noi un orribile stroscio:
   Perchè con gli occhi in giù la testa sporgo.

Allor fu' io più timido allo scoscio:
   Perocch'i' vidi fuochi, e sentî pianti;
   Ond'io tremando tutto mi raccoscio.

E udî poi, che non l'udia davanti,
   Lo scendere, e 'l girar, per li gran mali,
   Che s'appressavan da diversi canti.

Come 'l falcon, ch'è stato assai su l'ali,
   Che sanza veder logoro, o uccello,
   Fa dire al falconiere, Oimè tu cali:

Discende lasso, onde si muove snello,
   Per cento ruote, e da lungi si pone
   Dal suo maestro, disdegnoso e fello:

Così ne pose al fondo Gerione,
   A piede a piè della stagliata rocca,
   E, discarcate le nostre persone,
Si dileguò, come da corda cocca.

du vide de l'air, tout devint invisible pour moi, hormis l'affreuse bête qui m'emportait.

Cependant, elle s'en va nageant tout lentement ; elle tourne et descend ; et pas d'autre indication de sa marche que le vent qui me souffle au visage ou qui me vient par en bas ! Cependant à notre droite arrivait, avec un grand fracas, le gouffre mugissant sous nos pieds. J'inclinai la tête, et, tout au fond de l'abîme, avec un redoublement d'épouvante, j'aperçus une immense flamme, et j'entendis des pleurs ; et, tout tremblant, je me repliai sur moi-même. Alors aussi je compris (chose que je ne m'étais pas expliquée encore) que nous descendions, en tournant, parmi les grandes douleurs qui se rapprochaient de toutes parts.

Le faucon, longtemps porté sur son aile, sans avoir découvert ni le leurre ni la proie, et qui fait dire au fauconnier : « Pourquoi reviens-tu ? » descend fatigué du haut des airs, en décrivant mille cercles rapides, et s'abat, dédaigneux et colère, loin de son maître ; ainsi Géryon nous déposa au fond du précipice, au pied même de la ruine escarpée. Aussitôt, délivré de son fardeau, il s'échappe : la flèche ainsi se détache de la corde de l'arc !

CANTO DECIMOTTAVO

Luogo è in inferno detto Malebolge
   Tutto di pietra e di color ferrigno,
   Come la cerchia, che d'intorno 'l volge.

Nel dritto mezzo del campo maligno
   Vaneggia un pozzo assai largo e profondo,
   Di cui suo luogo conterà l'ordigno.

Quel cinghio, che rimane, adunque è tondo,
   Tra 'l pozzo e 'l piè dell'alta ripa dura,
   E ha distinto in dieci valli il fondo.

Quale, dove per guardia delle mura
   Più, e più fossi cingon li castelli,
   La parte dov'e' son rendon sicura:

Tale imagine quivi faccan quelli:
   E come a' tai fortezze da' lor sogli,
   Alla ripa di fuor son ponticelli,

CHANT DIX-HUITIÈME

Il est dans l'enfer un lieu nommé Malebolge, tout en pierre et de couleur de fer, comme l'enceinte qui s'arrondit tout autour. Juste au milieu de la plaine maudite est creusé un puits large et profond. Plus tard j'en dirai la structure. L'espace qui reste entre ce puits et le pied de la roche escarpée est de forme circulaire; le fond se partage en dix enceintes fortifiées.

Pour la défense des remparts, de nombreux fossés entourent les forteresses dont ils protégent les abords; les dix enceintes étaient protégées de même sorte.

On voit aussi des ponts jetés du pied de ces forteresses à l'autre bord : tout de même, de la muraille ici se dressent des rochers qui, passant au-dessus des fossés et

Così da imo della roccia scogli,
   Movén, che ricadean gli argini e i fossi
   Infino al pozzo, ch' ei tronca, e raccogli.

In questo luogo dalla schiena scossi,
   Di Gerion trovammoci: e 'l poeta
   Tenne a sinistra, ed io dietro mi mossi.

Alla man destra vidi nuova piéta,
   Nuovi tormenti, e nuovi frustatori,
   Di che la prima bolgia era repleta.

Nel fondo erano ignudi i peccatori:
   Dal mezzo in quà ci venian verso 'l volto,
   Di là con noi, ma con passi maggiori:

Come i Roman, per l' esercito molto,
   L' anno del giubbileo, su per lo ponte,
   Hanno a passar la gente modo tolto:

Che dall' un lato tutti hanno la fronte
   Verso 'l castello, e vanno a santo Pietro:
   Dall' altra sponda vanno verso 'l monte.

Di qua, di là, su per lo sasso tetro,
   Vidi Dimon cornuti con gran ferze,
   Che li battean crudelmente di retro.

Ahi come facén lor levar le berze
   Alle prime percosse! e già nessuno
   Le seconde aspettava, nè le terze.

des bastions, s'avancent jusqu'au puits, où ils se réunissent et se confondent.

C'est là que nous avait transportés la croupe de Géryon. Aussitôt que nous eûmes mis pied à terre, le poete prit à gauche, et je le suivis docilement. A notre droite s'étendaient de nouvelles désolations. J'entrevis de nouveaux supplices et de nouveaux bourreaux dont la première fosse me parut toute remplie. Au fond de la tranchée, les pécheurs étaient nus; les uns semblaient venir à notre rencontre, et les autres marchaient avec nous, mais d'un pas plus hâté.

A Rome, aux jours du jubilé universel, si grande est l'affluence, qu'il a fallu régler le passage sur le pont ; ainsi la foule se dirige en deux files : l'une, le front tourné vers le château, se rend à l'église de Saint-Pierre, l'autre revient vers le mont Aventin.

De même, sur les deux flancs de cette voûte sinistre, je vis des démons cornus, armés de grands fouets dont ils frappaient sans pitié les damnés par derrière. Oh! comme, au premier coup, leurs jambes se levaient! c'était à qui n'attendait ni le second coup ni le troisième.

Mentr'io andava, gli occhi miei in uno
   Furo scontrati: ed io sì tosto dissi:
   Già di veder costui non son digiuno.

Perciò a figurarlo gli occhi affissi:
   E 'l dolce duca meco si ristette,
   Ed assentì, ch'alquanto indietro gissi:

E quel frustato celar si credette,
   Bassando 'l viso, ma poco gli valse:
   Ch'io dissi: Tu, che l'occhio a terra gette;

Se le fazion, che porti, non son false,
   Vendico se tu Caccianimico;
   Ma che ti mena a sì pungenti salse?

Ed egli a me: Mal volentier lo dico:
   Ma sforzami la tua chiara favella,
   Che mi fa sovvenir del mondo antico.

I' fui colui, che la Ghisola bella
   Condussi a far la voglia del Marchese,
   Come che suoni la sconcia novella.

E non pur'io qui piango Bolognese:
   Anzi n'è questo luogo tanto pieno,
   Che tante lingue non son'ora apprese

A dicer sipa, tra Savena e 'l Reno:
   E se di ciò vuoi fede, o testimonio,
   Recati a mente il nostro avaro seno.

CHANT DIX-HUITIÈME.

En cheminant, et, les yeux arrêtés sur un de ces malheureux, je me dis aussitôt : « Pour celui-là, ce n'est pas la première fois que je le vois ! » Je m'arrête alors pour mieux le regarder. Mon guide complaisant fait comme moi, et me laisse retourner en arrière de quelques pas.

Le flagellé baissa la tête, espérant se bien cacher ; mais il n'y réussit guère, car je lui dis : « Pourquoi marcher ainsi les yeux à tes pieds ? Si la face que tu portes n'est pas menteuse, tu dois être Venedico Caccianemico [1]. Cependant dis-moi quelle faute t'a valu une si cruelle expiation ? »

Et lui : « Je l'avoue à regret, mais je suis entraîné par ta voix virile qui me fait souvenir du monde où j'ai vécu. C'est moi-même qui amenai la belle Ghisola à céder aux volontés du Marquis. Honteuse histoire ! On a tort de la raconter autrement.

« Mais je ne suis pas le seul Bolonais qui se lamente en cet abîme ; tant s'en faut : ce lieu en est si encombré, qu'à cette heure il n'y a pas entre la Savana et le Reno autant de bouches apprises à dire *Sipa* [2] ; et s'il te faut un témoignage ou une assurance, rappelle-toi notre avare pays ! »

Così parlando il percosse un demonio
  Della sua scuriada, e disse, Via
  Ruffian, qui non son femmine da conio.

I' mi aggiunsi con la scorta mia:
  Poscia, con pochi passi, divenimmo,
  Dove uno scoglio de la ripa uscia.

Assai leggeramente quel salimmo,
  E, volti a destra sopra la sua scheggia,
  Da quelle cerchie eterne ci partimmo.

Quando noi fummo, là dov'ei vaneggia
  Di sotto, per dar passo agli sferzati,
  Lo duca disse: Attienti, e fa che feggia

Lo viso in te di quest'altri mal nati,
  A' quali ancor non vedesti la faccia,
  Perocchè son con noi insieme andati.

Dal vecchio ponte guardavam la traccia,
  Che venia verso noi dall'altra banda,
  E che la ferza similmente schiaccia.

Il buon maestro, sanza mia dimanda,
  Mi disse: Guarda quel grande, che viene,
  E per dolor non par lagrima spanda,

Quanto aspetto reale ancor ritiene!
  Quelli è Jason, che per cuore, e per senno.
  Li Colchi del monton privati fene.

Comme il parlait ainsi, un démon le frappa de sa lanière : « Allons, allons, Rufien, il n'y a pas de femmes à vendre ici ! »

Je rejoignis mon guide, et bientôt nous voilà près d'un roc qui sortait de la muraille. Il fut gravi sans peine, et, nous tournant à droite sur sa cime, nous laissons derrière nous ce mur éternel.

A peine arrivés au point où le rocher se creuse en voûte, pour donner passage aux flagellés : « Penche-toi, me dit mon guide, et regarde au front ces misérables dont tu n'as pas vu la figure, parce qu'ils allaient dans le même sens que nous. »

Placés sur ce vieux pont, nous pouvions distinguer la file qui venait à nous, du côté opposé : tout comme l'autre, elle était chassée à coups de fouet.

Sans attendre ma question, le bon maître : « Regarde, me dit-il, ce grand réprouvé qui s'avance. La douleur ne lui arrache pas une larme. Qu'il a bien gardé son royal aspect ! C'est Jason, le courageux et habile ravisseur de la toison d'or de Colchos. Il passa par Lemnos, où des femmes hardies et sans pitié venaient de massacrer tous les hommes. Là, par ses promesses[3] et la séduction

Ello passò per l'isola di Lenno,
  Poi che l'ardite femmine spietate,
  Tutti li maschi loro a morte dienno.

Ivi con segni, e con parole ornate
  Isifile ingannò, la giovinetta,
  Che prima tutte l'altre avea 'ngannate.

Lasciolla quivi gravida, e soletta;
  Tal colpa a tal martiro lui condanna:
  E anche di Medea si fa vendetta.

Con lui sen' va, chi da tal parte inganna:
  E questo basti della prima valle
  Sapere, e di color, che 'n se assanna.

Già eravam, là 've lo stretto calle
  Con l'argine secondo s'incrocicchia,
  E fa di quello ad un altr'arco spalle.

Quindi sentimmo gente, che si nicchia
  Nell'altra bolgia, e che col muso sbuffa,
  E se medesma con le palme picchia.

Le ripe eran grommate d'una muffa,
  Per l'alito di giù, che vi s'appasta,
  Che con gli occhi, e col naso facea zuffa.

Lo fondo è cupo sì, che non ci basta
  Luogo a veder, sanza montare al dosso
  Dell'arco, ove lo scoglio più sovrasta.

de ses paroles, il trompa Hypsiphyle[4], comme elle avait elle-même trompé toutes ses compagnes[5]. Puis il l'abandonna seule, et comme elle allait devenir mère. Voilà pourquoi Jason est condamné à ce supplice, où s'accomplit aussi la vengeance de Médée. Avec lui s'en vont tous ceux qui ont trompé de la même manière.

« C'est là ce qu'il suffit de savoir de la première vallée et de ceux qui y sont torturés. »

Déjà nous arrivions à l'endroit où l'étroit sentier se croise avec la seconde chaussée, et forme un pont de la seconde à la troisième. Là viennent jusqu'à nous les clameurs des damnés qui, dans l'autre fosse, gémissent bruyamment, enflant leurs joues et se battant de leurs propres mains.

Les parois de cette fosse étaient enduites d'une moisissure dont la vapeur d'en bas les empâte, également offensante à l'œil et à l'odorat. Si creux en est le fond, que d'aucun point on ne peut l'apercevoir, si ce n'est en gravissant à l'extrémité de l'arche, à l'endroit où le rocher surplombe et s'avance davantage sur l'abîme.

Quivi venimmo, e quindi giù nel fosso
　　Vidi gente attuffata in uno sterco,
　　Che dagli uman privati parea mosso:

E mentre ch'io laggiù con l'occhio cerco,
　　Vidi un col capo sì di merda lordo,
　　Che non parea, s'era laico, o cherco.

Quei mi sgridò: Perchè se' tu sì 'ngordo
　　Di riguardar più me, che gli altri brutti:
　　Ed io a lui: Perchè, se ben ricordo,

Già t'ho veduto, co' capelli asciutti,
　　E se' Alessio Interminei da Lucca:
　　Però t'adocchio più, che gli altri tutti.

Ed egli allor, battendosi la zucca:
　　Quaggiù m'hanno sommerso le lusinghe,
　　Ond' i' non ebbi mai la lingua stucca.

Appresso ciò, lo duca: Fa che pinghe,
　　Mi disse, un poco 'l viso più avante,
　　Sì che la faccia ben con gli occhi attinghe

Di quella sozza scapigliata fante,
　　Che là si graffia, con l'unghie merdose,
　　Ed or s'accoscia, ed ora è in piede stante:

Taida è la puttana, che rispose
　　Al drudo suo, quando disse, Ho io grazie
　　Grandi appo te, anzi maravigliose:
E quinci sien le nostre viste sazie.

Nous vînes alors dans les profondeurs de cette fosse une multitude grouillante au milieu des immondices. C'était comme d'immenses vidanges! Et comme je cherchais des yeux, j'aperçus là-dedans un damné dont la tête était si chargée d'ordures, qu'on ne pouvait savoir s'il était oui ou non tonsuré.

Il se mit à crier : « Pourquoi me regarder de préférence à mes infects compagnons ? »

Et moi : « Parce que, si je m'en souviens bien, je t'ai déjà vu, mais avec des cheveux moins collés à tes tempes. Tu es Alexis Interminelli de Lucques [6]. Voilà pourquoi je te regarde plus que tous les autres. »

A ces mots, se frappant le front : « Ah ! s'écria-t-il, voilà où m'ont plongé ces lâches flatteries dont ma bouche ne fut jamais dégoûtée ! »

Et mon guide : « Essaye à présent de porter un peu plus loin ta vue ; qu'elle puisse atteindre le visage impur de cette esclave débauchée qui, accroupie ou debout, se gratte là-bas avec ses ongles excrémenteux. C'est Thaïs [7], l'infâme prostituée. A son galant qui lui demandait : Ai-je bien mérité de toi ? — Immensément, répondit-elle.

« Et maintenant il me semble qu'en voilà bien assez. »

CANTO DECIMONONO

O Simon mago, o miseri seguaci,
   Che le cose di Dio, che di bontate
   Deono essere spose, e voi rapaci,

Per oro e per argento adulterate;
   Or convien che per voi suoni la tromba,
   Perocchè nella terza bolgia state.

Già eravamo alla seguente tomba
   Montati, dello scoglio in quella parte,
   Ch'appunto sovra 'l mezzo fosso piomba.

O somma sapienza, quant'è l'arte,
   Che mostri in Cielo, in terra, e nel mal mondo,
   E quanto giusto tua virtù comparte!

I' vidi per le coste, e per lo fondo,
   Piena la pietra livida di fori
   D'un largo tutti, e ciascuno era tondo.

CHANT DIX-NEUVIÈME

C'est pour vous maintenant que va retentir la trompette, Simon le magicien et vous ses complices infâmes, vendeurs adultères, qui livrez pour un peu d'or et d'argent, les choses de Dieu, chastes compagnes de l'éternelle bonté! Nous voilà sur le bord de la troisième fosse où vous êtes plongés!

Nous arrivions en effet à la fosse suivante par le rocher qui fait saillie à son milieu. O suprême sagesse! avec quel art tu te manifestes dans le ciel, sur la terre et dans l'empire du mal, et quelle profonde justice dans les actes de ta puissance!

Des trous étaient creusés dans la pierre livide, à distance égale, et chaque trou avait la même circonférence : à mon sens, ils étaient en tout semblables à ceux

Non mi parén meno ampi, nè maggiori,
   Che quei, che son nel mio bel san Giovanni,
   Fatti per luogo de' battezzatori.

L'un degli quali, ancor non è molt'anni,
   Rupp'io per un, che d'entro v'annegava;
   E questo fia suggel, ch'ogni uomo sganni.

Fuor della bocca a ciascun soperchiava
   D'un peccator li piedi, e delle gambe
   In fino al grosso, e l'altro dentro stava.

Le piante erano accese a tutti intrambe:
   Perchè sì forte guizzavan le giunte,
   Che spezzate averian ritorte e strambe.

Qual suole il fiammeggiar delle cose unte
   Muoversi pur, su per l'estrema buccia,
   Tal'era lì da' calcagni alle punte.

Chi è colui, maestro, che si cruccia,
   Guizzando, più che gli altri suoi consorti,
   Diss'io, e cui più rossa fiamma succia?

Ed egli a me: Se tu vuoi, ch'i' ti porti
   Laggiù, per quella ripa, che più giace,
   Da lui saprai di se, e de' suoi torti.

Ed io: Tanto m'è bel, quanto a te piace:
   Tu se' signore, e sai, ch'i' non mi parto
   Dal tuo volere, e sai quel che si tace.

qui furent creusés pour servir de baptistère dans ma belle église de Saint-Jean. Même l'un d'eux fut brisé par moi, il y a peu d'années, pour arracher à la mort un pauvre enfant qui s'y noyait. Ceci soit dit en témoignage de ma bonne intention et pour écarter une fausse opinion[1].

Par chaque orifice de ces sépulcres sortaient les pieds d'un pécheur et ses jambes jusqu'au genou : le reste du corps était caché. Tous ils avaient la plante des pieds si cruellement brûlée, que leurs tendons se tordaient dans des convulsions à rompre toutes les entraves. Comme la flamme court plus rapide à la superficie d'un corps enduit de graisse, ainsi la flamme allait du talon à la pointe de leurs pieds.

« Maître, quel est ce furieux qui se tord plus violemment que ses autres compagnons, et que ronge une flamme plus ardente ? »

Et lui : « Laisse-moi te porter sur cette pente inclinée ; tu apprendras de ce damné et son crime et son nom. »

Et moi : « Te plaire fait ma joie : tu es le maître, et certes tu sais bien que je ne m'écarte guère de ta volonté. Même les pensées que je voudrais taire, assurément tu les sais. »

Allor venimmo in su l'argine quarto:
   Volgemmo, e discendemmo a mano stanca
   Laggiù nel fondo foracchiato ed arto.

E 'l buon maestro ancor dalla sua anca
   Non mi dipose, sin mi giunse al rotto
   Di quei, che sì piangeva con la zanca.

O qual che se', che 'l di su tien di sotto,
   Anima trista, come pal commessa,
   Comincia'io a dir, se puoi, fa motto.

Io stava, come 'l frate, che confessa
   Lo perfido assassin, che poi, ch'è fitto,
   Richiama lui, perchè la morte cessa:

Ed ei gridò: Se' tu già costì ritto,
   Se' tu già costì ritto, Bonifazio?
   Di parecchi anni mi mentì lo scritto.

Se' tu sì tosto di quell'aver sazio,
   Per lo qual non temesti torre a 'nganno
   La bella donna, e di poi farne strazio?

Tal mi fec'io, qua' son color, che stanno,
   Per non intender ciò, ch'è lor risposto,
   Quasi scornati, e risponder non sanno.

Allor Virgilio disse: Dilli tosto,
   Non son colui, non son colui, che credi.
   Ed io risposi, com'a me fu imposto:

Nous arrivons alors à la quatrième chaussée, et, tournant à main gauche, nous descendons au fond de cette fosse étroite et criblée de trous. Cependant le bon maître me tenait étroitement serré près de lui, jusqu'à ce qu'il m'eût conduit au sépulcre béant de ce même damné qui se plaignait, en agitant ses pieds convulsifs.

« Qui que tu sois, lui dis-je aussitôt, toi que je vois ainsi la tête en bas, planté comme un pal, esprit malheureux, si tu peux parler, parle-moi. »

J'étais comme le moine qui confesse un assassin [2] : le patient, à moitié déjà dans la fosse, le rappelle sans cesse pour retarder le moment suprême.

Et il s'écria : « Est-ce toi, Boniface [3] ? Ici déjà debout ! La prédiction m'a donc menti de plusieurs années ! Es-tu donc si tôt repu de ces trésors pour lesquels tu as eu l'audace de t'emparer, par violence et par fraude, de l'auguste épousée [4], et de la livrer ensuite aux derniers outrages ? »

A ces paroles, je devins semblable à celui qui, ne comprenant pas ce qu'on lui dit, reste tout honteux, hésite et ne répond pas.

Virgile alors : « Réponds-lui bien vite : Non, je ne suis pas, je ne suis pas celui que tu crois ! »

Et je répondis ainsi mot pour mot. Aussitôt l'esprit

Perchè lo spirto tutti storse i piedi :
   Poi sospirando, e con voce di pianto,
   Mi disse : Dunque che a me richiedi ?

Se di saper ch'io sia, ti cal cotanto,
   Che tu abbi però la ripa scorsa,
   Sappi, ch'io fui vestito del gran manto :

E veramente fui figliuol dell'orsa,
   Cupido sì, per avanzar gli orsatti,
   Che su l'avere, e qui me misi in borsa.

Di sott'al capo mio son gli altri tratti,
   Che precedetter me, simoneggiando,
   Per la fessura della pietra piatti.

Laggiù cascherò io altresì, quando
   Verrà colui, ch'io credea, che tu fossi,
   Allor, ch'i' feci 'l subito dimando.

Ma più è 'l tempo già, che i piè mi cossi,
   E ch'io son stato così sottosopra,
   Ch'ei non starà piantato co' piè rossi :

Che dopo lui verrà di più laid' opra,
   Di ver ponente un pastor senza legge,
   Tal che convien, che lui, e me ricuopra.

Nuovo Jason sarà, di cui si legge
   Ne' Maccabei : e come a quel fu molle
   Suo re, così fi'a lui, chi Francia regge.

tordit ses pieds de plus belle. Enfin, avec un soupir et d'une voix gémissante, il me dit : « Que veux-tu de moi? Si ton désir de savoir qui je suis t'a conduit jusqu'ici, apprends que j'ai porté le manteau pontifical ; apprends qu'en véritable fils de l'Ourse [5], j'ai poussé si loin la rage d'amasser pour mes oursins, que me voilà plongé dans cette bourse de l'enfer, pour avoir rempli la mienne tant que j'ai pu.

« Bien au-dessous de ma tête sont entassés dans cette auge de pierre tous ceux de mes prédécesseurs qui furent, comme moi, simoniaques. A mon tour, je m'enfoncerai plus bas quand viendra celui pour qui je te prenais au moment où je t'adressai ma soudaine question. Mais je suis ici déjà, les pieds brûlants et la tête en bas, depuis plus de temps qu'il n'y sera planté lui-même, avec ses pieds roussis ; car, après lui, de l'occident viendra, chargé de plus laides œuvres encore, un pasteur sans loi [6], et bien digne de nous couvrir tous les deux. Pareil à ce Jason du livre des Machabées, pour qui son roi fut complaisant, il sera protégé par le prince qui règne en France. »

Io non so, s'i' mi fui qui troppo folle:
   Ch'i' pur risposi lui, a questo metro,
   Deh or mi dì quanto tesoro volle

Nostro Signore in prima da san Pietro,
   Che ponesse le chiavi in sua balìa?
   Certo non chiese, se non, Viemmi dietro.

Nè Pier, nè gli altri chiesero a Mattia
   Oro, o argento, quando fu sortito
   Nel luogo, che perdè l'anima ria.

Però ti sta, che tu se' ben punito,
   E guarda ben la mal tolta moneta,
   Ch'esser ti fece contra Carlo ardito:

E se non fosse, ch'ancor lo mi vieta
   La reverenzia delle somme chiavi,
   Che tu tenesti nella vita lieta,

I' userei parole ancor più gravi;
   Che la vostra avarizia il mondo attrista,
   Calcando i buoni, e sollevando i pravi.

Di voi pastor s'accorse 'l Vangelista,
   Quando colei, che siede sovra l'acque,
   Puttaneggiar co' regi a lui fu vista:

Quella, che con le sette teste nacque,
   E dalle diece corna ebbe argomento,
   Fin che virtute al suo marito piacque.

Et moi, peut-être avec trop de hardiesse : « Eh ! dis-moi quel est le trésor que notre Seigneur exigea de saint Pierre, avant de remettre les clés en sa puissance? Assurément il ne lui dit rien, sinon : « Suis-moi! » Ni saint Pierre ni les autres n'exigèrent de Mathias de l'or ou de l'argent, lorsqu'il fut élu à la place qu'un traître avait perdue [7].

« Reste donc là, dans ton châtiment mérité, et garde avec soin cet or volé qui t'a rendu si audacieux contre Charles [8]. Et n'était le respect que je dois aux saintes clés qui te furent confiées, dans la vie heureuse, j'aurais des paroles encore plus amères; car votre avarice contriste le monde, votre avarice qui foule aux pieds les bons, en élevant les pervers. C'est vous, pasteurs des âmes, qu'il avait dans sa pensée, l'évangéliste, quand il vit, assise sur les eaux et forniquant avec les rois, la grande prostituée qui portait en naissant les sept têtes et les dix cornes, emblème de sa puissance, tant que son époux vécut dans l'innocence [9]! De l'or et de l'argent vous vous êtes fait des dieux. En quoi différez-vous de l'idolâtre? il adore une seule divinité, et vous en adorez mille! Ah! Constantin, que de maux engendra, non pas ta conversion, mais cette dot que reçut de tes mains le premier pape qui fut riche! »

Fatto v'avete Dio d'oro, e d'argento:
   E che altro è da voi all'idolatre,
   Se non ch'egli uno, e voi 'n orate cento?

Ahi Costantin, di quanto mal fu matre,
   Non la tua conversion, ma quella dote,
   Che da te prese il primo ricco patre!

E mentre io gli cantava cotai note,
   O ira, o coscienzia, che 'l mordesse,
   Forte spingava, con ambo le piote.

I' credo ben, ch'al mio duca piacesse,
   Con sì contenta labbia sempre attese
   Lo suon delle parole vere espresse.

Però con ambo le braccia mi prese,
   E poi che tutto su mi s'ebbe al petto,
   Rimontò per la via, onde discese:

Nè si stancò d'avermi a se ristretto,
   Sin men' portò sovra 'l colmo dell'arco,
   Che dal quarto al quinto argine è tragetto.

Quivi soavemente spose il carco
   Soave per lo scoglio sconcio ed erto,
   Che sarebbe alle capre duro varco:

Indi un' altro vallon mi fu scoverto.

Et pendant que je lui chantais ma complainte, mordu par la colère ou par sa conscience, il tortillait ses deux pieds, plus furieux que jamais.

Mon guide, je le crois bien, prenait plaisir à m'écouter : il souriait avec bienveillance au son de mes paroles véridiques et sévères. Il m'entoura de ses deux bras, et quand il m'eut bien étreint sur sa poitrine, il remonta le chemin par où nous étions descendus ; et, ne cessant de me tenir étroitement embrassé, il me transporta sur la cime de l'arche qui conduit de la quatrième à la cinquième chaussée.

Là il déposa paternellement son cher fardeau sur cette roche escarpée et si étroite, qu'elle serait, pour les chèvres mêmes, un chemin peu sûr.

Alors une enceinte nouvelle s'ouvrit à mes yeux.

CANTO VIGESIMO

Di nuova pena mi convien far versi,
  E dar materia al ventesimo canto
  Della prima canzon, ch'è de' sommersi.

Io era già disposto tutto quanto
  A risguardar nello scoverto fondo,
  Che si bagnava d'angoscioso pianto:

E vidi gente, per lo vallon tondo,
  Venir tacendo, e lagrimando, al passo,
  Che fanno le letáne in questo mondo.

Come 'l viso mi scese in lor più basso,
  Mirabilmente apparve esser travolto
  Ciascun dal mento al principio del casso:

Che dalle reni era tornato 'l volto,
  E indietro venir li convenia,
  Perchè 'l veder dinanzi era lor tolto.

CHANT VINGTIÈME

Dans ce vingtième chant de mon premier cantique sur les damnés, je vais raconter des supplices nouveaux.

J'étais tout occupé à regarder au fond de cette vallée ouverte sous mes pieds et inondée des pleurs du désespoir, quand je vis venir dans l'enceinte circulaire une file d'âmes silencieuses, pleurantes et marchant du pas lent de nos processions dans le monde chrétien.

Et comme mes regards plongeaient plus bas, sur ces misérables, il me sembla que chacun d'eux, du menton à la naissance du thorax, était horriblement tordu ; car leur visage, retourné du côté des reins, les forçait de marcher à reculons et les empêchait de voir devant eux. Peut-être est-il arrivé que, sous le coup de la paralysie, quelqu'un se soit trouvé tordu de la sorte ; mais je ne l'ai pas vu, et je ne le crois pas.

Forse, per forza già di parlasía,
   Si travolse così alcun del tutto :
   Ma io nol vidi, nè credo che sia.

Se Dio ti lasci, Lettor, prender frutto,
   Di tua lezione, or pensa per te stesso,
   Com' i' potea tener lo viso asciutto,

Quando la nostra imagine da presso
   Vidi sì torta, che 'l pianto degli occhi
   Le natiche bagnava per lo fesso.

Certo i' piangea, poggiato a un de' rocchi
   Del duro scoglio, sì che la mia scorta
   Mi disse : Ancor se' tu degli altri sciocchi?

Qui vive la pietà, quand' è ben morta.
   Chi è più scellerato di colui,
   Ch' al giudicio divin passion porta?

Drizza la testa, drizza, e vedi a cui
   S' aperse agli occhi de' Teban la terra,
   Perchè gridavan tutti : Dove rui,

Anfiarao? perchè lasci la guerra?
   E non restò di ruinare a valle,
   Fino a Minos, che ciascheduno afferra.

Mira, ch'ha fatto petto delle spalle :
   Perchè volle veder troppo davante,
   Dirietro guarda, e fa ritroso calle.

CHANT VINGTIÈME.

Dieu te fasse la grâce, lecteur, de retirer quelque fruit de ces récits ; et pense en toi-même si je pus regarder ces malheureux d'un œil sec, lorsque je vis notre propre image bouleversée à ce point, que les larmes des yeux coulaient le long de l'épine dorsale.

Appuyé à l'une des roches de la terrible enceinte, je versais tant de pleurs, que mon guide me dit : « As-tu donc perdu, toi aussi, toute espèce de bon sens? Il n'y a de pitié ici que dans l'oubli de toute pitié. Quel plus grand crime que d'avoir compassion quand la justice divine a prononcé?

« Allons, lève la tête et regarde celui-là : la terre s'entr'ouvrit pour l'engloutir aux yeux des Thébains qui s'écriaient : Amphiaraüs [1] où te précipites-tu? pourquoi fuir le combat? Et cependant il ne cessa de rouler d'abîme en abîme jusqu'aux pieds de Minos qui saisit les coupables. Regarde, lui aussi, de son épaule il a fait sa poitrine. Il a voulu trop voir en avant; maintenant il regarde en arrière et marche à reculons.

CANTO VIGESIMO.

Vedi Tiresia, che mutò sembiante,
   Quando di maschio femmina divenne,
   Cangiandosi le membra tutte quante:

E prima poi ribatter le convenne
   Li duo serpenti avvolti, con la verga,
   Che riavesse le maschili penne.

Aronta è quei, ch'al ventre gli s'atterga,
   Che ne' monti di Luni, dove ronca
   Lo Carrarese, che di sotto alberga,

Ebbe tra bianchi marmi la spelonca
   Per sua dimora: onde a guardar le stelle,
   E 'l mar non gli era la veduta tronca.

E quella, che ricuopre le mammelle,
   Che tu non vedi, con le trecce sciolte,
   E ha di là ogni pilosa pelle,

Manto fu, che cercò per terre molte,
   Poscia si pose là, dove nacqu'io:
   Onde un poco mi piace, che m'ascolte.

Poscia che 'l padre suo di vita uscío,
   E venne serva la città di Baco,
   Questa gran tempo per lo mondo gio.

Suso in Italia bella giace un laco
   Appiè dell'alpe, che serra Lamagna,
   Sovra Tiralli, ed ha nome Benaco.

« Voici Tirésias². Un jour il changea de nature, et, de la tête aux pieds, complète fut sa transformation : il était un homme, il devint une femme, et quand il voulut recouvrer sa forme virile, il fut forcé de séparer de sa baguette les deux serpents entrelacés³.

« Derrière celui-ci, et lui pressant le ventre de son dos, vient Arons⁴. Sur les monts de Luni, cultivés par le Carrarais, habitant de la vallée, il eut pour demeure la grotte des marbres blancs : de ces hauteurs, sans nul obstacle, il pouvait à son gré interroger la mer et les étoiles.

« Celle qui, de ses tresses flottantes, couvre son sein que tu ne peux voir, et dont la peau, de l'autre côté, est toute velue, elle a nom Manto⁵. Elle erra longtemps de contrées en contrées, avant de s'arrêter au lieu où je suis né. C'est pourquoi tu feras bien d'écouter ce que j'ai à te dire à ce sujet.

« Quand elle vit son père mort et la cité de Bacchus⁶ asservie, Manto s'en alla longtemps par le monde. Là-haut, dans la belle Italie, au pied des Alpes qui bornent la Germanie, au-dessus du Tyrol, s'étend un lac⁷, le Bénaco. Plus de mille ruisseaux qui baignent l'Apennin entre Garda et Val Camonica, apportent leurs eaux à ce paisible lac.

Per mille fonti credo, e più si bagna,
   Tra Garda, e val Camonica, e Apennino
   Dell'acqua, che nel detto lago stagna.

Luogo è nel mezzo, là dove 'l Trentino
   Pastore, e quel di Brescia, e 'l Veronese
   Segnar poría, se fesse quel cammino.

Siede Peschiera, bello e forte arnese,
   Da fronteggiar Bresciani e Bergamaschi,
   Onde la riva intorno più discese.

Ivi convien, che tutto quanto caschi
   Ciò, che 'n grembo a Benaco star non può,
   E fassi fiume giù pe' verdi paschi.

Tosto che l'acqua a correr mette cò,
   Non più Benaco, ma Mincio si chiama,
   Fino a Governo, dove cade in Pò.

Non molto ha corso, che truova una lama,
   Nella qual si distente, e la 'mpaluda,
   E suol di state talora esser grama.

Quindi passando la vergine cruda
   Vide terra nel mezzo del pantano,
   Sanza cultura, e d'abitanti nuda.

Lì, per fuggire ogni consorzio umano,
   Ristette co' suoi servi a far su' arti,
   E visse, e vi lasciò suo corpo vano.

Au milieu est une île, où les évêques de Trente, de Brescia et de Vérone, s'ils prenaient ce chemin, pourraient bénir, chacun d'eux, son diocèse [8]. Sur la pente où la rive s'abaisse est assise Peschiera, belle et puissante protection pour Bergame et Brescia. C'est là que, s'échappant du Bénaco trop rempli, les eaux deviennent un fleuve qui s'épanche au milieu des vertes prairies. L'onde, en roulant dans son nouveau lit, prend un nom nouveau : c'est le Mincio qu'on l'appelle, et il garde ce nom jusqu'à Governo, où il tombe dans le Pô.

« Mais auparavant, et sans avoir couru longtemps, il rencontre une lande où ses eaux deviennent un marais plein de fièvres en été.

« Un jour qu'elle côtoyait ce marais, la vierge farouche aperçut, au milieu de ses eaux stagnantes, une terre sans culture et sans habitants. C'est là que, pour fuir tout commerce avec les hommes, elle s'établit avec ses serviteurs. Elle y pratiqua son art magique; elle y vécut; elle y a laissé sa froide dépouille.

Gli uomini poi, che 'ntorno erano sparti,
    S'accolsero a quel luogo, ch'era forte,
    Per lo pantan, ch'avea da tutte parti.

Fer la città sovra quell'ossa morte,
    E per colei, che 'l luogo prima elesse,
    Mantova l'appellar, senz'altra sorte.

Già fur le genti sue dentro più spesse,
    Prima che la mattía da Casalodi,
    Da Pinamonte inganno ricevesse.

Però t'assenno, che se tu mai odi
    Originar la mia terra altrimenti,
    La verità nulla menzogna frodi.

Ed io: Maestro, i tuoi ragionamenti
    Mi son sì certi, e prendon sì mia fede,
    Che gli altri mi sarien carboni spenti.

Ma dimmi della gente, che procede,
    Se tu ne vedi alcun degno di nota:
    Che solo a ciò la mia mente risiede.

Allor mi disse: Quel, che dalla gota
    Porge la barba in su le spalle brune,
    Fu, quando Grecia fu di maschi vota

Sì, ch'appena rimaser per le cune,
    Augure, e diede 'l punto con Calcanta
    In Aulide, a tagliar la prima fune.

« Bientôt les hommes dispersés dans les environs se réunirent dans ce lieu fortifié de tous côtés par l'enceinte marécageuse. Ils bâtirent une ville sur les ossements de Manto elle-même. En mémoire de celle qui, la première, avait choisi cette place, et sans consulter autrement les augures, ils l'appelèrent Mantoue. C'était autrefois une grande et populeuse cité ; mais alors le fourbe Pinamonte n'avait pas abusé de la sotte crédulité de Casalodi [9].

« Je t'instruis de la sorte, afin que si jamais on attribue une autre origine à ma patrie, aucun mensonge ne puisse l'emporter sur la vérité. »

Et moi : « Maître, tes discours resplendissent d'une telle évidence et commandent tant de respect, que tous les autres me seraient comme charbons éteints. Dis-moi cependant si parmi cette foule d'âmes qui s'avancent, il en est qui méritent d'être remarquées ? C'est là tout mon souci en ce moment. »

Alors il me dit : « Celui dont la barbe descend des joues sur ses brunes épaules fut un augure à l'époque où la Grèce, épuisée d'hommes, avait à peine des enfants dans les berceaux. C'est celui-là (lui et Calchas!) qui, dans le port de l'Aulide, donna le signal de couper le premier câble. Il s'appelait Euripyle [10] : ainsi l'ont nommé quelque part les chants épiques de ma muse : tu t'en souviens, toi qui les sais par cœur.

Euripilo ebbe nome, e così 'l canta
  L'alta mia Tragedia, in alcun loco.
  Ben lo sa' tu, che la sai tutta quanta.

Quell'altro, che ne' fianchi è così poco,
  Michele Scotto fu, che veramente
  Delle magiche frode seppe il giuoco.

Vedi Guido Bonatti: vedi Asdente,
  Ch'avere inteso al cuojo e allo spago
  Ora vorrebbe, ma tardi si pente.

Vedi le triste, che lasciaron l'ago,
  La spuola, e 'l fuso, e fecersi indovine:
  Fecer malie con erbe e con imago.

Ma vienne omai: che già tiene 'l confine
  D'amenduo gli emisperi, e tocca l'onda,
  Sotto Sibilia, Caino, e le spine.

E già jernotte fu la luna tonda:
  Ben ten' dee ricordar, che non ti nocque,
  Alcuna volta, per la selva fonda.

Sì mi parlava, e andavamo introcque.

« Cet autre, aux flancs décharnés, fut Michel Scott [11], un savant magicien, un habile imposteur.

« Voilà aussi Guido Bonatti, et cet Asdente [12] qui voudrait bien en être encore à son cuir et à son fil empoissé ; mais son repentir vient trop tard.

« Enfin les voici ces malheureuses qui ont quitté l'aiguille, la navette et le fuseau, pour faire œuvre de sorcellerie et composer des charmes avec l'herbe magique et des images de cire.

« Et maintenant il est temps ; suivons notre chemin. Déjà Caïn, courbé sous son fagot d'épines [13], arrive à l'extrême limite des deux hémisphères et touche, au-dessous de Séville, à la mer d'occident. La nuit dernière, la lune était déjà ronde, et, tu le sais, dans la sombre forêt, ses clartés ne te furent pas contraires. »

Ainsi il me parlait, et nous marchions toujours.

CANTO VIGESIMOPRIMO

Così di ponte in ponte altro parlando,
   Che la mia commedia cantar non cura,
   Venimmo, e tenavamo 'l colmo, quando

Ristemmo, per veder l'altra fessura
   Di Malebolge, e gli altri pianti vani:
   E vidila mirabilmente oscura.

Quale nell' Arzanà de' Viniziani
   Bolle l'inverno la tenace pece,
   A rimpalmar li legni lor non sani,

Che navicar non ponno, e 'n quella vece
   Chi fa suo legno nuovo, e chi ristoppa
   Le coste a quel, che più viaggi fece:

Chi ribatte da proda, e chi da poppa:
   Altri fa remi, e altri volge sarte,
   Chi terzeruolo, ed artimon rintoppa:

CHANT VINGT-UNIÈME

Nous allons ainsi d'arcade en arcade, parlant de choses que mon poeme n'a souci de répéter, et, après avoir atteint l'arche la plus élevée, nous nous arrêtons devant la cinquième fosse de Malebolge, prodigieusement obscure et d'où sortaient d'autres plaintes sans espoir.

Quand l'hiver est venu, dans les arsenaux de Venise on voit bouillir le goudron tenace destiné à radouber les vaisseaux avariés qui ne peuvent plus tenir la mer. Pendant que ceux-ci construisent un navire neuf, ceux-là calfatent les flancs du bâtiment revenu de plus d'un voyage; on frappe à la proue, on frappe à la poupe; l'un façonne des rames, l'autre tord des câbles, et cet autre rapièce la voile de misaine ou d'artimon.

Tal, non per fuoco, ma per divina arte,
  Bollia laggiuso una pegola spessa,
  Che 'nviscava la ripa d'ogni parte.

I' vedea lei, ma non vedeva in essa,
  Ma che le bolle, che 'l bollor levava,
  E gonfiar tutta, e riseder compressa.

Mentr'io laggiù fisamente mirava,
  Lo duca mio, dicendo, Guarda guarda,
  Mi trasse a se del luogo, dov'io stava.

Allor mi volsi, come l'uom, cui tarda
  Di veder quel, che li convien fuggire,
  E cui paura subita sgagliarda:

Che, per veder, non indugia 'l partire:
  E vidi dietro a noi un Diavol nero,
  Correndo, su per lo scoglio venire.

Ahi quant'egli era nell'aspetto fiero!
  E quanto mi parea nell'atto acerbo,
  Con l'ale aperte, e sovra i piè leggiero!

L'omero suo, ch'era acuto e superbo,
  Carcava un peccator con ambo l'anche,
  Ed ei tenea de' piè ghermito il nerbo.

Del nostro ponte, disse: O Malebranche,
  Ecc'un degli Anzian di santa Zita:
  Mettetel sotto, ch'i' torno per anche

Ainsi, non par la violence du feu, mais par une divine industrie, bouillait dans ce gouffre un bitume épais, qui engluait tous les bords à l'entour. Je voyais cette poix, mais sans rien apercevoir que les grosses bulles soulevées par la chaleur, et la masse liquide tour à tour se gonflant et retombant affaissée.

Attentif, je regardais en bas, quand mon guide, en s'écriant : « Prends garde à toi, prends garde ! » me tire à lui brusquement et m'entraîne de la place où j'étais. Je me retourne, semblable à l'homme empressé de voir ce qu'il doit fuir et qui, troublé par une peur subite, ne laisse pas de fuir tout en regardant ; et je vois derrière moi un démon noir qui venait en courant sur le rocher. Oh ! que de terreur dans son aspect ! De quelle allure menaçante il arrivait, avec ses ailes ouvertes, et des pieds si légers ! Sur ses épaules élevées et pointues, il avait chargé un pécheur qu'il tenait griffé par le tendon du pied.

Arrivé sur notre pont, il s'écria : « Je t'apporte, ô Malebranche [1], un des Anciens [2] de Santa-Zita. Qu'on l'enfonce bien vite, et que je remonte aussitôt à cette

A quella terra, che n'è ben fornita:
　Ogni uom v'è barattier, fuor che Buonturo:
　Del nò, per li denar, vi si fa ita.

Laggiù 'l buttò, e per lo scoglio duro
　Si volse, e mai non fu mastino sciolto,
　Con tanta fretta a seguitar lo furo.

Quei s'attuffò, e tornò su convolto:
　Ma i Demon, che del ponte avean coverchio
　Gridar: Quì non ha luogo il Santo Volto:

Quì si nuota altrimenti, che nel Serchio:
　Però se tu non vuoi de' nostri graffi,
　Non far sovra la pegola soverchio.

Poi l'addentar con più di cento raffi:
　Disser: Coverto convien, che quì balli,
　Sì che, se puoi, nascosamente accaffi.

Non altrimenti i cuochi a' lor vassalli
　Fanno attuffare, in mezzo la caldaja,
　La carne con gli uncin, perchè non galli.

Lo buon maestro: Acciocchè non si paja,
　Che tu ci sii, mi disse, giù t'acquatta,
　Dopo uno scheggio, che alcun schermo t'haja.

E per null'offension, ch'a me sia fatta,
　Non temer tu, ch'i' ho le cose conte,
　Perch'altra volta fui a tal baratta.

terre qui en est si bien pourvue. Là, tout homme est à vendre, excepté l'incorruptible Buonturo³. Terre vénale! d'un non l'argent y fait un oui! »

Cela dit, il jette le damné dans la poix, et s'en retourne par son âpre chemin. Lâché sur un voleur, le dogue n'y va pas du même train.

Le damné s'enfonça, et remonta tout barbouillé de poix. Mais les démons qui étaient sous l'arche du pont se mirent à crier : « Ici on n'invoque pas la sainte image⁴. Ici on ne nage plus dans les eaux du Serchio⁵! Essaie de mettre la tête hors du lac, et tu tâteras de nos harpons! »

Puis ils le mordirent avec plus de cent crocs : « Ici, disaient-ils, il faut danser à couvert : tâche, si tu peux, d'escroquer là-dessous en cachette. »

Ainsi, obéissant au cuisinier, les fourchettes des marmitons enfoncent dans la chaudière la viande qui surnage.

Et le maître : « Il ne faut pas, me dit-il, qu'on te sache ici. Cache-toi donc, et t'abrite sous une roche; et reste en repos, quelque outrage qu'on me fasse; il n'y a rien ici qui m'étonne : je me suis déjà trouvé dans de pareils démêlés. »

Poscia passò di là dal cò del ponte,
   E com'ei giunse in su la ripa sesta,
   Mestier gli fu d'aver sicura fronte.

Con quel furore, e con quella tempesta,
   Ch'escono i cani addosso al poverello,
   Che di subito chiede, ove s'arresta:

Usciron quei di sotto 'l ponticello,
   E volser contra lui tutti i roncigli:
   Ma ei gridò: Nessun di voi sia fello.

Innanzi che l'uncin vostro mi pigli,
   Traggasi avanti l'un di voi, che m'oda,
   E poi di roncigliarmi si consigli.

Tutti gridavan: Vada Malacoda:
   Perch'un si mosse, e gli altri stetter fermi,
   E venne a lui dicendo, che gli approda.

Credi tu, Malacoda, qui vedermi
   Esser venuto, disse 'l mio maestro,
   Securo già da tutti i vostri schermi,

Sanza voler divino, e fato destro?
   Lasciami andar, che nel Cielo è voluto,
   Ch'i' mostri altrui questo cammin silvestro.

Allor gli fu l'orgoglio sì caduto,
   Che si lasciò cascar l'uncino a' piedi,
   E disse agli altri: Omai non sia feruto.

En même temps il passait de l'autre côté du pont ; mais à peine arrivé, il dut s'armer de toute sa fermeté.

Jamais avec plus de fureur et plus de tempête de cris, des dogues ne s'élancèrent sur le pauvre qui s'arrête et mendie, que ne firent les démons, sortant de dessous le pont et brandissant contre lui tous leurs crocs.

« Qu'aucun de vous ne se révolte ! leur cria-t-il. Laissez vos fourches en paix jusqu'à ce que l'un de vous s'avance et m'écoute. Après quoi, il me harponnera, si tel est son plaisir. »

« Va, toi, Malacoda ! » cria toute la bande. Les autres restant immobiles, un seul s'avance, arrive à mon guide et lui dit : « Qu'y a-t-il ? et que me veux-tu ? »

« Penses-tu donc, Malacoda, dit mon maître, que je serais venu librement jusqu'ici, en dépit de toutes vos résistances, sans la volonté suprême et l'arrêt des destins ? Laisse-moi passer : il est écrit dans le ciel que je conduise par ces sentiers sauvages quelqu'un qui est avec moi. »

Ces paroles brisent l'orgueil du démon ; il laisse tomber sa fourche à ses pieds et dit aux autres : « Il ne faut pas qu'on le touche, à présent ! »

E 'l duca mio a me : O tu, che siedi
   Tra gli scheggion del ponte, quatto quatto,
   Sicuramente omai a me ti riedi.

Perch'i' mi mossi, e a lui venni ratto :
   E i Diavoli si fecer tutti avanti,
   Sì ch'io temetti non tenesser patto.

E così vid'io già temer li fanti,
   Ch'uscivan, patteggiati, di Caprona,
   Veggendo se tra nemici cotanti.

I' m'accostai con tutta la persona,
   Lungo 'l mio duca, e non torceva gli occhi
   Dalla sembianza lor, ch'era non buona.

Ei chinavan gli raffi, e Vuoi ch'i' 'l tocchi,
   Diceva l'un con l'altro, in sul groppone?
   E rispondean : Sì, fa, che ghele accocchi.

Ma quel Demonio, che tenea sermone
   Col duca mio, si volse tutto presto,
   E disse : Posa, posa, Scarmiglione.

Poi disse a noi : Più oltre andar, per questo
   Scoglio non si potrà ; perocchè giace
   Tutto spezzato al fondo l'arco sesto :

E se l'andare avanti pur vi piace,
   Andatevene su per questa grotta :
   Presso è un'altro scoglio, che via face.

Et mon guide à moi : « Allons, dit-il, le danger est passé ; tu peux quitter la roche où tu te tiens accroupi, et revenir à moi. »

Sans tarder, je me lève et j'accours.

Ici les démons firent un mouvement en avant, et il me sembla (j'en étais tout tremblant) qu'ils voulaient rompre le pacte. Autrefois j'avais vu les soldats qui, par capitulation, sortaient de Caprona [6], éprouver la même crainte en se voyant entourés de tant d'ennemis.

Je me serrai étroitement, et de toute ma personne, contre mon guide, mais sans détacher mes yeux de leur visage qui n'était rien moins que rassurant.

Déjà ils inclinaient leurs crocs, et l'un d'eux dit aux autres : « Faut-il que je le morde au croupion? — Oui, oui, disaient-ils, un bon coup de dent ! »

Mais le démon qui s'était entretenu avec mon guide, se retourna subitement, en disant : « Paix là! paix là! Scarmiglione ! »

Puis, s'adressant à nous : « Vous ne pouvez pas aller plus loin sur ce rocher; la sixième arche, écroulée, a couvert le fond de ses débris. Si pourtant il vous convient de poursuivre plus avant, prenez par cette pente escarpée ; elle aboutit à une autre arcade où le passage est ouvert. Hier, cinq heures plus tard que cette huitième heure où nous sommes, s'est accomplie la douze cent soixante-

Jer, più oltre cinqu'ore, che quest'otta,
   Mille dugento con sessanta sei
   Anni compier, che qui la via fu rotta.

I' mando verso là di questi miei,
   A riguardar s'alcun se ne sciorina:
   Gite con lor, ch'e' non saranno rei.

Tratti avanti, Alichino, e Calcabrina,
   Cominciò egli a dire, e tu, Cagnazzo,
   E Barbariccia guidi la decina.

Libicocco vegna oltre, e Draghignazzo,
   Ciriatto sannuto, e Graffiacane,
   E Farfarello, e Rubicante pazzo.

Cercate intorno le bollenti pane:
   Costor sien salvi, insino all'altro scheggio,
   Che tutto 'ntero va sovra le tane.

O me, maestro, che è quel, ch'i' veggio,
   Diss'io? deh sanza scorta andiamci soli,
   Se tu sa'ir, ch'i' per me non la cheggio:

Se tu se' sì accorto, come suoli,
   Non vedi tu, ch'e' digrignan li denti,
   E con le ciglia ne minaccian duoli?

Ed egli a me: Non vo', che tu paventi:
   Lasciali digrignar pure a lor senno,
   Ch'e' fanno ciò, per li lessi dolenti.

sixième année, depuis qu'ici le chemin a été rompu [7]. J'expédie par-là quelques-uns des miens, pour voir si nul damné ne met la tête à l'air : allez avec eux, ils ne seront pas méchants.

« Allons, leur dit-il, en avant, Alichino [8], Calcabrina et toi aussi, Cagnazzo ! C'est Barbariccia qui conduit la dizaine. Allez à leur suite, Libicocco et Draghignazzo, Ciriatto aux dents crochues, et Graffiacane, et Farfarello, et Rubicante le fou ! Faites bonne garde autour de la poix bouillante ; et que ceux-ci parviennent en sûreté au pont dont l'arche, entière encore, traverse l'abîme. »

« Maître, à quoi bon ? m'écriai-je. Allons seuls, sans escorte ; qu'en ai-je besoin, si tu sais le chemin ? Es-tu donc moins clairvoyant que de coutume, et ne vois-tu pas comme ils grincent des dents, et comme leurs regards nous annoncent malheur ? »

Et lui : « Calme-toi ; laisse-les grincer des dents tout à leur aise : ils n'en veulent qu'à ces misérables qui sont là à bouillir. »

Per l'argine sinistro volta dienno:
Ma prima avea ciascun la lingua stretta
Co' denti, verso lor duca, per cenno,

Ed egli avea del cul fatto trombetta.

En ce moment, ils tournent à gauche, par la chaussée; chacun d'eux auparavant, d'un coup de sa langue serrée entre ses dents, donne un signal connu du chef; et le chef répond par une fanfare que sonne sa trompette d'en-bas [a].

CANTO VIGESIMOSECONDO

I' vidi già cavalier muover campo,
   E cominciare stormo, e far lor mostra,
   E tal volta partir per loro scampo:

Corridor vidi, per la terra vostra,
   O Aretini, e vidi gir gualdane,
   Ferir torneamenti, e correr giostra,

Quando con trombe, e quando con campane,
   Con tamburi, e con cenni di castella,
   E con cose nostrali, e con istrane:

Nè già con sì diversa cennamella
   Cavalier vidi muover, nè pedoni,
   Nè nave a segno di terra, o di stella.

Noi andavam con li dieci Dimoni:
   (Ah fiera compagnia!) ma nella chiesa
   Co' santi, e in taverna co' ghiottoni.

CHANT VINGT-DEUXIÈME

Plus d'une fois j'ai vu des cavaliers se mettre en campagne, engager le combat, parader, ou même s'enfuir en déroute; j'ai vu, habitants d'Arezzo, des coureurs faire irruption sur votre territoire et des maraudeurs y porter le pillage; j'ai vu l'escrime des tournois et la course des joutes, au bruit des clairons, au son des cloches, au tapage du tambour, aux saluts des châteaux forts, au bruit enfin des instruments guerriers de tout pays; mais je ne vis jamais ni cavaliers, ni fantassins se mettre en marche au son d'une si étrange trompette; jamais vaisseau ne reçut de la terre ou du ciel un semblable signal!

Nous allions avec les dix démons (affreuse compagnie!). Mais, dit le proverbe, « à l'église, avec les saints; à la taverne, avec les buveurs! »

Pure alla pegola era la mia intesa,
　Per veder della bolgia ogni contegno,
　E della gente, ch'entro v'era incesa.

Come i Delfini, quando fanno segno
　A' marinar con l'arco della schiena,
　Che s'argomentin di campar lor legno,

Talor così ad alleggiar la pena
　Mostrava alcun de' peccatori 'l dosso,
　E nascondeva, in men, che non balena.

E com'all'orlo dell'acqua d'un fosso
　Stan li ranocchi, pur col muso fuori,
　Sì che celano i piedi, e l'altro grosso,

Sì stavan d'ogni parte i peccatori:
　Ma come s'appressava Barbariccia,
　Così si ritraean sotto i bollori.

Io vidi, ed anche 'l cuor mi s'accapriccia,
　Uno aspettar così, com'egl' incontra,
　Ch'una rana rimane, e l'altra spiccia.

E Graffiacan, che gli era più di contra,
　Gli arronciglò le 'mpegolate chiome,
　E trassel su, che mi parve una lontra.

I' sapea già di tutti quanti 'l nome,
　Sì li notai, quando furono eletti,
　E poi che si chiamaro, attesi come,

Cependant j'avais toujours les yeux fixés sur la poix bouillante, cherchant à découvrir les mystères de cette fosse et le supplice de ceux qui brûlaient dedans.

Semblable au dauphin qui, hors de l'eau, courbe son dos en arc, avertissant le matelot de veiller au salut de son navire; de temps en temps quelqu'un des pécheurs, pour adoucir sa souffrance, sortait son échine et la rentrait dans le bitume avec la rapidité de l'éclair.

Comme aussi des grenouilles, sur les bords d'un étang, hasardent la tête au dehors, les pattes et le reste du corps bien cachés dans la vase; ainsi faisaient, de tous côtés, les damnés; mais dès que s'approchait Barbariccia, aussitôt ils s'enfonçaient sous les bouillons.

J'en vis un, et j'en ai le cœur navré, qui s'arrêta une minute à peine, ainsi que s'attarde une grenouille quand l'autre fait le plongeon; Graffiacan, qui se tenait tout proche, l'accrochant par ses cheveux souillés de poix, le pêcha comme il eût fait une loutre.

Je savais déjà le nom de tous ces diables, parce qu'on avait fait l'appel de la décurie, et parce qu'ils s'appelaient entre eux par leurs noms.

O Rubicante, fa che tu gli metti
    Gli unghioni addosso sì, che tu lo scuoi,
    Gridavan tutti insieme i maladetti.

Ed io: Maestro mio, fa, se tu puoi,
    Che tu sappi, chi è lo sciagurato
    Venuto a man degli avversari suoi.

Lo duca mio gli s'accostò allato,
    Domandollo ond'e' fosse: e quei rispose,
    I' fui del regno di Navarra nato.

Mia madre a servo d'un signor mi pose,
    Che m'avea generato d'un ribaldo,
    Distruggitor di se, e di sue cose.

Poi fu' famiglia del buon re Tebaldo:
    Quivi mi misi a far baratteria,
    Di che i' rendo ragione in questo caldo.

E Ciriatto, a cui di bocca uscia,
    D'ogni parte una sanna, come a porco,
    Gli fe' sentir come l'una sdrucía.

Tra male gatte era venuto 'l sorco:
    Ma Barbariccia il chiuse con le braccia,
    E disse: State 'n là, mentr'io lo 'nforco:

E al Maestro mio volse la faccia:
    Dimanda, disse, ancor, se più disii
    Saper da lui, prima ch'altri 'l disfaccia.

« Allons, Rubicante, ton harpon dans ses reins, et une bonne entaille ! » s'écriaient à la fois tous ces maudits.

Et moi : « Maître, peux-tu me dire quel est ce malheureux qui sert de jouet à ses bourreaux ? »

Mon guide s'approcha et lui demanda d'où il était. Il répondit : « Je suis né dans le royaume de Navarre, je suis le fils d'un misérable qui dissipa ses biens et se perdit lui-même. Ma mère me mit au service d'un seigneur ; ensuite, devenu familier du bon roi Thibaut[1], je me mis à trafiquer de ses faveurs, et je rends mes comptes maintenant sous cette poix bouillante. »

Ciriatto, la bouche armée d'une double défense (on eût dit un sanglier !), lui fit sentir comme elle décousait.

Au milieu de quelle méchante troupe de chats était tombée l'humble souris !

Mais Barbariccia, l'étreignant de ses griffes : « Restez en paix, s'écria-t-il, tandis que je le tiens sous ma fourche ! »

Puis, se tournant vers mon guide : « Interroge-le, dit-il, si tu veux en savoir davantage, et hâte-toi, car on va le dépecer. »

Lo duca: Dunque or dî degli altri rii:
    Conosci tu alcun, che sia Latino
    Sotto la pece? e quegli: I' mi partii

Poco è da un, che fu di là vicino:
    Così foss'io ancor con lui coverto,
    Ch'i' non temerei unghia, nè uncino.

E Libicocco, Troppo avem sofferto,
    Disse: e presegli 'l braccio col runciglio,
    Sì che, stracciando, ne portò un lacerto.

Draghignazzo anch'ei volle dar di piglio
    Giù dalle gambe: onde 'l decurio loro
    Si volse 'ntorno intorno con mal piglio.

Quand'elli un poco rappaciati foro,
    A lui, ch'ancor mirava sua ferita,
    Dimandò 'l duca mio, sanza dimoro,

Chi fu colui, da cui mala partita
    Dî, che facesti, per venire a proda?
    Ed ei rispose: Fu frate Gomita,

Quel di Gallura, vasel d'ogni froda,
    Ch'ebbe i nimici di suo donno in mano,
    E fe' lor sì, che ciascun se ne loda:

Denai si tolse, e lasciogli di piano,
    Sì com'e' dice: e negli altri ufici anche
    Barattier fu non picciol, ma sovrano.

Alors mon guide : « Connais-tu quelque Romain parmi tous ces coupables enfouis sous le bitume ? »

« A l'instant même, répondit-il, je viens d'en quitter un qui vécut près de l'Italie. Oh ! que ne suis-je encore là-dessous à couvert avec lui, et à l'abri des griffes et des harpons ! »

« C'est trop attendre ! » s'écrie Libicocco. En même temps il le saisit avec sa gaffe, et les pointes déchirantes emportent l'avant-bras.

Draghignazzo, de son côté, voulait l'accrocher par les jambes ; mais leur décurion se retourne avec des regards menaçants, et les démons donnent à ce damné un moment de répit.

Mon guide alors s'empresse de demander au malheureux qui ne cessait de regarder sa blessure : « Quel est celui que tu as quitté, pour venir te montrer si mal à-propos hors du bitume ? »

Il répondit : « C'est frère Gomita [2], magistrat de Gallura, ce vase débordant de fraude et d'injustice, qui tenant en son pouvoir les ennemis de son seigneur, ne mérita que trop bien leurs actions de grâce. Après en avoir tiré de l'argent, il leur laissa, de son propre aveu, toute facilité pour s'évader ; enfin dans tous ses emplois, il fut non pas novice, mais passé maître en friponnerie.

Usa con esso donno Michel Zanche
  Di Logodoro : e a dir di Sardigna
  Le lingue lor non si sentono stanche.

O me, vedete l'altro, che digrigna :
  I direi anche : ma i' temo, ch' ello
  Non s'apparecchi a grattarmi la tigna.

E 'l gran proposto volto a Farfarello,
  Che stralunava gli occhi per ferire,
  Disse : Fatti 'n costà, malvagio uccello.

Se voi volete vedere, o udire,
  Ricominciò lo spaurato appresso,
  Toschi, o Lombardi, i' ne farò venire.

Ma stien le Malebranche un poco in cesso,
  Sì che non teman delle lor vendette :
  Ed io seggendo in questo luogo stesso,

Per un, ch'io sò, ne farò venir sette,
  Quando sufolerò, com' è nostr'uso
  Di fare allor, che fuori alcun si mette.

Cagnazzo a cotal motto levò 'l muso,
  Crollando 'l capo, e disse : Odi malizia,
  Ch' egli ha pensato, per gittarsi giuso.

Ond'ei, ch'avea lacciuoli a gran divizia,
  Rispose : Malizioso son io troppo,
  Quando procuro a mia maggior tristizia.

CHANT VINGT-DEUXIÈME.   277

Lui et Michel Sanche ³ de Logodoro causent souvent ensemble, et dans leurs discours revient sans cesse le nom de la Sardaigne. J'en aurais long à dire, mais voyez cet autre qui grince des dents! Je tremble qu'il ne s'apprête à m'accrocher encore. »

Alors le grand chef de la bande ⁴ se tournant vers Farfarello qui, avec d'effroyables roulements d'yeux, se disposait à frapper de sa fourche : « Arrière, méchant hibou ! » lui cria-t-il.

« Si vous voulez, reprit le pauvre effaré, voir ou entendre des Toscans et des Lombards, j'en ferai venir; mais que les maudites griffes se tiennent à l'écart, afin que mes compagnons n'aient pas à redouter leurs cruautés! De ce lieu même, à moi seul et sans bouger, j'en puis appeler sept, rien qu'en sifflant de la manière accoutumée, lorsqu'on peut sans péril mettre sa tête à l'air. »

A ces mots, Cagnazzo leva son muffle : « Voire! cette malice inventée pour rentrer là-dessous! » dit-il en branlant la tête.

L'autre, qui n'était, en effet, que trop riche en stratagèmes, répliqua : « Belle malice vraiment, pour attirer ainsi de nouveaux tourments sur mes compagnons! »

Alichin non si tenne, e di rintoppo
   A gli altri, disse a lui: Se tu ti cali,
   I' non ti verrò dietro di galoppo,

Ma batterò sovra la pece l'ali:
   Lascisi 'l colle, e sia la ripa scudo
   A veder, se tu sol più di noi vali.

O tu che leggi, udirai nuovo ludo.
   Ciascun dall'altra costa gli occhi volse;
   Quel prima, ch'a ciò fare era più crudo.

Lo Navarrese ben suo tempo colse,
   Fermò le piante a terra, e in un punto
   Saltò, e dal proposto lor si sciolse:

Di che ciascun di colpo fu compunto,
   Ma quei più, che cagion fu del difetto,
   Però si mosse, e gridò: Tu se' giunto.

Ma poco valse, che l'ale al sospetto
   Non potero avanzar: quegli andò sotto.
   E quei drizzò, volando, suso il petto:

Non altrimenti l'anitra di botto,
   Quando 'l falcon s'appressa, giù s'attuffa,
   Ed ei ritorna su crucciato e rotto.

Irato Calcabrina della buffa,
   Volando dietro gli tenne, invaghito,
   Che quei campasse, per aver la zuffa:

Alichino s'y laissa prendre, et malgré tous les autres, il lui dit : « Si tu essaies de nous échapper, je t'avertis que je te suivrai, non pas avec des pieds au galop, mais à coups d'ailes battant au-dessus du bitume. Comme une protection, nous te laissons ce bord élevé du rivage; voyons ensuite si à toi seul tu nous vaux tous. »

Mais, ô lecteur, en voici bien d'une autre! Chacun des démons s'éloigne; et le plus empressé, c'est celui qui, d'abord, s'était montré le plus défiant. Aussitôt le Navarrais saisit son moment, affermit le pied sur le sol, s'élance, et, d'un seul bond, se dérobe à leurs méchants desseins.

Les démons alors se repentent de la faute commise, et plus que tous les autres, celui qui avait été la cause de cet échec. Aussi, le premier il se précipite en criant : « Tu es pris! » Il ne prit que le vide : le vol des ailes fut moins rapide que celui de la peur. Le damné plonge, et le démon, arrêté par la poix, remonte dans l'air à tire d'ailes. Ainsi s'enfonce le canard à l'approche du faucon qui s'en revient honteux et harassé.

Calcabrina, furieux de cette surprise, s'envole à la poursuite d'Alichino, ardent à lui chercher querelle, si le damné s'échappe. Et dès que le fraudeur a disparu,

E come 'l barattier fu disparito,
　Così volse gli artigli al suo compagno,
　E fu con lui sovra 'l fosso ghermito.

Ma l'altro fu bene sparvier grifagno,
　Ad artigliar ben lui, e amendue
　Cadder nel mezzo del bollente stagno.

Lo caldo schermidor subito fue:
　Ma però di levarsi era niente,
　Sì aveano inviscate l'ale sue.

Barbariccia, con gli altri suoi, dolente
　Quattro ne fe volar dall'altra costa,
　Con tutti i raffi, e assai prestamente

Di qua di là discesero alla posta:
　Porser gli uncini verso gl'impaniati,
　Ch'eran già cotti dentro dalla crosta,

E noi lasciammo lor così 'mpacciati.

tournant ses griffes contre son compagnon, Calcabrina s'accroche à lui au-dessus de l'étang. Mais celui-ci, en épervier des plus sauvages⁵, sait bien le griffer à son tour, et ils tombent l'un et l'autre dans la mare bouillante. Aussitôt la violence du feu les sépare ; mais nul moyen de se tirer de là, tant leurs ailes étaient empêtrées dans la poix !

Barbariccia, non moins affligé que le reste de sa bande, dépêche, sur l'autre bord, armés de tous leurs crocs, quatre démons qui s'abattent de ci, de là, à l'endroit indiqué. En toute hâte ils tendent leurs fourches aux deux englués. Il était temps : la poix commençait à les cuire.

Et nous laissons ces misérables ainsi embesognés.

CANTO VIGESIMOTERZO

Taciti soli, e sanza compagnia,
    N'andavan l'un dinanzi, e l'altro dopo,
    Come i frati minor vanno per via.

Volto era in su la favola d'Isopo
    Lo mio pensier, per la presente rissa,
    Dov'ei parlò della rana, e del topo:

Che più non si pareggia mo ed issa,
    Che l'un con l'altro fa, se ben s'accoppia
    Principio e fine, con la mente fissa:

E come l'un pensier dell'altro scoppia,
    Così nacque di quello un altro poi,
    Che la prima paura mi fe doppia.

I' pensava così: Questi per noi
    Sono scherniti, e con danno e con beffa
    Sì fatta, ch'assai credo, che lor noi.

CHANT VINGT-TROISIÈME

—

Silencieux, seuls, et, cette fois, sans escorte, nous allions, lui devant, moi derrière : ainsi les frères Mineurs vont par les chemins. A propos de cette lutte des démons, l'aventure de la grenouille et du rat, dans la fable d'Esope [1], me revint en mémoire. *Maintenant* et *à présent* [2] n'ont pas entre eux plus de ressemblance que n'en présentaient le début et le dénoûment de ces deux disputes.

Or, comme une pensée en appelle une autre, il m'en vint une nouvelle qui redoubla mon premier effroi. Nous sommes cause, me disais-je, que ces démons ont été pris pour dupes; ils ont assez souffert pour en garder rancune; et, si la colère se joint à leur méchanceté naturelle, ils nous seront plus cruels que le chien qui happe le lièvre en courant.

Se l'ira sovra 'l mal voler s'aggueffa,
　Ei ne verranno dietro più crudeli,
　Che cane a quella levre, ch'egli acceffa.

Già mi sentia tutto arricciar li peli
　Della paura, e stava indietro intento;
　Quando i' dissi, Maestro, se non celi

Te e me tostamente, i' ho pavento
　Di Malebranche: noi gli avem già dietro:
　I' gl'immagino sì, che già gli sento.

E quei: S'io fossi d'impiombato vetro,
　L'imagine di fuor tua non trarrei
　Più tosto a me, che quella dentro impetro.

Pur mo venieno i tuoi pensier tra i miei,
　Con simile atto, e con simile faccia,
　Sì che d'entrambi un sol consiglio fei.

S'egli è, che sì la destra costa giaccia,
　Che noi possiam nell'altra bolgia scendere,
　Noi fuggirem l'immaginata caccia.

Già non compío di tal consiglio rendere,
　Ch'i' gli vidi venir con l'ale tese,
　Non molto lungi, per volerne prendere.

Lo duca mio di subito mi prese,
　Come la madre, ch'al romore è desta,
　E vede presso a se le fiamme accese:

Ainsi pensant, je sentais déjà (tant ma frayeur était grande!) tous mes cheveux se dresser sur ma tête [3], et sans cesser de regarder en arrière, je dis : « Maître, hâtons-nous et nous cachons tous deux : je redoute les griffes de ces maudits; ils courent sur nos pas, et même il me semble que je les entends. »

Et lui : « Quand je serais un cristal doublé de tain, je n'attirerais pas plus vite et plus complétement ton image du dehors, que je n'absorbe au dedans ta pensée en ma pensée. En ce moment même, elle venait à travers la mienne, et l'une et l'autre elles se confondaient par une si grande ressemblance de forme et de traits, que, de nous deux, j'ai pris un seul conseil. Si, par fortune, cette pente à droite va s'inclinant de telle sorte, que nous puissions gagner l'autre fosse, nous échappons à la poursuite que tu redoutes. »

Il parlait encore, que je vis, en effet, les démons accourant, l'aile tendue, déjà proches de nous et tout prêts à nous saisir.

Mon guide aussitôt me prit dans ses bras : telle une mère éveillée par un bruit soudain, voyant tout en flammes autour d'elle, prend son enfant, s'enfuit et ne s'arrête

CANTO VIGESIMOTERZO.

Che prende 'l figlio, e fugge, e non s'arresta,
   Avendo più di lui, che di se cura,
   Tanto che solo una camicia vesta :

E giù dal collo della ripa dura
   Supin si diede alla pendente roccia,
   Che l'un de' lati all'altra bolgia tura.

Non corse mai sì tosto acqua per doccia,
   A volger ruota di mulin terragno,
   Quand'ella più verso le pale approccia,

Come 'l maestro mio per quel vivagno,
   Portandosene me sovra 'l suo petto,
   Come suo figlio, e non come compagno.

Appena furo i piè suoi giunti al letto
   Del fondo giù, ch'ei giunsero in sul colle
   Sovresso noi : ma non gli era sospetto;

Che l'alta Providenza, che lor volle
   Porre ministri della fossa quinta,
   Poder di partirs'indi a tutti tolle.

Laggiù trovammo una gente dipinta,
   Che giva intorno assai con lenti passi,
   Piangendo, e nel sembiante stanca e vinta.

Egli avean cappe, con cappucci bassi
   Dinanzi agli occhi, fatte della taglia,
   Che per li monaci in Cologna fassi.

pas, bien plus occupée de lui que d'elle-même, et à peine vêtue.

Du sommet de l'âpre rocher il se laissa glisser, le dos tourné le long de la pente escarpée qui forme un des bastions de l'autre enceinte. L'eau qui se précipite d'un canal étroit sur la roue d'un moulin n'est pas si rapide à sa chute que l'était mon maître dans cette descente, et il me serrait sur sa poitrine, non comme un compagnon, mais comme son fils.

A peine ses pieds touchaient le fond de l'abîme, que les démons planaient sur nos têtes de toute la hauteur du rocher ; mais je n'en avais souci : la souveraine Providence qui les fit ses vengeurs dans la cinquième fosse, leur avait ôté le pouvoir d'en sortir.

Dans ces profondeurs, nous fîmes la rencontre d'une file d'âmes qu'on aurait dit couvertes de peintures, et qui, tournant dans l'enceinte, à pas très-lents, se lamentaient et semblaient harassées de fatigue. Elles portaient des chapes dont le capuchon s'abaissait sur leurs yeux, et faites sur le patron de celles que portent les moines de Cologne [1]. Mais, ouvragées à l'extérieur d'un métal

Di fuor dorate son, sì ch'egli abbaglita
   Ma dentro tutte piombo, e gravi tanto,
   Che Federigo le mettea di paglia.

O in eterno faticoso manto!
   Noi ci volgemmo ancor pure a man manca,
   Con loro insieme, intenti al tristo pianto:

Ma, per lo peso, quella gente stanca
   Venìa sì pian, che noi eravam nuovi
   Di compagnia, ad ogni muover d'anca.

Perch'io al duca mio: Fa che tu truovi
   Alcun, ch'al fatto, o al nome si conosca,
   E gli occhi sì, andando, intorno muovi:

E un, che 'ntese la parola Tosca,
   Dirietro a noi gridò, Tenete i piedi,
   Voi, che correte sì per l'aura fosca:

Forse ch'avrai da me quel, che tu chiedi:
   Onde 'l duca si volse, e disse: Aspetta,
   E poi, secondo il suo passo, procedi.

Ristetti, e vidi duo mostrar gran fretta
   Dell'animo, col viso, d'esser meco:
   Ma tardavagli 'l carco, e la via stretta.

Quando fur giunti, assai, con l'occhio bieco,
   Mi rimiraron, sanza far parola:
   Poi si volsero 'n se, e dicean seco:

CHANT VINGT-TROISIÈME.

éblouissant, elles sont doublées de plomb, et si pesantes, que celles de Frédéric [5] auraient semblé une paille légère, comparées à celles-là. Lourd vêtement pour l'éternité !

Nous prenons à notre gauche en suivant la file de ces âmes, prêtant l'oreille à leurs lamentations ; mais, accablés du poids de leur fardeau, ces malheureux allaient si lentement, qu'à chaque pas, nous avions, en les dépassant, des compagnons nouveaux.

Je dis à mon guide : « Tâchons d'en trouver un dont on connaisse ou le nom ou la vie. Tout en allant, je t'en prie, autour de toi jette les yeux. »

L'un d'eux, qui me comprit à mon parler toscan, cria derrière nous : « Arrêtez, vous qui courez si vite dans cet air ténébreux ; et toi, qui parles, peut-être suis-je prêt à répondre à ta question. »

Mon guide alors se retourne et me dit : « Attends-le et marche ensuite à son pas. »

Je m'arrête et j'en vois deux dont les regards témoignaient un grand empressement d'être avec moi ; mais le lourd fardeau et le chemin étroit retardaient leur marche. Arrivés près de nous, ils fixèrent avec attention sur moi leurs yeux louches, mais sans dire un seul mot. Puis, se retournant l'un vers l'autre : « En voilà un qui paraît vivant, dit celui-ci à celui-là, on le voit respirer.

Costui par vivo all'atto della gola:
 E s'ei son morti, per qual privilegio
 Vanno scoverti della grave stola?

Poi disser me: O Tosco, ch'al collegio
 Degl'ipocriti tristi se' venuto,
 Dir chi tu se' non avere in dispregio.

Ed io a loro. I' fui nato e cresciuto
 Sovra 'l bel fiume d'Arno alla gran villa,
 E son col corpo, ch'i' ho sempre avuto.

Ma voi chi siete, a cui tanto distilla,
 Quant' i' veggio dolor, giù per le guance,
 E che pena è in voi, che sì sfavilla?

E l'un rispose a me: Le cappe rance
 Son di piombo sì grosse, che li pesi
 Fan così cigolar le lor bilance.

Frati Godenti fummo, e Bolognesi,
 Io Catalano, e costui Loderingo
 Nomati, e da tua terra insieme presi.

Come suole esser tolto un uom solingo
 Per conservar sua pace, e fummo tali,
 Ch'ancor si pare intorno dal Gardingo.

I' cominciai: O frati, i vostri mali:
 Ma più non dissi: ch'a gli occhi mi corse
 Un, crocifisso in terra, con tre pali.

Mais, s'ils sont morts, de quel droit vont-ils déchargés de la chape que nous traînons? »

Puis ils me dirent : « O Toscan, te voilà au milieu de la triste procession des hypocrites! Dis-nous, par faveur, qui tu es? »

Et moi : « Je suis un enfant de la grande ville ; j'ai vécu sur les bords heureux de l'Arno, et j'arrive ici avec le corps que la vie anima dès le premier jour. Mais vous dont la joue, aux tristes sillons, semble le siége même de la souffrance, qui êtes-vous? et quel est le genre de supplice qui vous fait reluire ainsi? »

L'un d'eux me répondit : « Ces chapes jaunes, doublées de plomb, sont massives au point que l'on dirait des poids de fer qui font gémir les balances[1]

« Nous avons appartenu à l'ordre des Joyeux Frères[6] ; nous sommes Bolonais, lui et moi : il s'appelait Loderingo, j'avais nom Catalano. Tes imprudents concitoyens, pour maintenir la paix de leur République, firent un choix en dehors des partis, et lui et moi fûmes élus podestats. Ce que nous avons fait, on le peut voir encore près de Cardingo! »

« O moines, m'écriai-je, vos mauvais... » Mais je n'en dis pas davantage : en ce moment s'offrait à mes yeux un damné gisant par terre et que trois pals tenaient en croix.

Quando mi vide, tutto si distorse,
　Soffiando nella barba, co' sospiri:
　E 'l frate Catalan, ch'a ciò s'accorse,

Mi disse: Quel confitto, che tu miri,
　Consigliò i Farisei, che convenia
　Porre un uom, per lo popolo, a' martiri.

Attraversato, e nudo è per la via,
　Come tu vedi, ed è mestier, ch'e' senta
　Qualunque passa, com'ei pesa pria:

E a tal modo il suocero si stenta
　In questa fossa, e gli altri dal concilio
　Che fu, per li Giudei, mala sementa.

Allor vid'io maravighar Virgilio
　Sovra colui, ch'era disteso in croce,
　Tanto vilmente, nell'eterno esilio.

Poscia drizzò al frate cotal voce:
　Non vi dispiaccia, se vi lece, dirci,
　S'alla man destra giace alcuna foce,

Onde noi amenduo possiamo uscirci,
　Sanza constringer degli angeli neri,
　Che vegnan d'esto fondo a dipartirci.

Rispose adunque: Più, che tu non speri,
　S'appressa un sasso, che dalla gran cerchia
　Si muove, e varca tutti i valloni feri;

Dès qu'il me vit, tout son corps se tordit, avec un grand gémissement : sa barbe même était agitée par le souffle de la colère.

Frère Catalano qui l'aperçut : « Ce crucifié que tu regardes, me dit-il, c'est celui qui persuada aux Pharisiens qu'il était nécessaire de mettre un homme à mort pour le salut de tous [7]. Jeté nu, comme tu le vois, en travers sur le chemin, il faut, à mesure que nous passons, qu'il sente combien pèse chacun de nous. Son beau-père [8] subit la même peine dans cette fosse et, avec lui, tous ceux de ce concile, dont l'arrêt fut, pour les juifs, une semence de malheurs. »

Virgile s'était arrêté, frappé d'étonnement [9] devant ce supplicié étendu sur son gibet d'infamie, dans le lieu de l'exil éternel : « Je voudrais, dit-il enfin, s'adressant au frère Catalano, savoir de vous si, à notre droite, il n'est pas quelque issue par où nous puissions sortir de cet abîme, tous les deux, sans appeler les anges noirs à notre aide. »

Il répondit : « Bien plus près que tu ne penses, s'élève un rocher qui part de la grande enceinte et traverse d'un bout à l'autre les vallées du désespoir. Au-dessus

Salvo che questo è rotto, e nol coperchia:
   Montar potrete su per la ruina,
   Che giace in costa, e nel fondo soperchia.

Lo duca stette un poco a testa china,
   Poi disse: Mal contava la bisogna
   Colui, che i peccator di là uncina.

E 'l frate: I' udî già dire a Bologna
   Del Diavol vizii assai, tra i quali udî,
   Ch' egli è bugiardo, e padre di menzogna.

Appresso 'l duca a gran passi sen' gì
   Turbato un poco d'ira nel sembiante:
   Ond'io dagl'incarcati mi partî,

Dietro alle poste delle care piante.

de cette fosse il est rompu et ne la recouvre plus; mais vous pouvez gravir à travers les débris qui gisent sur la pente et encombrent le fond. »

Le guide, à ces mots, se met à réfléchir un instant, la tête baissée : « Il n'a pas été sincère avec nous, dit-il, ce grand démon qui enfourche, là-bas, les pécheurs ! »

Et le frère : « Autrefois, à Bologne, c'était souvent un sujet de conversation, le diable et ses vices sans nombre; on disait surtout qu'il était passé maître en fourberie et père du mensonge. »

Mon guide alors s'éloigne à grands pas : un peu de colère avait troublé son visage. Nous quittons ces âmes surchargées et je suis les traces de mon poète adoré.

CANTO VIGESIMOQUARTO

In quella parte del giovinetto anno,
    Che 'l sole i crin sotto l'Aquario tempra,
    E già le notti al mezzo dì sen' vanno:

Quando la brina in su la terra assempia
    L'imagine di sua sorella bianca,
    Ma poco dura alla sua penna tempra,

Lo villanello, a cui la roba manca,
    Si leva, e guarda, e vede la campagna
    Biancheggiar tutta, ond' ei si batte l'anca:

Ritorna a casa, e qua e là si lagna,
    Come 'l tapin, che non sa che si faccia:
    Poi riede, e la speranza ringavagna

Veggendo 'l mondo aver cangiata faccia,
    In poco d'ora, e prende suo vincastro,
    E fuor le pecorelle a pascer caccia.

CHANT VINGT-QUATRIÈME

—

A cette époque de l'année en sa première fleur. où le soleil baigne sa chevelure dans le Verseau [1], quand les nuits commencent à moins prendre sur les jours, la bruine gelée sur la prairie rappelle, avec des traits qui s'effacent vite, la blanche image de sa sœur; le villageois en pleine misère se lève, et, voyant d'un coup d'œil la campagne blanchissante, il fait un geste de désespoir. Rentré chez lui, il va et vient, se lamentant comme un homme sans ressources qui ne sait plus que devenir. Mais bientôt il sort de nouveau, et se reprend à l'espérance, voyant qu'en si peu de temps, la nature a changé d'aspect. Alors il saisit sa houlette et chasse son troupeau vers le pâturage.

Così mi fece sbigottir lo mastro,
   Quand'i' gli vidi sì turbar la fronte,
   E così tosto al mal giunse lo 'mpiastro:

Che come noi venimmo al guasto ponte,
   Lo duca a me si volse, con quel piglio
   Dolce, ch'io vidi in prima, appiè del monte.

Le braccia aperse, dopo alcun consiglio
   Eletto seco, riguardando prima
   Ben la ruina, e diedemi di piglio.

E come quei, che adopera, ed istima,
   Che sempre par, che 'nnanzi si proveggia,
   Così, levando me su ver la cima

D'un ronchione, avvisava un'altra scheggia,
   Dicendo, Sovra quella poi t'aggrappa:
   Ma tenta pria, s'è tal, ch'ella ti reggia.

Non era via da vestito di cappa,
   Che noi a pena, ei lieve, ed io sospinto,
   Potavam su montar di chiappa in chiappa.

E se non fosse, che da quel precinto,
   Più, che dall'altro, era la costa corta,
   Non so di lui: ma io sarei ben vinto.

Ma perchè Malebolge, inver la porta
   Del bassissimo pozzo tutta pende,
   Lo sito di ciascuna valle porta;

Ainsi moi j'avais frémi en voyant ce nuage sur le front du maître, et tout aussi promptement je me sentis rassuré.

Nous parvenions au pont écroulé, lorsque le guide se tourna vers moi avec cette figure sereine que je lui vis, la première fois, au pied de la montagne. Bientôt, prenant conseil en lui-même, et après avoir attentivement étudié les ruines, il me saisit entre ses bras, et, semblable à l'ouvrier qui, tout occupé de sa tâche, en médite une autre et cherche à tout prévoir, mon maître, en m'élevant vers la cime d'une roche, me désignait la roche voisine en me disant : « Cramponne-toi à celle-là ; mais assure-toi auparavant qu'elle est en état de te supporter. »

Certes, ce n'était pas là un chemin pour des porteurs de chapes! Lui-même, si léger, et moi, malgré son soutien, nous pouvions à peine nous élever de saillie en saillie, et si, de ce côté-ci, la pente n'eût pas été plus facile que de ce côté-là, je ne sais pas ce qu'eût fait mon guide ; quant à moi, j'aurais certainement succombé. Mais comme Malebolge va toujours s'inclinant de plus en plus vers l'ouverture du puits profond, chacune des vallées qu'il renferme, tombe l'une sur l'autre et se relève tour à tour.

Che l'una costa surge, e l'altra scende:
　Noi pur venimmo infine in su la punta,
　Onde l'ultima pietra si scoscende.

La lena m'era del polmon sì munta,
　Quando fui su, ch'i' non potea più oltre,
　Anzi m'assisi, nella prima giunta.

Omai convien, che tu così ti spoltre:
　Disse 'l maestro: che seggendo in piuma,
　In fama non si vien, nè sotto coltre:

Sanza la qual, chi sua vita consuma,
　Cotal vestigio in terra di se lascia,
　Qual fummo in aere od in acqua la schiuma:

E però leva su, vinci l'ambascia
　Con l'animo, che vince ogni battaglia,
　Se col suo grave corpo non s'accascia.

Più lunga scala convien, che si saglia:
　Non basta da costoro esser partito:
　Se tu m'intendi: or fa sì, che ti vaglia.

Levámi allor, mostrandomi fornito
　Meglio di lena, ch'i' non mi sentia;
　E dissi: Va, ch'i' son forte e ardito.

Su per lo scoglio prendemmo la via,
　Ch'era ronchioso, stretto, e malagevole,
　Ed erto più assai, che quel di pria.

Nous atteignîmes enfin le sommet où la dernière pierre s'abaisse sur la pente opposée.

Arrivé là, la respiration venait si courte a mon poumon, que, ne pouvant aller plus loin, je fus contraint de m'asseoir.

Et le maître me dit : « Il faut désormais secouer toute paresse : ce n'est point étendu sur la plume et sous le dais que l'homme atteindra cette gloire sans laquelle il ne mène ici-bas qu'une inutile vie, ne laissant pas après lui, sur la terre, plus de traces que la fumée dans l'air ou l'écume sur la vague. Donc lève-toi, et contre ce découragement appelle à ton aide l'esprit, l'esprit vainqueur de toute lutte, s'il ne se laisse pas écraser sous le vil fardeau de ce corps mortel[2]. Ce n'est pas tout pour nous d'être parvenus jusqu'ici ; nous avons à gravir une plus longue échelle[3]. Si tu entends bien mes paroles, qu'elles t'animent à bien faire ? »

Alors je me redressai, et montrant une fermeté que je n'avais pas : « Va maintenant, lui dis-je, me voilà fort et hardi. » Nous reprîmes notre route par un sentier encore plus rocailleux, plus étroit, plus âpre et plus escarpé. »

Parlando andava per non parer fievole:
 Onde una voce uscio, dall'altro fosso,
 A parole formar disconvenevole.

Non so, che disse, ancor che sovra 'l dosso
 Fossi dell'arco già, che varca quivi:
 Ma chi parlava, ad ira parea mosso.

Io era volto in giù: ma gli occhi vivi
 Non potean' ire al fondo, per l'oscuro:
 Perch'i': Maestro, fa, che tu arrivi

Dall'altro cinghio, e dismontiam lo muro:
 Che com'i' odo quinci, e non intendo,
 Così giù veggio, e niente affiguro.

Altra risposta, disse, non ti rendo,
 Se non lo far: che la dimanda onesta
 Si dee seguir con l'opera, tacendo.

Noi discendemmo 'l ponte dalla testa,
 Ove s'aggiunge con l'ottava ripa,
 E poi mi fu la bolgia manifesta:

E vidivi entro terribile stipa
 Di serpenti, e di sì diversa mena,
 Che la memoria il sangue ancor mi scipa.

Più non si vanti Libia con sua rena:
 Che se Chelidri, Jaculi, e Faree
 Produce, e Centri con Anfesibena,

Je parlais en marchant pour me donner plus de cœur, lorsque tout à coup, du fond de la septième fosse, une voix sortit inarticulée et confuse. En vain je touchais au sommet de l'arche sur laquelle on franchit cette fosse ; il était impossible de rien comprendre à ces murmures. Seulement il me parut que c'étaient là des accents de colère. Je m'étais penché pour voir ; mais les faibles yeux d'un mortel ne pouvaient pénétrer dans ces profondeurs, à travers une telle obscurité.

« Maître, dis-je alors, tâchons d'arriver à l'autre bord, et descendons cette muraille ; car d'ici j'écoute et je n'entends pas, je regarde et je ne vois rien. »

« C'est par l'action, non par des paroles, que je te répondrai : Pour chose demandée à bon droit, on se met à l'œuvre, et tout est dit. »

Nous descendîmes le pont du côté où il aboutit au huitième retranchement, et la fosse béante m'apparut.

Là je vis un horrible pêle-mêle de serpents, d'espèces et de formes si diverses, que le souvenir m'en glace encore le sang.

Que la Lybie ne se vante plus de ses monstres[1] ; qu'elle produise dans ses sables des chélydres, des jaculis, des pharès, des hydres, des amphisbènes,

Nè tante pestilenzie, nè sì ree
   Mostrò giammai con tutta l'Etiopia,
   Nè con ciò, che di sopra 'l mar rosso ee.

Tra questa cruda, e tristissima copia
   Correvan genti nude, e spaventate,
   Sanza sperar pertugio, o elitropia.

Con serpi le man dietro avean legate.
   Quelle ficcavan per le ren la coda,
   E 'l capo, ed eran dinanzi aggroppate.

Ed ecco ad un, ch'era da nostra proda,
   S'avventò un serpente, che 'l trafisse,
   Là dove 'l collo alle spalle s'annoda.

Nè O sì tosto mai, nè I si scrisse,
   Com'ei s'accese, e arse, e cener tutto
   Convenne, che cascando, divenisse:

E poi che fu a terra sì distrutto,
   La cener si raccolse, e, per se stessa,
   In quel medesmo ritornò di butto:

Così, per li gran savi, si confessa,
   Che la Fenice muore, e poi rinasce,
   Quando al cinquecentesimo anno appressa.

Erba, nè biada, in sua vita non pasce:
   Ma sol d'incenso lagrime, e d'amomo,
   E nardo, e mirra son l'ultime fasce.

jamais la Lybie et l'Ethiopie et les rivages de la mer Rouge ne pourront montrer un tel assemblage de monstres venimeux.

Dans cet affreux et redoutable clapotement de reptiles, couraient des âmes éperdues, épouvantées. Nul espoir, ni abri, ni talisman contre le poison. Elles avaient les mains garrottées par derrière dans les nœuds de ces serpents, et des serpents encore les tenaient à la gorge, et leur enfonçaient dans les reins leurs têtes et leurs queues venimeuses.

Sur un de ces malheureux qui étaient près de nous, un serpent s'élance et le pique à l'endroit où le cou s'attache à l'épaule. Aussitôt, et plus vite que ne se peut écrire un *i* ou un *o*, il s'enflamme, se consume et tombe en cendres. Mais le damné, à peine détruit, renaît au châtiment : les cendres se rapprochent et le reproduisent sous sa première forme.

Ainsi, au dire des sages de l'antiquité, le phénix meurt et renaît dès qu'il touche à son cinquième siècle. Durant sa vie, il ne se nourrit ni d'herbe ni de blé, mais de l'amomum et des larmes de l'encens, et il se consume sur un lit embaumé de nard et de myrrhe [6].

E quale è quei, che cade, e non sa como,
　Per forza di Demon, ch'a terra il tira,
　O d'altra oppilazion, che lega l'uomo,

Quando si lieva, ch'intorno si mira,
　Tutto smarrito dalla grande angoscia,
　Ch'egli ha sofferta, e guardando sospira:

Tal'era 'l peccator levato poscia.
　O giustizia di Dio quanto è severa!
　Che cotai colpi per vendetta croscia.

Lo duca il dimandò poi, chi egli era:
　Perch'ei rispose: I' piovvi di Toscana,
　Poco tempo è, in questa gola fera.

Vita bestial mi piacque, e non umana,
　Sì come a mul, ch'i' fui: son Vanni Fucci
　Bestia, e Pistoja mi fu degna tana.

Ed io al duca: Dilli, che non mucci,
　E dimanda, qual colpa quaggiù 'l pinse:
　Ch'io 'l vidi uom già di sangue e di corrucci.

E 'l peccator, che intese, non s'infinse,
　Ma drizzò verso me l'animo, e 'l volto,
　E di trista vergogna si dipinse:

Poi disse: Più mi duol, che tu m'hai colto
　Nella miseria, dovetu mi vedi,
　Che quand'io fui dell'altra vita tolto:

Et tel que celui qui tombe d'une chute soudaine, ou renversé par le souffle d'un démon, ou succombant à l'attaque d'un mal qui suspend le cours de la vie, quand il se relève, encore tout étourdi de cette terrible secousse, soupire et promène autour de lui des regards étonnés ; tel était ce pécheur à peine relevé de son néant. Que tes sévérités sont grandes, ô justice de Dieu, qui frappes ces coups vengeurs !

Mon guide à cet esprit demanda qui il était, et celui-ci répondit : « Je suis tombé, il y a peu de temps, de la Toscane dans cet abîme. J'étais homme, et j'ai vécu comme une brute ; je suis Vanni Fucci [7], un vrai mulet, et Pistoie fut ma digne tanière.

Et je dis au maître : « Il faut qu'il s'arrête un instant ; demande-lui pour quel crime il est tombé dans cette fosse ; je ne l'ai connu jusqu'à présent que comme un homme de colère et de meurtre.

Le damné, qui m'avait entendu, loin de chercher à fuir, se retourna vers moi sans contrainte ; puis avec un visage triste et couvert de honte : « Je suis plus affligé, me dit-il, d'être surpris par toi dans cet état misérable, que s'il me fallait perdre la vie encore une fois. Cependant je ne saurais me refuser à ce que tu demandes. J'ai été jeté dans cette fosse pour avoir volé dans la sacristie

I' non posso negar quel, che tu chiedi:
   In giù son messo tanto, perch'i' fui
   Ladro alla sagrestia de' belli arredi:

E falsamente già fu apposto altrui.
   Ma perchè di tal vista tu non godi,
   Se mai sarai di fuor de' luoghi bui,

Apri gli orecchi al mio annunzio, e odi:
   Pistoja in pria di Negri si dimagra,
   Poi Firenze rinnuova genti, e modi.

Tragge Marte vapor di val di Magra,
   Ch'è di torbidi nuvoli involuto:
   E con tempesta impetuosa ed agra

Sopra campo Picen fia combattuto:
   Ond'ei repente spezzerà la nebbia,
   Sì ch'ogni Bianco ne sarà feruto:

E detto l'ho, perchè doler ten' debbia.

les ornements sacrés, et pour avoir accusé de mon crime un homme innocent. Mais, comme je ne veux pas que tu te réjouisses de cette rencontre, si jamais tu sors de cette région ténébreuse, écoute [8] et sois attentif à mes prédictions : « Voilà Pistoie qui se délivre de la faction des Noirs, et voici une nouvelle Florence, avec un autre peuple et d'autres mœurs. Eh bien, je t'annonce que le dieu Mars soulève, des profondeurs du val de la Magra, une vapeur qui s'épaissit en nuages sombres; de ces nuages s'échappe une impétueuse et terrible tempête, qui éclatera sur les champs de Picène : tout à coup la nuée se déchire, et le parti des Blancs est frappé à son tour !

Et je l'ai dit pour te faire de la peine ! »

CANTO VIGESIMOQUINTO

Al fine delle sue parole, il ladro
   Le mani alzò con ambeduo le fiche,
   Gridando: Togli Dio, ch'a te le squadro.

Da indi in qua mi fur le serpi amiche,
   Perch'una gli s'avvolse allora al collo,
   Come dicesse. I' non vo', che più diche:

E un'altra alle braccia, e rilegollo
   Ribadendo se stessa, sì dinanzi,
   Che non potea con esse dare un crollo.

Ah Pistoja Pistoja, che non stanzi
   D'incenerarti, sì che più non duri,
   Poi che 'n mal far lo seme tuo avanzi.

Per tutti i cerchi dello 'nferno oscuri,
   Spirto non vidi, in Dio tanto superbo.
   Non quel, che cadde a Tebe giù de' muri.

CHANT VINGT-CINQUIÈME

—

En achevant ces paroles, le sacrilége, les deux mains levées en l'air, fit un signe insultant : « Attrape, Dieu du ciel, voilà pour toi ! »

Au même instant un serpent (et, depuis ce temps, je ne hais plus les serpents) s'enroula autour du cou de ce larron, comme pour dire : « Assez blasphémer ! » Un autre, s'attachant à ses bras, l'enlaça si fortement dans les replis de ses nœuds, que le damné ne pouvait plus faire un seul geste.

Ah ! Pistoie, ah ! Pistoie, il vaudrait mieux te brûler et t'anéantir de tes propres mains, que de voir grandir chaque jour la perversité de tes enfants !
Non, dans les cercles les plus sombres de cet enfer, je n'avais pas rencontré un damné plus orgueilleux et plus rebelle à Dieu, pas même celui-là qui succomba sous les murs de Thèbes [1].

Ei si fuggì, che non parlò più verbo:
   Ed io vidi un Centauro, pien di rabbia,
   Venir gridando, Ov'è, ov'è l'acerbo?

Maremma non cred'io, che tante n'abbia,
   Quante bisce egli avea su per la groppa,
   Infino, ove comincia nostra labbia.

Sopra le spalle dietro dalla coppa,
   Con l'ale aperte gli giaceva un draco,
   E quello affuoca, qualunque s'intoppa.

Lo mio maestro disse: Quegli è Caco,
   Che, sotto 'l sasso di monte Aventino,
   Di sangue fece spesse volte laco.

Non va co' suo' fratei per un cammino,
   Per lo furar frodolente, ch'ei fece
   Del grande armento, ch'egli ebbe a vicino:

Onde cessar le sue opere biece,
   Sotto la mazza d'Ercole, che forse
   Gliene diè cento, e non sentì le diece.

Mentre che sì parlava, ed ei trascorse,
   E tre spiriti venner, sotto noi,
   De' quai nè io, nè 'l duca mio s'accorse,

Se non, quando gridar: Chi siete voi?
   Perchè nostra novella si ristette,
   E intendemmo pure ad essi poi.

Le voleur s'était enfui sans dire un mot de plus, et je vis un Centaure plein de rage, qui venait en criant : « Où est-il, où est-il donc le blasphémateur? »

Je ne crois pas que les Maremmes soient habitées par autant de serpents que le Centaure en avait sur sa croupe, jusqu'à l'endroit où commence la forme humaine. Derrière son cou et le long du dos se tenait un dragon qui, les ailes déployées, vomissait la flamme sur tout ce qui l'approchait.

Mon maître dit : « Celui-ci est Cacus[2] : son antre du mont Aventin cacha bien souvent un lac de sang. S'il n'est pas renfermé dans le cercle où cheminent ses frères, c'est que, plus coupable, il enleva frauduleusement le grand troupeau du pâturage voisin. La massue d'Hercule mit un terme aux crimes de ce monstre : frappé de plus de cent coups, au dixième coup il était déjà mort. »

Tandis qu'il parlait, le Centaure disparut, et alors trois esprits s'approchèrent dans le cercle au-dessous de nous, sans que ni moi ni mon guide y prissions garde. A la fin : « Qui êtes-vous? » nous dirent-ils. En ce moment le récit du maître fut interrompu, et notre attention se porta sur ces nouveaux venus. Je ne les connaissais pas; mais il arriva ce qui arrive assez

I' non gli conoscea : ma e' seguette,
 Come suol seguitar, per alcun caso,
 Che l'un nomare all'altro convenette

Dicendo : Cianfa dove fia rimaso?
 Perch'io, acciocchè 'l duca stesse attento,
 Mi posi 'l dito su dal mento al naso.

Se tu se' or, Lettore, a creder lento
 Ciò, ch'io dirò, non sarà maraviglia :
 Che io, che 'l vidi, appena il mi consento.

Com'i' tenea levate in lor le ciglia;
 E un serpente con sei piè si lancia,
 Dinanzi all'uno, e tutto a lui s'appiglia.

Co' piè di mezzo gli avvinse la pancia,
 E con gli anterior le braccia prese :
 Poi gli addentò e l'una e l'altra guancia.

Gli diretani alle cosce distese,
 E miseli la coda tr'amendue,
 E dietro per le ren' su la ritese.

Ellera abbarbicata mai non fue
 Ad alber sì, come l'orribil fiera
 Per l'altrui membra avviticchiò le sue :

Poi s'appiccar, come di calda cera
 Fossero stati, e mischiar lor colore :
 Nè l'un, nè l'altro già parea quel ch'era.

souvent, que l'un d'eux eut occasion d'en nommer un autre, en disant : « Cianfa ? où donc est-il resté ? »

Alors, pour que mon guide fût averti d'être attentif, je posai le doigt sur mes lèvres.

Et maintenant, ô lecteur, si tu ne te hâtes pas d'ajouter foi à ce que je vais te raconter, quoi d'étonnant, puisque moi qui l'ai vu, à peine y puis-je croire?

Comme mes regards étaient levés sur ces trois esprits, un serpent qui se traînait sur six pieds, s'élança, par-devant, sur l'un d'eux et s'y attacha tout entier. Tandis qu'avec ses pieds du milieu, il lui serrait le ventre, et que de ses pieds de devant il lui saisissait les bras, il le mordit aux deux joues. En même temps il allongea ses pieds de derrière sur les cuisses du damné, et, passant sa queue entre ses jambes, il la dressait dans son dos et l'appliquait sur ses reins. Le lierre ne saurait s'unir plus invinciblement à l'arbre, que l'horrible bête aux membres de ce damné. Puis, se fondant l'un dans l'autre comme une cire brûlante, il se fit un tel mélange de couleurs et de formes, que ni l'homme ni le serpent ne paraissait plus être ce qu'il avait été. Tel, au moment de s'enflammer, le papier blanc se couvre d'une teinte rousse : il n'est plus blanc, il n'est pas noir.

Come procede innanzi dall'ardore,
   Per lo papiro suso un color bruno,
   Che non è nero ancora, e 'l bianco muore.

Gli altri duo riguardavano, e ciascuno
   Gridava : Ome Agnél, come ti muti !
   Vedi, che già non se' nè duo, nè uno.

Già eran li duo capi un divenuti,
   Quando n'apparver duo figure miste,
   In una faccia, ov'eran duo perduti.

Fersi le braccia duo di quattro liste :
   Le cosce con le gambe, il ventre, e 'l casso
   Divenner membra, che non fur mai viste.

Ogni primajo aspetto ivi era casso :
   Due, e nessun l'imagine perversa
   Parea, e tal sen' già con lento passo.

Come 'l ramarro, sotto la gran fersa
   De' dì canicular, cangiando siepe,
   Folgore par, se la via attraversa :

Così parea, venendo, verso l'epe
   De gli altri due un serpentello acceso,
   Livido e nero, come gran di pepe.

E quella parte, donde prima è preso
   Nostro alimento, all'un di lor trafisse :
   Poi cadde giuso innanzi lui disteso.

Les deux autres esprits regardaient, criant : « Oh ! Agnelo, comme tu changes ! Tu n'es plus un, et vous n'êtes pas deux ! »

Cependant les deux têtes déjà n'étaient plus qu'une tête : elles apparaissaient confondues dans une seule face où elles se perdaient toutes deux. Des quatre bras qui se mêlaient, il n'en resta que deux ; les cuisses avec les jambes, le ventre avec le tronc devinrent des membres comme on n'en vit jamais. Toute forme primitive avait été absorbée, et cette image bouleversée qui, renfermant deux natures, n'en figurait aucune, ainsi faite, allait à pas lents.

Sous la chaleur aiguillonnante des jours caniculaires, un lézard, pour changer de buisson, traverse le chemin : on dirait un éclair. Tel je vis un petit serpent livide et noir comme un grain de poivre, accourir, enflammé, vers les deux autres esprits ; il piqua l'un d'eux à l'endroit par où l'enfant qui n'est pas né reçoit l'aliment ; puis ce fut le serpent qui tomba.

Lo trafitto il mirò: ma nulla disse:
　Anzi co' piè fermati sbadigliava,
　Poi come sonno, o febbre l'assalisse.

Egli il serpente, e quei lui riguardava:
　L'un per la piaga, e l'altro per la bocca,
　Fummavan forte, e 'l fummo s'incontrava.

Taccia Lucano omai, là dove tocca
　Del misero Sabello, e di Nassidio,
　E attenda a udir quel, ch'or si scocca.

Taccia di Cadmo, e d'Aretusa Ovvidio:
　Che se quello in serpente, e quella in fonte
　Converte, poetando, i' non lo 'nvidio:

Che duo nature mai a fronte a fronte
　Non transmutò, sì che amendue le forme
　A cambiar lor materie fosser pronte.

Insieme si risposero a tai norme,
　Che 'l serpente la coda in forca fesse,
　E 'l feruto ristrinse insieme l'orme.

Le gambe con le cosce seco stesse
　S'appiccar sì, che 'n poco la giuntura
　Non facea segno alcun, che si paresse.

Toglìea la coda fessa la figura,
　Che si perdeva là, e la sua pelle
　Si facea molle, e quella di là dura.

Le blessé le regarda sans rien dire ; debout sur ses pieds immobiles, il bâillait comme si le sommeil ou la fièvre l'eût assailli. S'il regardait le serpent, le serpent aussi le regardait ; il sortait de la plaie de l'un et de la bouche de l'autre une épaisse fumée, et cette double fumée ne fit bientôt qu'une seule et même vapeur.

Que Lucain cesse de nous parler des malheurs de Sabellus et de Nasidius [4], pour écouter les misères que je vais raconter. Qu'Ovide se taise sur Cadmus et sur Aréthuse [5] ; si dans ses vers il change l'un en serpent et l'autre en fontaine, je n'en suis pas jaloux, car jamais par lui deux natures, mises face à face, ne furent transformées, celle-ci en celle-là et celle-là en celle-ci, sous des formes toujours prêtes à échanger leurs éléments primitifs.

L'homme et la bête, dans un affreux accord, se mélangèrent de cette sorte, que la queue du serpent se fendit en fourche et que les pieds du blessé s'unirent fortement l'un à l'autre. En même temps ses jambes et ses cuisses se rapprochèrent si étroitement, qu'aucun signe visible ne montrait la suture. La queue du serpent prenait peu à peu la forme qui disparaissait chez l'homme : ici la peau s'amollissait, là elle se couvrait d'écailles. Je vis les bras de l'homme se retirer dans ses aisselles, et les deux courtes pattes du reptile s'allonger d'autant plus, que les bras de l'homme se raccourcissaient

I' vidi entrar le braccia per l'ascelle,
　E i duo piè della fiera, ch'eran corti,
　Tanto allungar, quanto accorciavan quelle.

Poscia li piè dirietro insieme attorti
　Diventaron lo membro, che l'uom cela,
　E 'l misero del suo n'avea duo porti.

Mentre che 'l fummo l'uno e l'altro vela
　Di color nuovo, e genera 'l pel suso,
　Per l'una parte, e dall'altra il dipela,

L'un si levò, e l'altro cadde giuso,
　Non torcendo però le lucerne empie,
　Sotto le quai ciascun cambiava muso.

Quel, ch'era dritto, il trasse 'n ver le tempie,
　E di troppa materia, che 'n là venne,
　Uscir gli orecchi delle gote scempie:

Ciò, che non corse in dietro, e si ritenne,
　Di quel soverchio fe naso alla faccia,
　E le labbra ingrossò, quanto convenne:

Quel, che giaceva, il muso innanzi caccia,
　E gli orecchi ritira per la testa,
　Come face le corna la lumaccia:

E la lingua, ch'aveva unita e presta,
　Prima a parlar, si fende, e la forcuta
　Nell'altro si richiude, e 'l fummo resta.

davantage. Puis les pieds de derrière du serpent, se tordant ensemble, devinrent cette partie que l'homme ne montre pas, et qui, chez le damné, se partagea pour former deux pattes.

Pendant que la fumée, les enveloppant tous les deux de couleurs changeantes, couvre celui-ci des poils dont elle dépouille celui-là, l'un se dresse sur ses pieds, l'autre rampe sur le ventre, et ils ne cessent de se darder l'un à l'autre les effroyables regards sous l'influence desquels ils avaient changé de figure.

Celui qui était debout, ramenant vers les tempes une partie de ce que sa face avait encore de trop, il en sortit deux oreilles le long de ses joues aplaties, et l'excédant de chair que laissent les oreilles sert à former un nez à ce visage, et à modeler des lèvres d'une grosseur convenable.

Celui qui rampait fit saillir son museau et rentra ses oreilles dans sa tête, comme fait la limace ses cornes; sa langue, naguère d'une seule pièce et faite pour la parole, se fendit en deux; en même temps, la langue fourchue de l'autre se souda, et la fumée disparut.

L'anima, ch'era fiera divenuta,
   Si fugge, sufolando, per la valle,
   E l'altro dietro a lui, parlando, sputa.

Poscia gli volse le novelle spalle,
   E disse all'altro : i' vò, che Buoso corra,
   Com' ho fatt'io, carpon, per questo calle.

Così vid'io la settima zavorra
   Mutare, e trasmutare, e qui mi scusi
   La novità, se fior la lingua abborra.

E avvegnache gli occhi miei confusi
   Fossero alquanto, e l'animo smagato,
   Non poter quei fuggirsi tanto chiusi,

Ch'io non scorgessi ben Puccio Sciancato :
   Ed era quei, che sol de' tre compagni,
   Che venner prima, non era mutato :

L'altro era quel, che tu, Gaville, piagni.

L'esprit devenu serpent s'enfuit en sifflant par la vallée, et l'autre, resté debout, cracha sur le reptile en l'accusant. Puis, tournant ses épaules de formation nouvelle vers son autre compagnon, il lui dit : « Que Buoso[6] coure sur ce chemin à son tour, et me remplace avec ses pattes de serpent ! »

C'est ainsi que dans la septième enceinte s'offrirent à moi ces diverses métamorphoses, et si la plume qui les raconte s'est un peu égarée, que la nouveauté du sujet soit mon excuse.

Vainement mes yeux étaient troublés et mon esprit épouvanté, les damnés ne purent si bien se cacher dans leur fuite, que je ne reconnusse Puccio Sciancato; c'était le seul des trois compagnons venus d'abord, qui n'eût pas été transformé. Que de pleurs, ô Gaville, t'a coûtés le troisième[7] !

CANTO VIGESIMOSESTO

Godi, Firenze, poi che se' sì grande,
   Che per mare, e per terra batti l'ali,
   E per lo 'nferno il tuo nome si spande.

Tra gli ladron trovai cinque cotali
   Tuoi cittadini: onde mi vien vergogna,
   E tu in grande onranza non ne sali.

Ma se presso al mattin del ver si sogna,
   Tu sentirai di qua da picciol tempo,
   Di quel, che Prato, non ch'altri, t'agogna:

E se già fosse, non saria per tempo:
   Così foss'ei, da che pure esser dee:
   Che più mi graverrà, com' più m'attempo.

Noi ci partimmo, e su per le scalee,
   Che n'avean fatte i borni a scender pria,
   Rimontò 'l duca mio, e trasse mee.

CHANT VINGT-SIXIÈME

Gloire à toi, Florence, la grande ! ton aile plane sur la terre comme sur les mers, et ton nom se répand même dans les profondeurs de l'enfer ! Parmi les plus fameux voleurs, j'ai rencontré cinq de tes principaux citoyens [1]. Quelle honte pour moi, Florence ; et pour toi donc !

S'il est vrai que le sommeil du matin [2] apporte des rêves dignes de foi, tu apprendras bientôt les vœux terribles que l'on forme à Prato [3] et ailleurs contre Florence ! Inévitable malheur ! il serait déjà tombé sur toi, qu'il serait tombé trop tard. Hélas ! que n'est-il arrivé ? plus je vieillis, plus le coup me sera cruel.

Loin de ce lieu, et mon guide m'entraînant à sa suite, nous rencontrons les mêmes rochers qui nous avaient servi de degrés pour descendre. Nous poursui-

E proseguendo la solinga via
  Tra le schegge, e tra' rocchi dello scoglio,
  Lo piè, sanza la man, non si spedia.

Allor mi dolsi, e ora mi ridoglio,
  Quando drizzo la mente a ciò ch'io vidi,
  E più lo 'ngegno affreno, ch'i' non soglio;

Perchè non corra, che virtù nol guidi:
  Sì che se stella buona, o miglior cosa
  M' ha dato 'l ben, ch'io stesso nol m'invidi.

Quante il villan, ch'al poggio si riposa,
  Nel tempo, che colui, che 'l mondo schiara,
  La faccia sua a noi tien meno ascosa,

Come la mosca cede alla zanzara,
  Vede lucciole giù per la vallea,
  Forse colà, dove vendemmia ed ara;

Di tante fiamme tutta risplendea
  L'ottava bolgia, sì com'io m'accorsi,
  Tosto che fui là 've 'l fondo parea.

E qual colui, che si vengiò con gli orsi,
  Vide 'l carro d'Elia al dipartire,
  Quando i cavalli al Cielo erti levorsi,

Che nol potea sì con gli occhi seguire,
  Che vedesse altro, che la fiamma sola,
  Sì come nuvoletta, in su salire:

vîmes notre route solitaire à travers ces débris et ces aspérités, où le pied ne pouvait se dégager sans le secours de la main.

J'étais triste, et je m'attriste encore au seul souvenir des choses que j'ai vues : je m'efforce alors, plus que jamais, de dompter mon intelligence rebelle, afin qu'elle ne cesse pas, dans sa marche, d'être dirigée par la vertu, et pour que ce précieux don de mon heureuse étoile ou d'une influence meilleure ne tourne pas à mal.

Dans la saison où l'astre qui éclaire le monde se montre à nous plus longtemps, le villageois couché sur la colline, quand déjà la mouche a fait place au cousin, ne voit pas au-dessous de lui, dans la vallée où mûrissent la vendange et les moissons, autant de vers luisants, que j'aperçus de flammes resplendissantes dans la huitième fosse, aussitôt que mes yeux purent en sonder les profondeurs.

Le prophète[4], vengé par des ours, quand il vit partir le char d'Élie[5], emporté dans le ciel par des chevaux si rapides, que l'œil avait peine à les suivre, ne distingua plus rien, qu'une flamme légère, un nuage; ainsi montaient les flammes à l'ouverture de la fosse, et chaque flamme enveloppait et recélait un pécheur.

Tal si movea ciascuna, per la gola
   Del fosso, che nessuna mostra il furto,
   E ogni fiamma un peccatore invola.

I' stava sovra 'l ponte a veder surto,
   Sì che s'i' non avessi un ronchion preso,
   Caduto sarei giù sanza esser' urto.

E 'l duca, che mi vide tanto atteso,
   Disse: Dentro da' fuochi son gli spirti:
   Ciascun si fascia di quel, ch'egli è inceso.

Maestro mio, risposi, per udirti
   Son io più certo: ma già m'era avviso,
   Che così fusse: e già voleva dirti,

Chi è 'n quel fuoco, che vien sì diviso
   Di sopra, che par surger della pira,
   Ov' Eteocle col fratel fu miso?

Risposemi: Là entro si martira
   Ulisse, e Diomede, e così insieme
   Alla vendetta corron, com'all'ira:

E dentro dalla lor fiamma si geme
   L'aguato del caval, che fe la porta,
   Ond' uscì de' Romani 'l gentil seme.

Piangevisi entro l'arte, perchè morta
   Deidamía ancor si duol d'Achille,
   E del Palladio pena vi si porta.

Debout sur le pont, j'étais si occupé à regarder, que si je ne me fusse pas retenu à un fragment de rocher, je serais tombé dans le gouffre, même sans recevoir aucun choc.

Le guide, me voyant si attentif, me dit : « Dans chaque flamme est enveloppée une âme, et chacun de ces malheureux se fait un vêtement du feu qui le consume. »

« Maître, lui répondis-je, me voilà, grâce à toi, confirmé dans le soupçon que j'avais ; même je m'apprêtais à te demander quelle âme est enserrée en cette flamme qui vient à nous, se divisant en deux parts, comme si elle s'élevait du bûcher où se consumèrent Etéocle [6] et son frère. »

Il me répondit : « Dans cette flamme sont tourmentés Ulysse et Diomède, venus au même supplice, comme ils furent emportés par la même colère. Au milieu de cette flamme, ils expient la fraude du cheval de bois franchissant la porte par où devait sortir la glorieuse semence de la race romaine ; là s'expient et l'enlèvement de la statue de Pallas et la fourberie d'Achille, dont l'ombre de Déidamie [7] se plaint encore aujourd'hui. »

S'ei posson dentro da quelle faville
   Parlar, diss'io, maestro, assai ten' prego,
   E ripriego, che 'l priego vaglia mille,

Che non mi facci dell'attender niego,
   Fin che la fiamma cornuta quà vegna:
   Vedi, che del desio ver lei mi piego.

Ed egli a me: La tua preghiera è degna
   Di molta lode: ed io però l'accetto:
   Ma fa, che la tua lingua si sostegna.

Lascia parlare a me: ch'i' ho concetto
   Ciò, che tu vuoi: ch'e' sarebbero schivi,
   Perch'ei fur Greci, forse, del tuo detto.

Poichè la fiamma fu venuta quivi,
   Ove parve al mio duca tempo e loco,
   In questa forma lui parlare audivi.

O voi, che siete duo dentro a un fuoco,
   S' i' meritai di voi, mentre ch'io vissi,
   S' i' meritai di voi assai o poco,

Quando nel mondo gli alti versi scrissi,
   Non vi movete: ma l'un di voi dica,
   Dove per lui perduto a morir gissi.

Lo maggior corno della fiamma antica
   Cominciò a crollarsi, mormorando,
   Pur come quella, cui vento affatica

« S'ils peuvent parler du milieu de cette flamme, ô mon maître, je t'en prie et je t'en conjure, et puisse ma prière en valoir mille, ne t'oppose pas à ce que j'attende ici que la flamme à deux pointes vienne jusqu'à nous ; vois comme le désir m'incline à la rencontrer. »

« Ta prière est digne qu'on l'écoute, et je l'agrée, à condition que ta langue se tienne en repos. Laisse-moi le soin de leur parler moi-même, car j'ai compris ce que tu veux ; et comme ils furent Grecs [8] l'un et l'autre, peut-être accueilleraient-ils avec dédain ta parole toscane. »

Aussitôt que la flamme se fut approchée, et que mon maître eut jugé que le lieu et le moment étaient opportuns, je l'entendis qui s'exprimait en ces termes : « O vous, qui êtes, l'un et l'autre, enveloppés de la même flamme, si, moi vivant, j'ai bien mérité de vous, si par vous, à mon tour, j'ai valu peu ou beaucoup quand j'écrivis dans le monde ma grande épopée, de grâce ne vous éloignez pas, et que l'un de vous nous dise en quel lieu il trouva la mort qu'il avait affrontée. »

Indi la cima quà e là menando,
  Come fosse la lingua, che parlasse,
  Gittò voce di fuori, e disse: Quando

Mi dipartî da Circe, che sottrasse
  Me più d'un anno là presso a Gaeta,
  Prima che sì Enea la nominasse:

Nè dolcezza di figlio, nè la piéta
  Del vecchio padre, nè 'l debito amore,
  Lo qual dovea Penelope far lieta,

Vincer poter dentro da me l'ardore,
  Ch'i' ebbi a divenir del mondo esperto,
  E degli vizii umani, e del valore:

Ma misi me per l'alto mare aperto,
  Sol con un legno, e con quella compagna
  Picciola, dalla qual non fui deserto.

L'un lito, e l'altro vidi insin la Spagna,
  Fin nel Marrocco, e l'isola de' Sardi,
  E l'altre, che quel mare intorno bagna.

Io e i compagni eravam vecchi e tardi,
  Quando venimmo a quella foce stretta,
  Ov' Ercole segnò li suoi riguardi,

Acciocchè l'uom più oltre non si metta;
  Dalla man destra mi lasciai Sibilia,
  Dall' altra già m'avea lasciata Setta.

La plus élevée des deux pointes de l'antique flamme commença à vaciller en murmurant, comme si elle eût été agitée par le vent; puis la cime se mouvant çà et là comme une langue qui eût parlé, elle jeta au dehors une voix qui disait : « A peine échappé aux philtres de Circé, qui m'avait retenu pendant plus d'un an près de Gaete[9], avant que ce lieu eût reçu son nom d'Énée, ni la douce image d'un fils, ni la piété pour un vieux père, ni l'amour dû à Pénélope et qui eût fait son bonheur, ne purent vaincre en moi le désir ardent qui me poussait à parcourir le monde, pour connaître les hommes, leurs vices et leurs vertus; c'est pourquoi je me confiai à l'immensité de la profonde mer, sur un seul vaisseau et avec un petit nombre de compagnons qui ne m'abandonnèrent jamais. J'ai visité l'un et l'autre rivage jusqu'à l'Espagne et au Maroc, jusqu'à la Sardaigne et aux îles baignées par cette mer. Mes compagnons et moi nous étions déjà appesantis par la vieillesse lorsque nous parvînmes à ce détroit resserré où le divin Hercule posa ses deux colonnes, avertissement donné à l'homme de n'aller pas plus loin. J'avais laissé Séville à ma droite, Ceuta sur la gauche.

O frati, dissi, che per cento milia
　Perigli siete giunti all'occidente,
　A questa tanto picciola vigilia

De' vostri sensi, ch'è del rimanente,
　Non vogliate negar l'esperienza,
　Diretro al sol, del mondo senza gente

Considerate la vostra semenza.
　Fatti non foste a viver come bruti,
　Ma per seguir virtute, e conoscenza.

Li miei compagni fec'io sì acuti,
　Con quest'orazion picciola, al cammino,
　Ch'appena poscia gli avrei ritenuti:

E volta nostra poppa nel mattino,
　De' remi facemmo ale al folle volo,
　Sempre acquistando del lato mancino.

Tutte le stelle già dell'altro polo
　Vedea la notte, e 'l nostro, tanto basso,
　Che non surgeva fuor del marin suolo.

Cinque volte racceso, e tante casso
　Lo lume era di sotto dalla luna,
　Poi ch'entrati eravam nell'alto passo,

Quando n'apparve una montagna bruna,
　Per la distanzia, e parvemi alta tanto,
　Quanto veduta non n'aveva alcuna.

« O frères, leur dis-je alors, vous qui, à travers mille périls, êtes parvenus jusqu'à cet occident, si peu qu'il vous reste encore à jouir de vos sens éveillés, ne vous refusez pas à la gloire de découvrir, par delà le soleil, un monde encore inhabité. Songez à votre noble origine : vous ne fûtes point destinés à vivre comme des brutes, mais à suivre le chemin de la vertu et des grandes entreprises.

« Par cette courte harangue, j'inspirai à mes compagnons une telle ardeur de continuer le voyage, que vainement ensuite j'aurais tenté de les retenir.

« Notre poupe au levant et le gouvernail prenant à gauche, de nos rames nous fîmes des ailes à ce vol insensé. Déjà la nuit était rayonnante de toutes les étoiles de l'autre pôle, et le nôtre était si abaissé, qu'il se montrait à peine au-dessus de l'horizon marin. Cinq fois la lumière avait éclairé la face de la lune, et cinq fois elle s'était éteinte depuis que nous étions entrés dans cette immensité, quand une montagne nous apparut, obscure encore à cette distance, mais déjà si élevée, que je ne croyais pas en avoir vu d'une telle hauteur. Notre joie, qui fut grande d'abord, se changea bientôt en tristesse, lorsqu'un tourbillon, s'élevant de ce monde nouveau, vint assaillir l'avant du navire que nous montions.

Noi ci allegrammo, e tosto tornò in pianto:
   Che dalla nuova terra un turbo nacque,
   E percosse del legno il primo canto.

Tre volte il fe girar con tutte l'acque,
   Alla quarta levar la poppa in suso,
   E la prora ire in giù, com'altrui piacque,

Infin che 'l mar fu sopra noi richiuso.

« Trois fois il le fit tourner sur lui-même avec la masse des eaux [10]; au quatrième assaut, la poupe se dressa, la proue s'enfonça, obéissante à la volonté de l'autre [11], et l'océan se referma sur nous. »

CANTO VIGESIMOSETTIMO

Già era dritta in su la fiamma, e queta,
  Per non dir più, e già da noi sen' gia,
  Con la licenzia del dolce poeta.

Quando un'altra, che dietro a lei venía,
  Ne fece volger gli occhi alla sua cima,
  Per un confuso suon, che fuor n'uscía.

Come 'l bue Cicilian, che mugghiò prima
  Col pianto di colui (e ciò fu dritto)
  Che l'avea temperato con sua lima:

Mugghiava con la voce dell'afflitto,
  Sì che con tutto, ch'e' fosse di rame,
  Pure el pareva dal dolor trafitto:

Così, per non aver via, nè forame,
  Dal principio del fuoco, in suo linguaggio,
  Si convertivan le parole grame.

CHANT VINGT-SEPTIÈME

La flamme immobile et droite avait cessé de parler, et déjà elle s'éloignait de nous avec le congé du doux poete, quand une autre flamme, qui venait du côté opposé, me força de tourner la tête; un bruit confus s'échappait de cette cime en feu. De même que le taureau de Sicile[1] dont le premier beuglement (et justice était faite!) fut le cri de l'ouvrier qui l'avait façonné, rendait en mugissements la voix des victimes, et, tout formé d'airain qu'il était, semblait transpercé de douleur; ainsi la voix triste et captive de l'esprit ne trouvant d'abord aucune issue, était semblable au petillement du feu. Bientôt, quand les paroles, ouvrant la flamme à son sommet déchiré, la rendirent obéissante au mouvement de la langue elle-même, elle fit entendre les paroles que voici :

Ma poscia ch'ebber colto lor viaggio,
 Su per la punta, dandole quel guizzo,
 Che dato avea la lingua in lor passaggio,

Udimmo dire : O tu, a cui io drizzo
 La voce, che parlavi mo Lombardo,
 Dicendo Issa ten' va, più non t'aizzo :

Perch'i' sia giunto forse alquanto tardo,
 Non t'incresca restare a parlar meco :
 Vedi, che non increse a me, e ardo.

Se tu pur mo in questo mondo cieco
 Caduto se di quella dolce terra
 Latina, onde mia colpa tutta reco;

Dimmi, se i Romagnuoli han pace, o guerra :
 Ch'i' fui de' monti là intra Urbino
 E 'l giogo, di che Tever si disserra.

Io era ingiuso ancora attento, e chino,
 Quando 'l mio duca mi tentò di costa,
 Dicendo : Parla tu, questi è Latino.

Ed io, ch'avea già pronta la risposta,
 Sanza 'ndugio a parlare incominciai :
 O anima, che se' laggiù nascosta,

Romagna tua non è, e non fu mai,
 Sanza guerra ne' cuor de' suoi tiranni.
 Ma palese nessuna or ven' lasciai.

« O toi, à qui je parle avec tant d'effort, et qui disais tout à l'heure, en langage lombard : « Va-t'en maintenant ; je ne te retiens plus, » bien que peut-être je sois arrivé un peu tard, reste, et qu'un entretien avec moi ne te déplaise pas ; tu vois que je m'y prête, et pourtant je brûle. Si vraiment de ce doux pays latin, où j'ai commis tous mes crimes, tu es tombé dans ce monde de ténèbres, dis-moi, la Romagne est-elle en paix, est-elle en guerre ? Je suis né dans les montagnes[2] qui s'élèvent entre Urbin et les sommets où le Tibre a sa source. »

J'écoutais encore, attentif et la tête penchée, lorsque mon guide me toucha le côté en disant : « Parle à ton tour, celui-ci est un Latin. »

Et moi, qui tenais la réponse toute prête, sans plus tarder, je répondis en ces termes : « Ame emprisonnée, ta Romagne a-t-elle été jamais sans une guerre ouverte ou cachée dans les secrets desseins de ses tyrans ? Il est vrai que je n'y ai pas laissé de guerre ouvertement déclarée. Ravenne est encore ce qu'elle était il y a plusieurs années ; l'aigle de Polenta[3] en a fait son

Ravenna sta, come stata è molti anni:
   L'aquila da Polenta la si cova,
   Sì che Cervia ricuopre co' suoi vanni.

La terra, che fe già la lunga pruova,
   E di Franceschi sanguinoso mucchio,
   Sotto le branche verdi si ritruova.

E 'l Mastin vecchio, e 'l nuovo da Verrucchio,
   Che fecer di Montagna il mal governo,
   Là dove soglion, fan de' denti succhio.

La città di Lamone, e di Santerno
   Conduce il leoncel dal nido bianco,
   Che muta parte dalla state al verno:

E quella, a cui il Savio bagna il fianco,
   Così com'ella siè tra 'l piano, e 'l monte,
   Tra tirannia si vive, e stato franco.

Ora chi se' ti prego, che ne conte:
   Non esser duro più, ch'altri sia stato,
   Se 'l nome tuo nel mondo tegna fronte.

Poscia che 'l fuoco alquanto ebbe rugghiato
   Al modo suo, l'aguta punta mosse
   Di qua, di là, e poi diè cotal fiato:

S'i' credessi, che mia risposta fosse
   A persona, che mai tornasse al mondo,
   Questa fiamma staria senza più scosse.

aire, et même elle couvre Cervia de ses ailes. Le pays qui soutint la longue épreuve où s'entassèrent tant de cadavres français, est encore sous les griffes du lion vert⁴. Les deux dogues de Verruchio, le vieux et le jeune⁵, l'un et l'autre si funestes à Montagna, continuent d'aiguiser leurs dents sur la proie accoutumée. Les cités de Lamone⁶ et de Santerno sont au pouvoir du lionceau d'azur au champ d'argent, qui, de l'été à l'hiver, change de parti ; Césène⁷ dont le Savio baigne les murs, un pied sur la plaine, un pied sur la montagne, se partage entre la tyrannie et la liberté.

« Maintenant dis-nous, je t'en prie, qui tu es : ne sois pas plus récalcitrant qu'on ne l'a été avec toi, et puisse ton nom toujours grandir dans le monde. »

La flamme, après avoir poussé, à sa manière, une sorte de rugissement, fit osciller sa pointe aigue et laissa échapper ce souffle : « Si je croyais adresser ma réponse à un être qui dût retourner dans le monde, cette flamme resterait immobile et muette ; mais comme jamais, si l'on m'a dit vrai, créature vivante ne sortit de cet abîme, je te réponds sans crainte de déshonneur. J'ai

Ma perciocchè giammai di questo fondo
    Non ritornò alcun, s'i'odo il vero,
    Senza tema d'infamia ti rispondo.

I' fui uom d'arme, e poi fu' cordigliero,
    Credendomi, sì cinto, fare ammenda:
    E certo il creder mio veniva intero,

Se non fosse 'l Gran Prete, a cui mal prenda,
    Che mi rimise nelle prime colpe:
    E come, e quare voglio, che m'intenda.

Mentre ch'io forma fui d'ossa e di polpe,
    Che la madre mi diè, l'opere mie
    Non furon leonine, ma di volpe.

Gli accorgimenti, e le coperte vie
    I' seppi tutte, e sì menai lor'arte,
    Ch'al fine della terra il suono uscìe.

Quando mi vidi giunto in quella parte
    Di mia età, dove ciascun dovrebbe
    Calar le vele, e raccoglier le sarte,

Ciò che pria mi piaceva, allor m'increbbe,
    E pentuto, e confesso mi rendei,
    Ahi miser lasso, e giovato sarebbe.

Lo principe de' nuovi Farisei,
    Avendo guerra presso a Laterano,
    E non con Saracin, nè con Giudei,

été d'abord un soldat, ensuite un cordelier ; je croyais m'amender en prenant le cordon, et peut-être avais-je raison, n'eût été le grand prêtre [8] (malheur sur lui!) qui me fit retomber dans mes premières fautes. Comment et pourquoi, tu vas le savoir.

« Tant que je gardai cette forme de chair et ces os que je tenais de ma mère, je fis l'œuvre non d'un lion [9], mais d'un renard. Toutes les ruses, toutes les voies ténébreuses m'étaient familières, et j'excellai dans l'art de tromper au point qu'il en fut bruit jusqu'au bout du monde.

« Mais quand je fus arrivé à cette époque de la vie où chacun devrait amener la voile et serrer les haubans [10], ce qui me plaisait auparavant, je le pris en dégoût. Repentant et confessé de mes fautes, malheureux que je suis! j'aurais été sauvé!

« Le prince des Pharisiens était en guerre alors dans son voisinage de Latran [11], non pas avec les Sarrasins ou les juifs, car chacun de ses ennemis était chrétien,

Che ciascun suo nimico era Cristiano,
    E nessuno era stato a vincere Acri,
    Nè mercatante in terra di Soldano :

Nè sommo uficio, nè ordini sacri
    Guardò in se, nè in me quel capestro,
    Che solea far li suoi cinti più macri.

Ma come Costantin chiese Silvestro
    Dentro Siratti, a guarir delle lebbre,
    Così mi chiese questi per maestro

A guarir della sua superba febbre :
    Domandommi consiglio, ed io tacetti,
    Perchè le sue parole parvero ebbre :

E poi mi disse : Tuo cuor non sospetti :
    Fin'or t'assolvo, e tu m'insegni fare,
    Si come Penestrino in terra getti.

Lo Ciel poss'io serrare, e disserrare,
    Come tu sai : però son duo le chiavi,
    Che 'l mio antecessor non ebbe care.

Allor mi pinser gli argomenti gravi,
    Là 've 'l tacer mi fu avviso il peggio :
    E dissi : Padre, da che tu mi lavi

Di quel peccato, ove mo cader deggio ;
    Lunga promessa, con l'attender corto,
    Ti farà trionfar nell'alto seggio.

et nul d'entre eux n'était allé conquérir Ptolémaïs ou faire le négoce sur les terres du Soudan. Ce pontife méconnut, en lui, la dignité de la tiare et des ordres sacrés ; en moi, la vertu de ce cordon dans les nœuds duquel autrefois se mortifiait le pénitent. Et de même que Constantin [12], dans la grotte de Soracte, priait Silvestre de guérir sa lèpre, ainsi il me pria, lui, de le guérir de sa fièvre d'ambition. Il me demanda conseil ; mais que répondre ? Il parlait comme un homme pris de vin.

« Alors il insista : « Que nulle inquiétude ne trouble ton esprit, car je t'absous d'avance, pourvu que tu me donnes le moyen de faire tomber les murs de Palestrine. J'ai le pouvoir, tu le sais, d'ouvrir et de fermer les portes du ciel avec ces deux clefs dont mon prédécesseur fit trop peu d'estime. »

« Entraîné par ces graves arguments, et pensant que le silence était le pire des partis : « Saint Père, lui dis-je, puisque tu me laves du péché où je suis près de tomber, écoute : promettre beaucoup en tenant peu te fera triompher sur ton siége glorieux. »

Francesco venne poi, com' i' fu' morto,
　Per me : ma un de' neri Cherubini
　Gli disse : Nol portar ; non mi far torto.

Venir se ne dee giù tra' miei meschini,
　Perchè diede 'l consiglio frodolente,
　Dal quale in quà stato gli sono a' crini :

Ch' assolver non si può, chi non si pente :
　Nè pentere, e volere insieme puossi,
　Per la contradizion, che nol consente.

O me dolente, come mi riscossi,
　Quando mi prese, dicendomi, Forse
　Tu non pensavi, ch' io loico fossi.

A Minos mi portò : e quegli attorse
　Otto volte la coda al dosso duro,
　E, poichè per gran rabbia la si morse,

Disse : Questi è de' rei del fuoco furo :
　Perch'io, là dove vedi, son perduto,
　E sì vestito andando mi rancuro.

Quand'egli ebbe 'l suo dir così compiuto,
　La fiamma, dolorando, si partío,
　Torcendo, e dibattendo 'l corno aguto.

Noi passammo oltre ed io, e 'l duca mio,
　Su per lo scoglio, infino in su l'altr' arco,
　Che cuopre 'l fosso, in che si paga il fio
A quei, che, scommettendo, acquistan carco.

« Quand je fus mort, saint François vint pour m'enlever, mais un des noirs chérubins lui dit : « Ne l'emporte pas, tu me ferais tort. Sa place est marquée là-bas au milieu des damnés. Depuis qu'il a donné le conseil frauduleux, il est à moi, et je le tiens par les cheveux. Qui ne se repent pas ne saurait être absous; or, se repentir et vouloir en même temps le péché, ne se peut : le principe de contradiction [13] s'y oppose. »

« Malheureux que je suis, quel fut mon effroi, lorsque ce démon me saisit en criant : « Tu ne te doutais pas que je fusse si bon logicien ! »

« Il me porta devant Minos qui, après avoir tourné huit fois sa terrible queue autour de ses reins, dans un accès de sa propre rage, la mordit et s'écria : « Celui-ci est un des coupables à qui le feu doit servir de prison ! » C'est pourquoi tu me vois dans cet état de perdition et gémissant sous un tel vêtement. »

Lorsqu'elle eut parlé, la flamme plaintive s'éloigna, tordant et agitant sa cime aiguë. Nous passâmes outre, mon guide et moi, et, en suivant le rocher, nous parvînmes à l'autre arche qui traverse la fosse où sont justement tourmentés ceux qui ont péché en semant la discorde.

CANTO VIGESIMOTTAVO

Chi poria mai, pur con parole sciolte,
   Dicer del sangue, e delle piaghe appieno,
   Ch'i'ora vidi, per narrar più volte?

Ogni lingua, per certo, verria meno.
   Per lo nostro sermone, e per la mente,
   C' hanno a tanto comprender poco seno.

Se s'adunasse ancor tutta la gente,
   Che già in su la fortunata terra
   Di Puglia fu del suo sangue dolente,

Per li Trojani, e per la lunga guerra,
   Che dell'anella fe sì alte spoglie,
   Come Livio scrive, che non erra:

Con quella, che sentío di colpi doglie,
   Per contastare a Ruberto Guiscardo,
   E l'altra, il cui ossame ancor s'accoglie

CHANT VINGT-HUITIÈME

Qui pourrait jamais dire, même en libre prose, même en s'y prenant à plusieurs fois, tout ce que je vis là de sang et de plaies autour de moi! Toute langue assurément s'y refuserait, aussi insuffisante à raconter ces choses, que notre esprit est impuissant à les comprendre.

En vain on entasserait l'une sur l'autre les diverses générations dont le sang fut répandu dans les champs désolés de la Pouille [1], tantôt par le fer des Romains, tantôt dans les désastres de cette longue guerre où, selon le témoignage véridique de Livius, il se fit un si prodigieux butin d'anneaux de chevaliers; en vain on y joindrait et ceux qui, s'opposant à Robert Guiscard [2], sentirent si douloureusement la force de ses coups, et ceux dont les ossements blanchissent encore dans cette plaine de Ceperano [3], témoin de la trahison des Apuliens, et à Tagliacozzo [4], où le vieux Alard sut vaincre sans

A Ceperan, la dove fu bugiardo
   Ciascun Pugliese, e là da Tagliacozzo,
   Ove senz'arme vinse il vecchio Alardo:

E qual forato suo membro, e qual mozzo
   Mostrasse, d'agguagliar sarebbe nulla
   Il modo della nona bolgia sozzo.

Già veggia per mezzul perdere, o lulla,
   Com'i' vidi un, così non si pertugia,
   Rotto dal mento insin dove si trulla:

Tra le gambe pendevan le minugia:
   La corata pareva, e 'l tristo sacco,
   Che merda fa di quel, che si trangugia.

Mentre che tutto in lui veder m'attacco,
   Guardommi, e con le man s'aperse il petto,
   Dicendo: Or vedi, come i' mi dilacco:

Vedi come storpiato è Maometto:
   Dinanzi a me sen' va piangendo Alì
   Fesso nel volto dal mento al ciuffetto:

E tutti gli altri, che tu vedi qui,
   Seminator di scandalo, e di scisma
   Fur vivi: e però son fessi così.

Un Diavolo e qua dietro, che n'accisma
   Sì crudelmente al taglio della spada,
   Rimettendo ciascun di questa risma,

le secours des armes; non, quand, tous ensemble, ils étaleraient leurs membres transpercés ou mutilés, rien n'approcherait des horreurs de cette neuvième fosse!

Un tonneau dont le vin s'échappe par une douve brisée, représente à peine l'état où je vis un pécheur qui était fendu depuis le menton jusqu'au bas des reins. Ses entrailles pendaient entre ses jambes, le cœur était à nu, de même que le triste sac où s'achève la digestion. Pendant que j'avais les yeux attentivement fixés sur lui, il me regarda, et de ses mains s'entr'ouvrant la poitrine, il me dit :

« Vois comme on peut se déchirer! vois en quel état est Mahomet! Devant moi s'en va pleurant Aly[5], la tête fendue du crâne au menton. Et tous les autres que tu vois ici furent, pendant leur vie, autant de fauteurs de scandales et de schismes : c'est pourquoi ils sont tous pourfendus. Un diable est là derrière, qui, frappant sans pitié, fait sentir à chacun de nous le tranchant de son épée, et, quand nous avons parcouru la voie douloureuse, il ouvre de nouveau les blessures refermées, et toujours il faut repasser devant lui.

Quando avém volta la dolente strada;
  Perocchè le ferite son richiuse,
  Prima, ch' altri dinanzi li rivada.

Ma tu chi se', che 'n su lo scoglio muse,
  Forse, per indugiar d'ire alla pena,
  Ch'è giudicata in su le tue accuse?

Nè morte 'l giunse ancor, nè colpa 'l mena,
  Rispose 'l mio maestro, a tormentarlo:
  Ma per dar lui esperienza piena,

A me, che morto son, convien menarlo
  Per lo 'nferno quaggiù di giro in giro:
  E quest'è ver così, com'i' ti parlo.

Più fur di cento, che quando l'udiro,
  S'arrestaron nel fosso a riguardarmi,
  Per maraviglia obliando 'l martiro.

Or dì a fra Dolcin, dunque, che s'armi,
  Tu, che forse vedrai il Sole in breve,
  S'egli non vuol quì tosto seguitarmi;

Sì di vivanda, che stretta di neve
  Non rechi la vittoria al Noarese,
  Ch'altrimenti acquistar non saria lieve.

Poichè l'un piè, per girsene, sospese,
  Maometto mi disse esta parola,
  Indi a partirsi in terra lo distese.

« Mais qui es-tu, toi, qui t'amuses là-haut sur ce pont? Sans doute tu n'es pas pressé d'aller subir le châtiment de ta propre condamnation? »

« La mort ne l'a pas encore atteint, répliqua mon maître; aucune faute ne l'expose au châtiment. Pour moi, qui suis mort, je dois le conduire, de cercle en cercle, dans la profondeur de l'enfer, afin qu'il en ait une pleine connaissance. Aussi vrai que je te parle, cela est. »

A ces paroles, plus de cent damnés s'arrêtèrent dans la fosse pour me regarder, frappés d'un tel étonnement, qu'il leur fit oublier leur martyre.

« Toi, qui peut-être bientôt reverras le soleil, annonce de ma part à Fra Dolcino [6], s'il ne veut pas me rejoindre ici avant peu, qu'il songe à ses vivres; la neige, en lui amenant la disette, donnerait la victoire au Novarais, qui, sans cet allié, aurait de la peine à vaincre. »

Ainsi parlait Mahomet, levant le pied pour s'en aller; il dit, son pied touche à terre, et le voilà parti.

Un altro, che forata avea la gola,
   E tronco 'l naso, infin sotto le ciglia,
   E non avea mach'un'orecchia sola;

Restato a riguardar, per maraviglia,
   Con gli altri, innanzi agli altri aprì la canna,
   Ch'era di fuor d'ogni parte vermiglia,

E disse : O tu cui colpa non condanna,
   E cui già vidi su in terra Latina,
   Se troppa simiglianza non m'inganna :

Rimembriti di Pier da Medicina,
   Se mai torni a veder lo dolce piano,
   Che da Vercello a Marcabò dichina.

E fa sapere a' duo miglior di Fano,
   A messer Guido, ed anche ad Angiolello,
   Che, se l'antiveder qui non è vano,

Gittati saran fuor di lor vasello,
   E mazzerati presso alla Cattolica,
   Per tradimento d'un tiranno fello.

Tra l'Isola di Cipri e di Majolica
   Non vide mai sì gran fallo Nettuno,
   Non da Pirati, non da gente Argolica.

Quel traditor, che vede pur con l'uno,
   E tien la terra, che tal'è qui meco,
   Vorrebbe di vedere esser digiuno,

Un esprit (il avait la gorge transpercée, le nez coupé jusqu'aux sourcils, et il ne lui restait plus qu'une oreille) s'était arrêté, comme les autres, pour me regarder, tout surpris. Il mit à découvert son gosier saignant de tous côtés, et il dit : « O toi, qui n'as ici aucune faute à expier, toi que j'ai déjà vu là-haut sur la terre d'Italie, à moins que trop de ressemblance ne me trompe, souviens-toi de Pierre de Medicina [7] ; si tu viens jamais à revoir l'heureuse plaine qui de Vercelli s'incline vers Marcabo, fais savoir alors aux deux meilleurs de Fano, à messire Guido, à messire Angiolello [8], que, si toute prévision n'est pas vaine ici-bas, ils seront jetés, une pierre au cou, de leur vaisseau dans la mer, près de la Cattolica, et cela par la perfidie et la trahison d'un tyran. Jamais, entre Chypre et Majorque, Neptune n'aura vu commettre un si grand crime par les pirates ou par les Grecs.

« Ce traître, qui ne voit que d'un œil et qui gouverne le pays (tel qui est près de moi voudrait bien ne l'avoir jamais vu), les fera venir pour parlementer, et il s'y

Farà venirgli a parlamento seco :
　Poi farà sì, ch'al vento di Focara,
　Non farà lor mestier voto, nè preco.

Ed io a lui : Dimostrami, e dichiara,
　Se vuoi, ch'i' porti su di te novella,
　Chi è colui dalla veduta amara.

Allor pose la mano alla mascella
　D'un suo compagno, e la bocca gli aperse,
　Gridando, Questi è desso, e non favella :

Questi scacciato, il dubitar sommerse
　In Cesare, affermando, che 'l fornito
　Sempre, con danno, l'attender sofferse.

O quanto mi pareva sbigottito,
　Con la lingua tagliata nella strozza,
　Curio, ch'a dicer fu così ardito !

Ed un, ch'avea l'una e l'altra man mozza,
　Levando i moncherin, per l'aura fosca,
　Sì che 'l sangue facea la faccia sozza,

Gridò : Ricorderati anche del Mosca,
　Che dissi, lasso, Capo ha cosa fatta,
　Che fu 'l mal seme della gente Tosca :

Ed io v'aggiunsi : E morte di tua schiatta :
　Perch'egli, accumulando duol con duolo,
　Sen gio, come persona trista e matta :

prendra de manière, que les malheureux n'auront plus ni vœux ni prières à adresser aux vents de Focara. »

Et moi à lui : « Si tu veux que je ravive là-haut ton souvenir, montre-le-moi celui à qui la vue de ce pays a coûté si cher. » Alors il frappa de la main la mâchoire d'un de ses compagnons, et lui ouvrit la bouche en criant : « Le voilà, mais il ne parle plus. C'est lui qui, chassé de Rome, affermit César dans sa résolution : « A l'heure où il faut agir, attendre est un péril, » disait-il [9].

Ah! qu'il me parut donc déconcerté, avec sa langue coupée dans le gosier, ce Curion qui avait été si hardi à parler!

Un autre, mutilé des deux mains, agitait dans l'air sombre ses moignons d'où le sang découlait sur sa figure souillée. « Qu'il te souvienne aussi de Mosca [10]. Hélas, c'est de moi cette parole : « Chose faite n'est à faire. » Mot funeste d'où sortit le malheur de la Toscane! »

« Et la ruine de ta race! ajoutai-je. »
Et lui, accumulant douleur sur douleur, s'éloigna désespéré, comme une personne atteinte de folie.

Ma io rimasi a riguardar lo stuolo,
  E vidi cosa, ch'i' avrei paura,
  Senza più pruova, di contarla solo,

Se non che conscienzia m'assicura,
  La buona compagnia, che l'uom francheggia
  Sotto l'osbergo del sentirsi pura.

I' vidi certo: ed ancor par, ch'io 'l veggia,
  Un busto senza capo andar, sì come
  Andavan gli altri della trista greggia.

E 'l capo tronco tenea per le chiome,
  Pesol con mano, a guisa di lanterna,
  E quei mirava noi, e dicea. O me.

Di se faceva a se stesso lucerna:
  Ed eran due in uno, e uno in due:
  Com' esser può, quei sa, che sì governa.

Quando diritto appiè del ponte fue,
  Levò 'l braccio alto, con tutta la testa,
  Per appressarne le parole sue,

Che furo: Or vedi la pena molesta
  Tu, che spirando vai, veggendo i morti:
  Vedi s'alcuna è grande, come questa:

E perchè tu di me novella porti,
  Sappi, ch'i' son Bertram dal Bornio, quelli,
  Che diedi al Re Giovanni i ma' conforti.

Je continuais cependant à regarder la foule des damnés, et je vis une chose que j'aurais peur de raconter si j'étais seul et sans preuves ; mais je me sens rassuré par ma conscience, cette bonne compagne [11] qui, armée du sentiment de sa pureté, inspire à l'homme tant de courage.

Je vis très-certainement, et il me semble encore que je le vois, un corps décapité, marchant aussi bien que marchaient les autres de ce misérable troupeau. Il tenait par les cheveux sa tête coupée, suspendue à sa main, comme une lanterne, et elle nous regardait en disant : « Hélas ! »

Lui-même il se servait de fanal à lui-même. Ils étaient deux en un ; il était un en deux. Comment la chose est possible, celui-là seul le sait qui sait tout et peut tout.

Lorsqu'il eut gagné juste le pied du pont, il souleva tout à fait son bras et la tête en même temps, pour rapprocher de nous ses paroles, et la tête dit : « Vois quel est mon supplice, toi qui, respirant encore, viens visiter les morts ; vois s'il en est un qui soit aussi terrible. Et pour que tu dises de moi des nouvelles certaines, apprends que je suis ce Bertram de Born [12], qui donna au roi Jean de détestables conseils. J'incitai le père et le fils à s'armer l'un contre l'autre. Achitophel [13] n'excita pas d'un aiguillon plus perfide la colère d'Absalon contre David. C'est pour avoir divisé des êtres si étroitement

I' feci 'l padre e 'l figlio in se ribelli :
   Achitofel non fe più d'Absalone,
   E di David co' malvagi pungelli.

Perch'i' partî così giunte persone,
   Partito porto il mio cerebro, lasso,
   Dal suo principio, ch'è 'n questo troncone.

Così s'osserva in me lo contrappasso.

unis, que je porte ainsi mon cerveau séparé de son principe de vie, qui reste enfermé dans le tronc. Ainsi s'accomplit en moi la peine du talion [14].

CANTO VIGESIMONONO

La molta gente, e le diverse piaghe
   Avean le luci mie sì innebriate,
   Che dello stare a piangere eran vaghe:

Ma Virgilio mi disse: Che pur guate?
   Perchè la vista tua pur sì soffolge,
   Laggiù tra l'ombre triste smozzicate?

Tu non hai fatto sì all'altre bolge:
   Pensa, se tu annoverar le credi,
   Che miglia ventiduo la valle volge:

E già la luna è sotto i nostri piedi:
   Lo tempo è poco omai, che n'è concesso,
   E altro è da veder, che tu non credi.

Se tu avessi, rispos'io appresso,
   Atteso alla cagion, perch'i' guardava,
   Forse m'avresti ancor lo star dimesso.

CHANT VINGT-NEUVIÈME

Cette foule si grande et ces châtiments si divers avaient comme enivré mes yeux de tristesse, et volontiers je me serais arrêté pour pleurer. Mais Virgile me dit : « Que regardes-tu donc? pourquoi cette contemplation obstinée de ces ombres tristes et mutilées? Tu ne faisais pas ainsi sur le bord des autres fosses; que si tu crois pouvoir faire le compte de ces âmes, songe que la vallée n'a pas moins de vingt-deux milles de tour. Déjà la lune est sous nos pieds[1] : peu de temps nous reste, et tu as à voir bien autre chose que ce que tu as déjà vu. »

« Si tu avais pris garde, lui répondis-je, à ce qui m'arrêtait à cette place, peut-être m'aurais-tu permis de regarder plus longtemps. »

Parte sen' gia: ed io retro gli andava,
 Lo duca già faccendo la risposta,
 E soggiungendo, Dentro a quella cava,

Dov' i' teneva gli occhi sì a posta,
 Credo ch' un spirto del mio sangue pianga
 La colpa, che laggiù cotanto costa.

Allor disse 'l maestro: Non si franga
 Lo tuo pensier da qui innanzi sovr'ello;
 Attendi ad altro: ed ei là si rimanga.

Ch' i' vidi lui appiè del ponticello
 Mostrarti, e minacciar forte col dito,
 E udil nommar Geri del Bello.

Tu eri allor sì del tutto impedito
 Sovra colui, che già tenne Altaforte,
 Che non guardasti in là, sì fu partito.

O duca mio, la violenta morte,
 Che non gli è vendicata ancor, diss'io,
 Per alcun, che dell'onta sia consorte.

Fece lui disdegnoso: onde sen gio,
 Senza parlarmi, sì com'io stimo:
 Ed in ciò m' ha e' fatto a se più pio.

Così parlammo insino al luogo primo,
 Che dello scoglio l'altra valle mostra,
 Se più lumi vi fosse, tutto ad imo.

Mais mon guide s'était éloigné sans attendre ma réponse, et je le suivais en parlant. « Dans ce gouffre, continuai-je, où je plongeais ces regards avides, je crois qu'un esprit de ma famille pleure la faute qui se paie si cher là-dessous. »

Alors le maître me dit : « Pas de vaines lamentations. A quoi bon songer à ce damné plus longtemps? Occupe-toi d'autre chose : puisqu'il est là, qu'il y reste. Tout à l'heure je l'ai vu, au pied du pont, qui te montrait et te menaçait du doigt avec colère, et j'ai entendu quelqu'un qui l appelait Geri del Bello[2]. En ce moment tu étais occupé de celui qui jadis fut le maître à Hautefort[3], et quand tu as regardé du côté de l'autre, il était déjà loin. »

« O mon guide, le souvenir de la mort violente laissée impunie par ceux qui en avaient le plus ressenti l'outrage, a excité son indignation contre moi. Voilà pourquoi sans doute il a suivi son chemin sans me parler. Ce silence dédaigneux ajoute à la pitié qu'il m'inspirait. »

Ainsi parlant, nous parvînmes à cette hauteur du rocher d'où l'on découvrait la dixième vallée dans toute sa profondeur, s'il y avait plus de clarté.

Quando noi fummo in su l'ultima chiostra
 Di Malebolge, sì che i suoi conversi
 Potean parere alla veduta nostra,

Lamenti saettaron me diversi,
 Che di pietà ferrati avean gli strali:
 Ond'io gli orecchi con le man copersi.

Qual dolor fora, se degli spedali
 Di Valdichiana, tra 'l luglio e 'l settembre,
 E di Maremma, e di Sardigna, i mali

Fossero in una fossa tutti insembre:
 Tal'era quivi: e tal puzzo n'usciva,
 Qual suole uscir delle marcite membre.

Noi discendemmo in su l'ultima riva
 Del lungo scoglio, pur da man sinistra,
 E allor fu la mia vista più viva,

Giù ver lo fondo dove la ministra
 Dell'altro sire, infallibil giustizia,
 Punisce i falsator, che quì registra.

Non credo, ch'a veder maggior tristizia
 Fosse in Egina il popol tutto infermo,
 Quando fu l'aer sì pien di malizia,

Che gli animali, infino al picciol vermo,
 Cascaron tutti, e poi le genti antiche,
 Secondo che i poeti hanno per fermo,

Lorsque nous fûmes arrivés au-dessus de ce dernier cloître de Malebolge, et que ses frères convers parurent à nos yeux, des cris déchirants me percèrent l'âme, comme des flèches dont le fer eût été aiguisé par la pitié, et de mes deux mains je me bouchai les oreilles.

Quand on accumulerait dans la même fosse et les maux que renferment, de juillet à septembre, les hôpitaux de Valdichiana et les fièvres qu'engendrent les Maremmes[4] ou la Sardaigne, on ne compterait pas plus de douleurs que je n'en vis dans cette enceinte : il en sortait la puanteur fétide qui s'exhale des membres gangrenés.

Nous descendions à notre gauche, sur la dernière saillie du rocher sans fin; alors ma vue, plus nette, pénétra jusqu'au fond de cet abîme où l'infaillible justice, ministre du Très-Haut, punit les faussaires qu'elle y entasse.

Lorsque le peuple d'Egine[2] succombait à la contagion, sous un air si pestilentiel, que tout y périt jusqu'au moindre insecte, et que, selon le témoignage des poètes, les antiques populations se renouvelèrent par la semence des fourmis, je ne crois pas qu'il y eût alors dans ces contrées plus de désolations, que je n'en vis au fond de l'obscure vallée, parmi ces foules de malheureux que

1 24

Si ristorar di seme di formiche,
  Ch'era a veder, per quella oscura valle,
  Languir gli spirti, per diverse biche.

Qual sovra 'l ventre, e qual sovra le spalle
  L'un dell'altro giacea, e qual carpone
  Si trasmutava, per lo tristo calle.

Passo passo andavam, senza sermone,
  Guardando, e ascoltando gli ammalati,
  Che nonpotean levar le lor persone.

Io vidi duo sedere a se appoggiati,
  Come a scaldar s'appoggia tegghia a tegghia,
  Dal capo a' piè di schianze maculati:

E non vidi giammai menare stregghia
  A ragazzo, aspettato dal signorso,
  Nè da colui, che mal volentier vegghia,

Come ciascun menava spesso il morso
  Dell'unghie, sovra se, per la gran rabbia
  Del pizzicor, che non ha più soccorso.

E sì traevan giù l'unghie la scabbia,
  Come coltel di scardova le scaglie,
  O d'altro pesce, che più larghe l'abbia.

O tu, che con le dita ti dismaglie,
  Cominciò 'l duca mio a un di loro,
  E che fai d'esse tal volta tanaglie,

le mal dévorait. Ils étaient étendus pêle-mêle, celui-ci sur le ventre, celui-là sur les épaules de son voisin ; d'autres se traînaient à quatre pattes sur le sentier de douleurs.

Nous allions pas à pas, regardant en silence et écoutant ces malades qui ne pouvaient pas se soulever [6]. J'en vis deux qui étaient assis et appliqués l'un contre l'autre comme une tourtière et son couvercle. Ils étaient tous les deux maculés de la tête aux pieds de croûtes hideuses. Jamais, sous la main du valet attendu par son maître, ou fatigué de veiller, l'étrille ne courut aussi vite, que se promenait sur chacune de ces ombres la morsure de leurs ongles, excitée par la terrible rage d'une démangeaison que rien ne peut apaiser. Et ces ongles arrachaient les croûtes de lèpre, comme le couteau arrache les écailles du scare ou de tout autre poisson plus largement écaillé.

« O toi, se mit à dire mon maître en s'adressant à l'un d'eux, toi qui es là, te déchiquetant la peau avec tes doigts plus que des tenailles, dis-moi si quelque

Dimmi, s'alcun Latino è tra costoro,
  Che son quinc'entro, se l'unghia ti basti
  Eternalmente a cotesto lavoro.

Latin sem noi, che tu vedi sì guasti
  Quì ambodue, rispose l'un piangendo:
  Ma tu chi se', che di noi dimandasti?

E 'l duca disse: I' sono un, che discendo
  Con questo vivo giù di balzo in balzo,
  E di mostrar l'inferno a lui intendo.

Allor si ruppe lo comun rincalzo,
  E tremando ciascuno a me si volse
  Con altri, che l'udiron di rimbalzo.

Lo buon maestro a me tutto s'accolse
  Dicendo, Dî a lor ciò, che tu vuoli:
  Ed io incominciai, poscia ch'ei volse:

Se la vostra memoria non s'imboli
  Nel primo mondo, dall'umane menti,
  Ma s'ella viva sotto molti soli,

Ditemi chi voi siete, e di che genti:
  La vostra sconcia e fastidiosa pena
  Di palesarvi a me non vi spaventi.

I' fui d'Arezzo, e Albero da Siena,
  Rispose l'un, mi fe mettere al fuoco:
  Ma quel, perch'io morî, qui non mi mena.

Italien se trouve parmi ceux qui souffrent ici, et puissent tes ongles éternellement suffire à un tel travail. »

« Nous sommes Italiens l'un et l'autre, nous, que tu vois si défigurés, répondit l'un d'eux en pleurant ; mais qui es-tu, toi qui nous fais ces questions ? »

Et le maître dit : « Je suis une ombre descendue de degré en degré, ici-bas, avec ce vivant, et je m'occupe à lui montrer l'enfer. »

Alors renonçant à leur mutuel appui, les deux esprits tout tremblants se tournèrent vers moi, ainsi que d'autres qui avaient par hasard entendu ces paroles.

Le bon maître me dit en se rapprochant tout près de moi : « Dis-leur ce que tu voudras. » Et je repris, puisqu'il le permettait : « Puisse votre mémoire ne pas s'éteindre dans le monde primitif des mortels et durer sous beaucoup de soleils !

« Dites-moi qui vous êtes et de quel pays ? que la honte et le dégoût de ce supplice ne vous empêchent pas de répondre à mes questions ? »

« Je suis d'Arezzo[7], répondit l'un d'eux ; Albert de Sienne me fit brûler vif. Mais la faute qui causa ma mort n'est pas celle qui m'a conduit ici. Il est vrai que,

Ver'è, ch'io dissi a lui, parlando a giuoco,
  I' mi saprei levar per l'aere a volo :
  E quei, ch'avea vaghezza, e senno poco,

Volle, ch'i' gli mostrassi l'arte, e solo,
  Perch'i' nol feci Dedalo, mi fece
  Ardere a tal, che l'avea per fighuolo :

Ma nell'ultima bolgia delle diece
  Me, per l'alchimia, che nel mondo usai,
  Dannò Minós, a cui fallir non lece.

Ed io dissi al poeta : Or fu giammai
  Gente sì vana, come la Sanese ?
  Certo non la Francesca sì d'assai.

Onde l'altro lebbroso, che m'intese,
  Rispose al detto mio : Trane lo Stricca,
  Che seppe far le temperate spese,

E Niccolò, che la costuma ricca
  Del garofano prima discoperse
  Nell'orto, dove tal seme s'appicca ;

E trane la brigata, in che disperse
  Caccia d'Ascian la vigna, e la gran fronda,
  E l'Abbagliato il suo senno profferse.

Ma perchè sappi, chi sì ti seconda
  Contra i Sanesi, aguzza ver me l'occhio,
  Sì che la faccia mia ben ti risponda :

plaisantant un jour, je lui dis : « Je sais bien le secret de m'élever en l'air et de voler. » Or, il avait plus de curiosité que de bon sens, et il voulut que sur-le-champ je lui donnasse leçon ; comme je ne réussis pas à faire de lui un Dédale, il me fit brûler par celui qui le regardait comme son fils. C'est parce que j'ai pratiqué l'alchimie dans le monde que Minos, à qui il n'est pas permis de faillir, m'a condamné à la dernière des dix fosses. »

Et je dis au poete : « Fut-il jamais nation plus frivole que la nation siennoise? Non, certes, pas même la nation française. »

Et l'autre lépreux[8], qui m'avait entendu, répondit à mes paroles : « Excepte au moins Stricca qui fut modéré dans ses dépenses, et Nicolo qui introduisit, le premier, la riche mode du girofle découvert dans les jardins[9] d'Orient. Excepte aussi la joyeuse compagnie dans laquelle Caccia d'Asciano dissipa ses vignes et ses grands bois, et où l'Abbagliato fit preuve de tant de sagesse.

« Mais si tu veux savoir qui te seconde ainsi contre les Siennois, regarde-moi de façon que ma figure te réponde. Tu verras que je suis l'ombre de Capocchio.

Sì vedrai, ch'i' son l'ombra di Capocchio,
  Che falsai li metalli, con alchimia,
  E ten dee ricordar, se ben t'adocchio,

Com'i' fui di natura buona scimia.

C'est moi qui, à l'aide de l'alchimie, défigurai tous les métaux. Tu dois te souvenir, si je te reconnais bien, que je fus de la nature un parodiste assez habile [10]. »

CANTO TRENTESIMO

Nel tempo, che Giunone era crucciata
   Per Semele, contra 'l sangue Tebano,
   Come mostrò una e altra fiata,

Atamante divenne tanto insano,
   Che, veggendo la moglie, co' duo figli,
   Andar carcata da ciascuna mano.

Gridò: Tendiam le reti, sì ch'io pigli
   La lionessa, e i lioncini al varco;
   E poi distese i dispietati artigli,

Prendendo l'un, ch'avea nome Learco,
   E rotollo, e percosselo ad un sasso,
   E quella s'annegò con l'altro incarco:

E quando la fortuna volse in basso
   L'altezza de' Trojan, che tutto ardiva,
   Sì che 'nsieme col regno il Re fu casso,

CHANT TRENTIÈME

Au temps où Junon, jalouse de Sémélé, s'acharnait contre le sang thébain, comme elle en donna si souvent la preuve, Athamas[1] perdit l'esprit au point, que, voyant venir sa femme qui tenait sur chaque bras un de ses enfants, il s'écria : « Tendons les rets, que je prenne au passage la lionne et les lionceaux! » Puis, étendant ses mains comme d'impitoyables griffes, il saisit un de ses fils qui avait nom Léarco, le fit tournoyer et le brisa contre une roche. La mère se noya avec son dernier fardeau[2] !

Et lorsque la fortune eut abaissé la puissance des Troyens qui avaient tout osé, et que, d'un même coup, le roi et son royaume furent anéantis, Hécube, triste,

Ecuba trista misera e cattiva,
　Poscia che vide Polisena morta,
　E del suo Polidoro, in su la riva

Del mar, si fu la dolorosa accorta,
　Forsennata latrò, sì come cane;
　Tanto dolor le fe la mente torta.

Ma nè di Tebe furie, nè Trojane
　Si vider mai in alcun tanto crude,
　Non punger bestie, non che membra umane,

Quant'io vidi du'ombre smorte e nude,
　Che, mordendo, correvan di quel modo,
　Che 'l porco, quando del porcil si schiude.

L'una giunse a Capocchio, ed in sul nodo
　Del collo l'assannò, sì che tirando
　Grattar gli fece il ventre al fondo sodo.

E l'Aretin, che rimase, tremando,
　Mi disse: Quel folletto è Gianni Schicchi,
　E va rabbioso altrui così conciando.

Oh, diss'io lui, se l'altro non ti ficchi
　Li denti addosso, non ti sia fatica
　A dir chi è, pria che di qui si spicchi.

Ed egli a me: Quell'è l'anima antica
　Di Mirra scelerata, che divenne
　Al padre, fuor del dritto amore, amica.

malheureuse et captive, après avoir vu Polyxène égorgée et son Polidore étendu sans vie sur les bords de la mer, forcenée de douleur, se mit à aboyer comme une chienne ³, tant le désespoir avait bouleversé sa raison.

Mais ni à Thèbes, ni chez les Troyens, au milieu de ces fureurs, on ne vit s'exercer autant de cruautés sur les êtres vivants, que montraient de rage deux ombres nues et livides qui couraient en mordant, ainsi que fait un porc échappé de son étable. Une de ces ombres atteignit Capocchio, le saisit par la nuque à pleines dents, et, l'entraînant avec elle, lui fit gratter avec son ventre le sol raboteux.

L'habitant d'Arezzo ⁴, devenu tout tremblant, me dit : « Ce démon est Gianni Schicchi ⁵ ; il va ainsi dans sa rage de tout déchirer. »

« Oh ! lui dis-je, puissent les dents de cet autre esprit ne pas s'enfoncer dans ta chair, et, de grâce, apprends-moi qui il est, avant qu'il s'éloigne d'ici. »

Et lui à moi : « C'est l'âme scélérate de l'antique Myrrha ⁶, qui s'éprit pour son père d'un autre amour que de l'amour filial. Pour commettre son crime, elle

Questa a peccar con esso così venne,
　Falsificando se, in altrui forma,
　Come l'altro, che 'n là sen va, sostenne,

Per guadagnar la donna della torma,
　Falsificare in se Buoso Donati,
　Testando, e dando al testamento norma.

E poi che i duo rabbiosi fur passati,
　Sovra i quali io avea l'occhio tenuto,
　Rivolsilo a guardar gli altri mal nati.

I' vidi un fatto a guisa di liuto,
　Pur ch'egli avesse avuta l'anguinaja
　Tronca dal lato, che l'uomo ha forcuto.

La grave idropisia, che si dispaja
　Le membra, con l'omor, che mal converte,
　Che 'l viso non risponde alla ventraja,

Faceva lui tener le labbra aperte,
　Come l'etico fa, che per la sete,
　L'un verso 'l mento, e l'altro in su riverte.

O voi, che senza alcuna pena siete,
　(E non so io perchè) nel mondo gramo,
　Diss'egli a noi, guardate, e attendete

Alla miseria del maestro Adamo:
　Io ebbi vivo assai di quel, ch'i' volli,
　E ora, lasso, un gocciol d'acqua bramo.

vint à lui sous la fausse apparence d'une étrangère. De
même, celui qui s'en va là-bas, pour gagner la plus
belle cavale du haras, fit, sous le nom emprunté de
Buoso Donati, un faux testament revêtu de la forme
légale. »

Lorsque les deux furieux que j'avais regardés avec
tant d'attention se furent éloignés, je me tournai vers
d'autres ombres ; pour celles-là aussi, naître fut un
malheur.

J'en vis une qui aurait eu la forme d'un luth, si les
membres inférieurs eussent été coupés au pli de l'aine.
La lourde hydropisie [7] qui, par l'altération du sang,
rend le corps si difforme, que le visage jure avec le
ventre, lui tenait la bouche ouverte ; il était semblable
au malade tombé en étisie ; l'ardeur de la soif relève
une de ses lèvres et fait pendre l'autre sur le menton.

« O vous, nous dit-il, qui, je ne sais de quel droit,
venez, affranchis de toute peine, dans ce monde désolé ;
regardez et voyez le triste sort de maître Adam [8]. De
mon vivant, j'eus abondance de tous biens, et maintenant, hélas ! je soupire pour une goutte d'eau ! Les
doux ruisseaux qui, des vertes collines du Casentino [9],
s'écoulent vers l'Arno, à travers des canaux frais et

Li ruscelletti, che de' verdi colli
  Del Casentin discendon, giuso in Arno,
  Faccendo i lor canali e freddi e molli,

Sempre mi stanno innanzi, e non indarno,
  Che l'imagine lor via più m'asciuga,
  Che 'l male, ond'io nel volto mi discarno:

La rigida giustizia, che mi fruga,
  Tragge cagion del luogo, ov'i' peccai,
  A metter più gli miei sospiri in fuga.

Ivi è Romena, là dov'io falsai
  La lega suggellata del Batista,
  Perch'io il corpo suso arso lasciai.

Ma s'i' vedessi quì l'anima trista
  Di Guido, o d'Alessandro, o di lor frate,
  Per fonte Branda non darei la vista.

Dentro ee l'una già, se l'arrabbiate
  Ombre, che vanno intorno, dicon vero:
  Ma che mi val, ch'ho le membra legate?

S'i' fossi pur di tanto ancor leggiero,
  Ch'i' potessi in cent'anni andare un'oncia,
  I' sarei messo già per lo sentiero,

Cercando lui tra questa gente sconcia,
  Con tutto ch'ella volge undici miglia,
  E più d'un mezzo di traverso non ci ha.

humides, sont là sans cesse devant mes yeux, tout exprès, et cette image me dessèche encore plus que le mal qui a décharné ma figure. La sévère justice, qui me harcèle, tire avantage des lieux mêmes où j'ai péché, pour ajouter à l'ardeur de mes soupirs. Voilà, en effet, Romena, où je falsifiai l'effigie de saint Jean-Baptiste, ce qui fait que je laissai, là-haut, mon corps consumé par le feu. Oh! que ne puis-je voir ici l'âme de ce misérable Guido, celle d'Alexandre [10] ou celle de leur frère! Je ne donnerais pas cette vue, même pour la fontaine de Branda [11]. Déjà l'une de ces âmes est là-dedans, si l'on en croit les ombres enragées qui courent autour d'ici : mais comment pourrai-je m'en assurer, perclus de tous mes membres? Si seulement j'étais assez alerte pour, en un siècle, avancer d'une ligne, je me serais déjà mis en route, afin de la chercher au milieu de cette race infâme répandue dans une fosse, dont le pourtour est de onze milles, et la largeur d'un demi-mille. Ce sont eux qui m'ont jeté dans cette horrible bande : ils m'ont enseigné à frapper des florins altérés par trois carats d'alliage. »

I' son per lor tra sì fatta famiglia :
   Ei m'indussero a battere i fiorini,
   Ch'avevan tre carati di mondiglia.

Ed io a lui : Chi son li duo tapini,
   Che fuman, come man, bagnata il verno,
   Giacendo stretti a' tuoi destri confini ?

Quì gli trovai, e poi volta non dierno,
   Rispose, quando piovvi in questo greppo,
   E non credo, che deano in sempiterno.

L'una è la falsa, che accusò Giuseppo,
   L'altro è 'l falso Sinon Greco da Troja :
   Per febbre acuta gittan tanto leppo.

E l'un di lor, che si recò a noja,
   Forse d'esser nomato sì oscuro,
   Col pugno gli percosse l'epa croja :

Quella sonò, come fosse un tamburo :
   E mastro Adamo gli percosse 'l volto
   Col braccio suo, che non parve men duro,

Dicendo a lui : Ancor che mi sia tolto
   Lo muover, per le membra, che son gravi,
   Ho io il braccio a tal mestier disciolto :

Ond'ei rispose : Quando tu andavi
   Al fuoco, non l'avei tu così presto :
   Ma sì e più l'avei, quando coniavi.

Et je lui dis : « Qui sont ces deux misérables ombres gisant, l'une auprès de l'autre, à ta droite? Elles exhalent je ne sais quelle fumée ; on dirait des mains mouillées pendant l'hiver. »

« Elles fumaient à cette place, repondit-il, quand je tombai sur le bord de cette fosse ; elles n'ont pas bougé, et je ne crois pas qu'elles bougent de toute l'éternité. L'une est la calomniatrice qui accusa Joseph [12] ; l'autre est le fourbe Sinon, ce Grec fatal aux Troyens [13] : une fièvre ardente soulève en ces âmes cette infecte vapeur. »

A ces mots, l'un de ces esprits, qui sans doute prit à offense une si honteuse qualification, frappa de son poing le ventre dur de l'hydropique, et le fit résonner comme un tambour ; maître Adam, à son tour, le frappa au visage, d'un bras qui ne parut pas moins dur, en lui disant : « Si je ne bouge pas, c'est la faute de mes membres alourdis, mais j'ai encore le bras assez dispos pour une telle besogne ! »

« Ce bras n'était pas si agile, répliqua l'autre, quand tu allais au bûcher ; en revanche, il l'était bien autant, même plus encore, quand tu battais monnaie. »

E l'idropico: Tu dî ver di questo:
   Ma tu non fosti sì ver testimonio,
   Là 've del ver fosti a Troja richiesto.

S'i' dissi falso, e tu falsasti 'l conio,
   Disse Sinone, e son qui per un fallo,
   E tu per più, ch'alcun altro Dimonio.

Ricorditi, spergiuro, del cavallo,
   Rispose quei, ch'aveva infiata l'epa,
   E sieti reo, che tutto 'l mondo sallo.

A te sia rea la sete, onde ti crepa,
   Disse 'l Greco, la lingua, e l'acqua marcia,
   Che'l ventre innanzi gli occhi ti s'assiepa.

Allora il monetier: Così si squarcia
   La bocca tua per dir mal, come suole;
   Che s'i' ho sete, e umor mi rinfarcia,

Tu hai l'arsura, e 'l capo che ti duole,
   E per leccar lo specchio di Narcisso,
   Non vorresti a 'nvitar molte parole.

Ad ascoltarli er'io del tutto fisso,
   Quando 'l maestro mi disse, Or pur mira,
   Che per poco è, che teco non mi risso.

Quand'io 'l sentî a me parlar con ira,
   Volsimi verso lui con tal vergogna,
   Ch'ancor, per la memoria, mi si gira.

Et l'hydropique : « En cela tu dis vrai ; mais tu n'as pas dit aussi vrai dans ton témoignage, lorsque, à Troie, on te demandait la vérité. »

« Si j'ai dit des paroles fausses, reprit Sinon, toi tu as fait de la fausse monnaie ; je suis ici pour une faute unique, et toi, pour plus de fautes qu'aucun autre damné. »

« Qu'il te souvienne, parjure, du cheval de bois, répondit celui qui avait le ventre enflé, le monde entier sait ton crime, c'est là ta punition ! »

« Et la tienne, dit le Grec, cette soif qui te gerce la langue, et cet amas d'eau putride qui fait de ton ventre une façon de rempart à offusquer tes yeux. »

Et le faux-monnayeur : « Ta bouche s'ouvrira donc toujours pour de mauvaises paroles ! Si j'ai soif, si je suis tout gonflé, toi, la fièvre te dévore, ta tête brûle, et tu lècherais le miroir de Narcisse sans trop te faire prier. »

Il parlait, et j'étais tout oreilles, quand le maître me dit : « Prends-y garde : il ne s'en faut guère que je ne me querelle avec toi. »

A cette parole irritée de mon guide, je me retournai vers lui, si honteux, que le souvenir m'en est toujours présent.

E quale è quei, che suo dannaggio sogna,
    Che, sognando, disidera sognare,
    Sì che quel ch'è, come non fosse, agogna,

Tal mi fec'io, non potendo parlare,
    Che disiava scusarmi, e scusava
    Me tuttavia, e nol mi credea fare.

Maggior difetto men vergogna lava,
    Disse 'l maestro, che 'l tuo non è stato :
    Però d'ogni tristizia ti disgrava :

E fa ragion, ch'i' ti sia sempre allato,
    Se più avvien, che fortuna t'accoglia,
    Dove sien genti in simigliante piato :

Che voler ciò udire è bassa voglia.

Celui-là qui, dans un songe, voit son malheur, et désire, tout en rêvant, que ce ne soit qu'un rêve, souhaitant ainsi, comme s'il n'y était pas, l'état où pourtant il se trouve : ainsi j'étais; je voulais m'excuser, la parole manquait à ma voix, et toutefois je m'excusais sans que je crusse le faire.

« Moins de honte, dit le maître, suffirait pour laver une faute plus grande que n'a été la tienne : cela étant, cesse de t'attrister. Rappelle-toi cependant, si tu te retrouves jamais dans de semblables rixes, que je suis avec toi : honteuse est la curiosité qui se prend à de tels démêlés. »

CANTO TRENTESIMOPRIMO

Una medesma lingua pria mi morse,
   Sì che mi tinse l'una e l'altra guancia,
   E poi la medicina mi riporse:

Così od'io, che soleva la lancia
   D'Achille, e del suo padre esser cagione
   Prima di trista, e poi di buona mancia.

Noi demmo 'l dosso al misero vallone,
   Su per la ripa, che 'l cinge dintorno,
   Attraversando, senza alcun sermone.

Quivi era men che notte, e men che giorno,
   Sì che 'l viso m'andava innanzi poco:
   Ma io sentî sonare un alto corno,

Tanto, ch'avrebbe ogni tuon fatto fioco,
   Che contra se la sua via seguitando,
   Dirizzò gli occhi miei tutti ad un loco:

CHANT TRENTE-UNIÈME

La même voix qui m'avait mordu si fort, que j'en avais le rouge aux deux joues, bientôt me guérit et me console. Ainsi la lance d'Achille et de Pélée eut, dit-on, une puissance tour à tour funeste et salutaire.

Nous tournâmes le dos à cette vallée malheureuse, traversant en silence le rempart qui l'environne. Là, ce n'était pas nuit, quoique ce ne fût pas jour, et ma vue s'étendait peu devant moi; mais j'entendis le son d'un cor qui retentissait avec tant d'éclat, qu'il aurait étouffé le bruit du tonnerre; et, me retournant vers le point d'où le son était parti, j'y arrêtai fixement mes regards. Après cette funeste déroute où Charlemagne perdit le fruit de la sainte entreprise, le cor de Roland [1] fit entendre de moins terribles accents.

Dopo la dolorosa rotta, quando
　　Carlo Magno perdè la santa gesta,
　　Non sonò sì terribilmente Orlando.

Poco portai in là alta la testa,
　　Che mi parve veder molte alte torri:
　　Ond'io, Maestro, dì, che terra è questa?

Ed egli a me: Però che tu trascorri
　　Per le tenebre, troppo dalla lungi,
　　Avvien che poi nel maginare aborri.

Tu vedra' ben, se tu là ti congiungi,
　　Quanto 'l senso s'inganna di lontano:
　　Però alquanto più te stesso pungi.

Poi caramente mi prese per mano,
　　E disse: Pria che noi siam più avanti,
　　Acciocchè 'l fatto men ti paja strano,

Sappi, che non son torri, ma giganti,
　　E son nel pozzo, intorno dalla ripa,
　　Dall'umbilico in giuso, tutti quanti.

Come quando la nebbia si dissipa,
　　Lo sguardo a poco a poco, raffigura
　　Ciò, che cela 'l vapor, che l'aere stipa:

Così forando l'aer grossa e scura,
　　Più e più appressando inver la sponda,
　　Fuggémi errore, e giugnémi paura:

Je m'avançai en levant la tête, et il me sembla que je découvrais un grand nombre de tours très-élevées. Et je dis : « Maître, quelle est cette ville ? »

Et lui à moi : « Ta vue, qui court trop vite à travers ces ténèbres, te fait imaginer ce qui n'est pas. Tu t'apercevras, si tu arrives là-bas, combien l'éloignement est, pour les sens, une cause d'erreur. Ainsi, hâtons un peu notre marche. »

Il me prit affectueusement par la main : « Avant de nous approcher, et pour que ta surprise soit moins grande, apprends, me dit-il, que ces tours sont des géants qui, enfoncés dans le puits, seulement jusqu'au nombril, en dominent les rebords tout à l'entour. »

Le regard, lorsque la brume se dissipe, retrouve peu à peu la forme des objets cachés dans la vapeur qui épaississait l'horizon : ainsi, à mesure que mon œil perçait cette atmosphère sombre et pesante, et que je m'approchais davantage vers le bord du puits, mon erreur s'enfuyait et l'effroi me gagnait. Car, de même que Montereggione[2] se couronne de tours au-dessus du

Perocchè come in su la cerchia tonda,
   Montereggion di torri si corona;
   Così la proda, che 'l pozzo circonda,

Torreggiavan di mezza la persona
   Gli orribili giganti, cui minaccia
   Giove del cielo ancora, quando tuona:

Ed io scorgeva già d'alcun la faccia,
   Le spalle, e 'l petto, e del ventre gran parte,
   E per le coste giù ambo le braccia.

Natura certo, quando lasciò l'arte
   Di sì fatti animali, assai fe bene,
   Per tor cotali esecutori a Marte:

E s'ella d'elefanti e di balene
   Non si pente; chi guarda sottilmente,
   Più giusta e più discreta la ne tiene:

Che dove l'argomento della mente
   S'aggiunge al mal volere, e alla possa,
   Nessun riparo vi può far la gente.

La faccia sua mi parea lunga e grossa,
   Come la pina di san Pietro a Roma:
   E a sua proporzione eran l'altr'ossa:

Sì che la ripa, ch'era perizoma
   Dal mezzo in giù, ne mostrava ben tanto
   Di sopra, che di giungere alla chioma

cercle de son enceinte, de même, au-dessus des rebords saillants qui environnent le puits, se dressaient jusqu'à moitié corps, hauts comme des tours, les horribles géants que Jupiter menace encore des hauteurs du ciel quand il tonne.

Déjà de l'un d'eux je distinguai le visage, les épaules, la poitrine, une partie des flancs et ses deux bras pendants le long des côtes.

Assurément c'est un grand bien que la sage nature ait renoncé à produire de tels monstres, et si elle engendre encore sans remords l'éléphant et la baleine, qui observe bien comprendra qu'en cela elle ne dément ni sa justice ni sa prudence; car il faut l'union de l'intelligence, de la force et des instincts mauvais, pour mettre en défaut le pouvoir et la résistance de l'homme.

La face du monstre me parut comparable en longueur et en grosseur à la pomme qui surmonte le dôme de Saint-Pierre [3]. Le reste du corps se développait dans la même proportion, de telle sorte qu'à partir des rebords du puits qui cachait la partie inférieure de son corps, on en voyait encore assez hors de l'abîme pour que trois Frisons se fussent flattés en vain d'atteindre à sa chevelure. De ces rebords à la place où l'homme agrafe son manteau, je pouvais compter trente grandes palmes.

Tre Frison s'averian dato mal vanto:
   Perocch'i' ne vedea trenta gran palmi,
   Dal luogo in giù, dov'uom s'affibbia 'l manto.

Rafel mai amech zabì almi,
   Cominciò a gridar la fiera bocca,
   Cui non si convenien più dolci salmi.

E 'l duca mio ver lui: Anima sciocca,
   Tienti col corno, e con quel ti disfoga,
   Quand'ira, o altra passion ti tocca.

Cercati al collo, e troverrai la soga,
   Che 'l tien legato, o anima confusa,
   E vedi lui, che 'l gran petto ti doga.

Poi disse a me: Egli stesso s'accusa:
   Questi è Nembrotto, per lo cui mal coto,
   Pure un linguaggio nel mondo non s'usa.

Lasciamlo stare, e non parliamo a voto:
   Che così è a lui ciascun linguaggio,
   Come 'l suo ad altrui, ch'a nullo è noto.

Facemmo adunque più lungo viaggio,
   Volti a sinistra, e al trar d'un balestro
   Trovammo l'altro assai più fiero e maggio,

A cinger lui, qual che fosse il maestro,
   Non so io dir: ma ei tenea succinto
   Dinanzi l'altro, e dietro 'l braccio destro,

« Rafèl maì amèch zabì almi[4]! » se mit à crier cette affreuse bouche, de laquelle ne pouvaient sortir des psaumes moins sauvages.

Et mon guide lui dit : « Esprit borné, tiens-t'en au son de ton cor[5], et apaise ainsi la colère ou toute autre passion qui te tourmente. Cherche à ton cou, tu trouveras la courroie qui le tient suspendu. Ne vois-tu pas, âme stupide, qu'il fait le tour de ton immense poitrine ? »

Puis il me dit : « Il s'accuse lui-même : c'est Nembrod ; c'est celui qui fut cause, par sa folle pensée, qu'une seule et même langue ne se parle plus dans le monde. Laissons-le et ne lui adressons pas d'inutiles paroles ; car tout langage est pour lui ce que le sien est pour les autres hommes, qui n'y comprennent rien. »

Nous fîmes alors un long détour vers la gauche, et, à portée d'arbalète, nous trouvâmes un autre géant plus terrible encore et plus grand. Qui fut assez puissant pour le garrotter ainsi ? Je ne le saurais dire : la même chaîne qui retenait son bras gauche par devant et attachait le bras droit par derrière, l'étreignait du cou à la ceinture, et faisait jusqu'à cinq fois le tour de son corps.

D'una catena, che 'l teneva avvinto
  Dal collo in giù, sì che 'n su lo scoperto
  Si ravvolgeva infino al giro quinto.

Questo superbo voll'essere esperto
  Di sua potenza contra 'l sommo Giove,
  Disse 'l mio duca, ond'egli ha cotal merto:

Fialte ha nome: e fece le gran pruove
  Quando i giganti fer paura a i Dei:
  Le braccia, ch'ei menò, giammai non muove.

Ed io a lui: S'esser puote, i' vorrei,
  Che dello smisurato Briareo
  Esperienza avesser gli occhi miei:

Ond'ei rispose: Tu vedrai Anteo
  Presso di quì, che parla, ed è disciolto,
  Che ne porrà nel fondo d'ogni reo.

Quel, che tu vuoi veder, più là è molto,
  Ed è legato, e fatto come questo,
  Salvo, che più feroce par nel volto.

Non fu tremuoto già tanto rubesto,
  Che scotesse una torre così forte,
  Come Fialte a scuotersi fu presto.

Allor temetti, più che mai, la morte,
  E non v'era mestier più che la dotta,
  S'i' non avessi viste le ritorte.

« Ce superbe voulut faire l'essai de ses forces contre le puissant Jupiter, dit mon maître, et voilà ce qu'il y a gagné! Il se nomme Ephialte. Il a fait grandement ses preuves dans la guerre où les géants effrayèrent les dieux [6]. Ses bras, si agiles alors, il ne les remuera plus. »

Et moi à lui : « Je voudrais, s'il était possible, avoir, par mes propres yeux, une idée de ce Briarée [7] si démesuré. »

Il me répondit : « Près d'ici tu verras Antée, qui sait parler et n'est point enchaîné. Il nous portera jusqu'au fond du séjour des coupables. Celui que tu demandes est beaucoup plus loin; il est enchaîné comme celui-ci, et fait à son image, s'il n'a pas l'air encore plus féroce. »

Jamais tremblement de terre dans toute sa violence n'ébranla une tour avec plus d'effort que n'en fit Ephialte en s'ébranlant lui-même. En ce moment surtout j'eus peur de mourir, et je serais en effet mort de peur, si les liens du géant ne m'avaient pas un peu rassuré.

Noi procedemmo più avanti allotta,
    E venimmo ad Antéo, che ben cinqu'alle,
    Senza la testa, uscía fuor della grotta.

O tu, che nella fortunata valle,
    Che fece Scipion di gloria ereda,
    Quand'Annibál co' suoi diede le spalle,

Recasti già mille lion per preda,
    E che se fossi stato all'alta guerra
    De' tuoi fratelli, ancor par ch'e' si creda,

Ch'avrebber vinto i figli della terra;
    Mettine giuso (e non ten' venga schifo)
    Dove Cocito la freddura serra.

Non ci far'ire a Tizio, nè a Tifo:
    Questi può dar di quel, che qui si brama:
    Però ti china, e non torcer lo grifo.

Ancor ti può nel mondo render fama:
    Ch'ei vive, e lunga vita ancora aspetta,
    Se, innanzi tempo, grazia a se nol chiama.

Così disse 'l maestro: e quegli in fretta
    Le man distese, e prese il duca mio,
    Ond'Ercole sentì già grande stretta.

Virgilio, quando prender si sentío,
    Disse a me Fatti 'n quà sì, ch'io ti prenda:
    Poi fece sì, ch'un fascio cr'egli ed io.

Nous avançâmes encore et nous arrivâmes non loin d'Antée, qui dépassait de cinq bonnes aunes, sans compter la tête, l'ouverture du puits.

« O toi, qui dans les champs heureux où Scipion conquit tant de gloire par la défaite d'Annibal et des siens, toi qui fis, en un jour, ta proie de mille lions[8], toi qui aurais, à en croire la renommée, assuré la victoire aux fils de la terre si tu avais pris part à la grande lutte de tes frères, fais-nous la grâce de nous déposer, là-bas, près du Cocyte glacé par l'hiver éternel ; fais que nous puissions nous passer du secours de Tityé ou de Typhée. Ce que vous désirez tous ici, celui qui est avec moi peut le donner. Baisse-toi donc et nous montre un visage moins farouche. Oui, celui-ci peut encore ajouter à ta renommée dans le monde ; il est vivant et il doit compter sur une longue vie, à moins qu'avant le temps la grâce ne l'appelle. »

Ainsi parla le maître ; et le géant tout aussitôt prend mon guide avec ces mêmes mains dont Hercule connut la redoutable étreinte.

Dès qu'il se sentit saisir, Virgile me dit : « Fais que je puisse te prendre aussi. » Et il me serra de telle sorte, que nous n'étions plus, lui et moi, qu'un même fardeau.

Qual pare a riguardar la Carisenda,
   Sotto 'l chinato, quand'un nuvol vada
   Sovr'essa sì, ched ella incontro penda:

Tal parve Antéo a me che stava a bada
   Di vederlo chinare, e fu talora,
   Ch'i' avrei volut'ir per altra strada:

Ma lievemente al fondo, che divora
   Lucifero con Giuda, ci posò:
   Nè sì chinato lì fece dimora,

E come albero in nave si levò.

Telle aux yeux qui la regardent du côté où elle penche, Garisende [9], alors qu'un nuage passe au-dessus d'elle, semble, par un mouvement contraire, sur le point de tomber, tel me parut Antée, lorsque je le vis se baisser, et c'est alors que j'aurais pris volontiers un autre chemin. Cependant il nous déposa doucement au fond de l'abîme qui engloutit Lucifer et Judas, et, ne restant penché qu'un instant, il se releva comme se relève le mât incliné d'un vaisseau.

CANTO TRENTESIMOSECONDO

S'i' avessi le rime e aspre e chiocce,
　Come si converrebbe al tristo buco,
　Sovra 'l qual pontan tutte l'altre rocce,

I' premerrei di mio concetto il suco
　Più pienamente : ma perch'i' non l'abbo.
　Non senza tema a dicer mi conduco :

Che non è 'mpresa da pigliare a gabbo,
　Descriver fondo a tutto l'universo,
　Nè da lingua, che chiami mamma, o babbo.

Ma quelle Donne ajutino 'l mio verso,
　Ch'ajutaro Anfione a chiuder Tebe,
　Sì che dal fatto il dir non sia diverso.

Oh sovra tutte mal creata plebe,
　Che stai nel loco, onde parlare è duro,
　Me' foste state quì pecore, o zebe.

CHANT TRENTE-DEUXIÈME

Que n'ai-je les accents rauques et sauvages qui conviendraient à l'horrible gouffre [1] sur lequel pèsent tous les cercles de l'enfer ! j'exprimerais plus complétement le suc de ma pensée ; mais, dépourvu d'un tel secours, à peine si j'ose continuer ce récit. Ce n'est point une entreprise dont on se puisse jouer, de décrire le fond de tout l'univers, ni l'œuvre d'une langue qui ne sait bégayer encore que « maman et papa » [2]. Cependant puissent venir en aide à mes vers les Muses qui aidèrent Amphion à élever les murailles de Thèbes, et qu'ainsi mes paroles ne soient pas au-dessous de mon sujet !

O races maudites entre toutes les autres races que renferme un séjour dont il est si amer de parler ! que n'étiez-vous un troupeau de chèvres ou de moutons ?

Come noi fummo giù nel pozzo scuro,
   Sotto i piè del gigante, assai più bassi,
   Ed io mirava ancora all'alto muro,

Dicere udimmi, Guarda, come passi:
   Fa sì, che tu non calchi con le piante
   Le teste de' fratei miseri lassi.

Perch'i' mi volsi, e vidimi davante,
   E sotto i piedi un lago, che, per gielo,
   Avea di vetro, e non d'acqua sembiante.

Non fece al corso suo sì grosso velo
   Di verno la Danoja in Austericch,
   Ne 'l Tanai, là sotto 'l freddo cielo,

Com'era quivi: che se Tabernicch
   Vi fosse su caduto, o Pietrapana,
   Non avria pur dall'orlo fatto cricch.

E come a gracidar si sta la rana,
   Col muso fuor dell'acqua, quando sogna
   Di spigolar sovente la villana,

Livide insin là, dove appar vergogna,
   Eran l'ombre dolenti nella ghiaccia,
   Mettendo i denti in nota di cicogna.

Ognuna in giù tenea volta la faccia:
   Da bocca il freddo, e da gli occhi 'l cuor tristo,
   Tra lor testimonianza si procaccia.

Lorsque nous fûmes au fond de l'abîme obscur, bien au-dessous des pieds du géant, et comme je regardais encore les hauts retranchements, j'entendis qu'on me disait : « Prends garde où tu mets les pieds, et fais attention de ne pas écraser tes frères malheureux et so rants. »

Je me retournai tout aussitôt et j'aperçus devant moi, presque sous mes pieds, un lac durci par la gelée [3] et plus semblable à du verre qu'à de l'eau. Ni le Danube autrichien, ni le Tanaïs sous un ciel glacé ne firent à leur cours un manteau d'hiver aussi épais que l'était celui-ci. Sur cette croûte glacée le Tabernick ou la Pietra Pana [4] se seraient écroulés sans causer même un craquement à sa surface.

Semblables à la grenouille qui se met à coasser, la tête hors de l'eau, dans la saison où la villageoise ne rêve que glanage, les ombres pâles et plaintives étaient enfoncées dans la glace jusqu'à cette partie de la figure où se trahit la honte, et leurs dents claquaient comme des becs de cigogne. Elles avaient toutes la face tournée en bas, et en même temps que leur bouche témoignait de l'excès du froid, les désespoirs du cœur s'exprimaient dans leurs yeux.

Quand'io ebbi d'intorno alquanto visto,
   Volsimi a' piedi, e vidi due sì stretti,
   Che 'l pel del capo aveano insieme misto.

Ditemi voi, che sì stringete i petti,
   Diss'io, chi siete; e quei piegar li colli,
   E poi ch'ebber li visi a me eretti,

Gli occhi lor, ch'eran pria pur dentro molli,
   Gocciar su per le labbra, e 'l gielo strinse
   Le lagrime tra essi, e riserolli:

Con legno legno spranga mai non cinse
   Forte così: ond'ei, come duo becchi,
   Cozzaro 'nsieme, tant'ira gli vinse.

Ed un, ch'avea perduti ambo gli orecchi,
   Per la freddura, pur col viso in giùe
   Disse, Perchè cotanto in noi ti specchi?

Se vuoi saper chi son cotesti due,
   La valle, onde Bisenzio si dichina
   Del padre loro Alberto e di lor fue.

D'un corpo usciro: e tutta la Caina
   Potrai cercare, e non troverrai ombra
   Degna più d'esser fitta in gelatina:

Non quelli, a cui fu rotto il petto, e l'ombra
   Con esso un colpo, per la man d'Artù:
   Non Focaccia: non questi, che m'ingombra

Après avoir porté ma vue autour de moi, je la ramenai à mes pieds, et je découvris deux ombres si serrées l'une contre l'autre que leurs cheveux en étaient entremêlés.

« Dites-moi qui vous êtes, m'écriai-je, vous qui avez vos poitrines si étroitement unies. »

Elles redressèrent la tête, et quand elles eurent tourné leurs regards vers moi, les larmes coulant de leurs yeux humides se gelèrent sur le bord de leurs paupières collées l'une à l'autre. Un crampon de fer ne pressa jamais plus fortement le bois contre le bois. Alors, emportés par la colère, les deux damnés s'entre-choquèrent comme deux béliers.

Un autre, à qui la rigueur du froid avait fait tomber les oreilles, me dit en inclinant la tête : « Pourquoi nous regarder si attentivement? Si tu veux savoir qui sont ces deux-là, ils eurent pour patrie, eux et leur père Albert[5], la vallée où le Bisenzio[6] prend sa source. Ils sont l'un et l'autre sortis du même sein, et quand tu chercherais dans tout le cercle de Caïn, tu n'en trouverais pas un autre qui méritât d'être enseveli plus profondément dans cette glace, pas même celui dont la poitrine fut ouverte par la main d'Artus[7], d'un seul coup qui fit passer le jour à travers, ni Focaccia[8], ni celui qui m'embarrasse tellement avec sa tête, que je ne puis voir plus loin, et qui fut nommé Sassolo Mascheroni[9]. Si tu es Toscan, tu dois savoir maintenant ce qu'il fut. Et, pour n'avoir pas à parler plus longtemps, sache

Col capo sì, ch'i' non veggi'oltre più,
    E fu nomato Sassol Mascheroni :
    Se Tosco se', ben sai omai, chi e' fu.

E perchè non mi metti in più sermoni,
    Sappi ch'i' fu'il Camicion de' Pazzi,
    E aspetto Carlin, che mi scagioni.

Poscia vid'io mille visi cagnazzi
    Fatti, per freddo : onde mi vien riprezzo,
    E verrà sempre de' gelati guazzi.

E mentre ch'andavamo in ver lo mezzo,
    Al quale ogni gravezza si rauna,
    Ed io tremava nell'eterno rezzo :

Se voler fu, o destino, o fortuna,
    Non so : ma passeggiando tra le teste,
    Forte percossi 'l piè nel viso ad una.

Piangendo mi sgridò : Perchè mi peste?
    Se tu non vieni a crescer la vendetta
    Di Mont' Aperti, perchè mi moleste?

Ed io : Maestro mio, or qui m'aspetta,
    Sì ch'i' esca d'un dubbio, per costui :
    Poi mi farai, quantunque vorrai, fretta.

Lo duca stette : ed io dissi a colui,
    Che bestemmiava duramente ancora,
    Qual se' tu, che così rampogni altrui?

que moi, je fus Camicciono de' Pazzi[10], et que j'attends Carlino, qui atténuera ma faute. »

Je vis ensuite, par milliers, des visages que le froid avait bleuis, et le frisson m'en vint, comme il me viendra toujours au souvenir de ces étangs glacés.

Tandis que nous allions vers le centre, qui attire toute pesanteur, et que j'étais tremblant au milieu de l'éternelle obscurité, que ce fût ma volonté, que ce fût le destin ou le hasard, je ne sais, mais en passant au milieu de ces têtes, mon pied en heurta une fort rudement au visage.

Elle me cria en pleurant : « Pourquoi me fouler aux pieds? à moins que tu ne viennes tout exprès pour ajouter à la vengeance de Montaperto[11], pourquoi m'outrager ainsi? »

Et moi : « O mon maître, attends-moi un peu pour que je puisse sortir d'un doute avec celui-ci; après quoi j'irai vite autant que tu le voudras. »

Le guide s'arrêta, et je dis à celui qui continuait de blasphémer horriblement : « Qui es-tu, toi qui réprimandes les autres avec tant d'âpreté? »

Or tu chi se', che vai, per l'Antenóra,
 Percotendo, rispose, altrui le gote,
 Sì che se vivo fossi, troppo fora?

Vivo son io: e caro esser ti puote,
 Fu mia risposta, se domandi fama,
 Ch'i' metta 'l nome tuo tra l'altre note.

Ed egli a me: Del contrario ho io brama:
 Levati quinci, e non mi dar più lagna:
 Che mal sai lusingar, per questa lama.

Allor lo presi per la cuticagna,
 E dissi: E' converrà, che tu ti nomi,
 O che capel qui su non ti rimagna:

Ond'egli a me: Perchè tu mi dischiomi,
 Nè ti dirò ch'i' sia, nè mosterrolti,
 Se mille fiate in sul capo mi tomi.

I' avea già i capelli in mano avvolti,
 E tratti ghen'avea più d'una ciocca,
 Latrando lui, con gli occhi in giù raccolti,

Quando un' altro gridò, Che ha' tu Bocca?
 Non ti basta sonar con le mascelle,
 Se tu non latri? qual Diavol ti tocca?

Omai, diss'io, non vo', che tu favelle,
 Malvagio traditor: ch'alla tu' onta,
 I' porterò di te vere novelle.

« Mais toi-même qui es-tu, répliqua-t-il, toi qui vas par l'Antenora, te heurtant à la tête des autres, de telle sorte que, d'un vivant, le coup m'eût paru trop rude encore ? »

« Je suis vivant, répondis-je, et, si tu aimes la renommée, il peut être flatteur pour toi que ton nom trouve sa place à côté de tous les noms que je viens de recueillir. »

« Mais, s'écria-t-il, c'est tout le contraire que je souhaite. Loin d'ici ! ne me tourmente pas davantage : la belle flatterie à nous faire dans cette vallée de glace ! »

Je le saisis alors par la nuque, en m'écriant : « Il faudra pourtant que tu dises qui tu es, ou pas un cheveu ne te restera là-dessus. »

« Non, répondit-il, arrache-moi tous les cheveux, mais je ne te dirai pas qui je suis, quand même tu devrais te culbuter mille fois sur ma tête. »

Je tenais déjà ses cheveux enroulés dans ma main, et je lui en avais arraché plus d'une touffe, pendant que, la tête renversée, il hurlait comme un chien, lorsqu'un autre s'écria : « Qu'est-ce donc, Bocca ? Ne te suffit-il pas de faire claquer tes dents ? Quel diable te secoue, et qu'as-tu besoin d'aboyer ? »

« A présent je ne veux plus que tu parles, maudit traître, lui dis-je : tu auras la honte que je porte là-haut de vraies nouvelles de toi, Bocca ! »

Va via, rispose: e ciò che tu vuoi, conta:
  Ma non tacer, se tu di qua entr'eschi,
  Di que', ch'ebb'or così la lingua pronta:

Ei piange qui l'argento de' Franceschi:
  I' vidi, potrai dir, quel da Duera,
  Là dove i peccatori stanno freschi.

Se fossi dimandato altri chi v'era,
  Tu hai dallato quel di Beccheria,
  Di cui segò Fiorenza la gorgiera.

Gianni del Soldanier credo che sia
  Più là, con Ganellone, e Tribaldello,
  Ch'aprì Faenza, quando si dormia.

Noi eravam partiti già da ello,
  Ch'i' vidi duo ghiacciati in una buca,
  Sì, che l'un capo all'altro era cappello:

E come 'l pan, per fame, si manduca,
  Così 'l sovran li denti all'altro pose,
  Là 've 'l cervel s'aggiunge con la nuca.

Non altrimenti Tideo si rose
  Le tempie a Menalippo, per disdegno,
  Che quei faceva 'l teschio, e l'altre cose.

O tu, che mostri, per sì bestial segno,
  Odio sovra colui, che tu ti mangi,
  Dimmi 'l perchè, diss'io, per tal convegno.

« Va donc, répliqua-t-il, et parle à ton plaisir ; mais si tu dois sortir d'ici, parle aussi de celui qui m'a dénoncé, et qui pleure l'argent reçu des Français. Tu pourras dire : J'ai vu Buosa da Duera [12], là où les pécheurs ont si grand froid. Et si l'on te demande quels autres s'y trouvaient, voici, à ton côté, Beccheria [13], à qui Florence a fait couper la tête ; un peu plus loin, je crois, c'est Gianni de Soldaniero [14], avec Ganellone [15] et Tribaldello qui, pendant que Faenza dormait, livra ses portes. »

Nous étions déjà loin de ce damné, lorsque j'en découvris deux autres que la glace resserrait dans le même trou, de telle sorte que la tête de celui-ci était comme un chaperon pour celui-là. Comme un affamé qui se jette sur du pain, celui qui était dessus attaqua l'autre avec ses dents à l'endroit où le cerveau se joint à la nuque. Tydée, dans sa vengeance, broyait avec moins de rage les tempes de Ménalippe [16], que celui-ci le crâne et la cervelle de son ennemi.

« O toi, lui dis-je, qui montres, par cette fureur de bête féroce, tant de haine contre celui que tu dévores, que t'a-t-il fait ? Dis-le-moi, et si cette haine tient à

Che se tu a ragion di lui ti piangi,
   Sappiendo chi voi siete, e la sua pecca,
   Nel mondo suso ancor'io te ne cangi,

Se quella, con ch'i' parlo, non si secca.

une juste cause, je m'engage, sachant qui vous êtes, lui
et toi, et quel fut son crime, à te venger aussi là-haut
dans le monde, à moins que la langue qui te parle ne
se dessèche. »

CANTO TRENTESIMOTERZO

La bocca sollevò dal fiero pasto
   Quel peccator, forbendola a' capelli
   Del capo, ch'egli avea diretro guasto:

Poi cominciò: Tu vuoi ch'i' rinnovelli
   Disperato dolor, che 'l cuor mi preme,
   Già pur pensando, pria ch'i' ne favelli.

Ma se le mie parole esser den seme,
   Che frutti infamia al traditor, ch'i' rodo,
   Parlare e lagrimar vedrai insieme.

I' non so chi tu sie, nè per che modo
   Venuto se' quaggiù: ma Fiorentino
   Mi sembri veramente, quand'i' t'odo.

Tu de' saper, ch'i' fu 'l Conte Ugolino,
   E questi l'Arcivescovo Ruggieri:
   Or ti dirò, perch'i' son tal vicino.

CHANT TRENTE-TROISIÈME

Le pêcheur [1], détournant la bouche de son horrible pâture, l'essuya aux cheveux de la tête dont il avait déjà rongé la nuque. Puis il commença en ces termes :

« Tu veux que je renouvelle une douleur sans espoir qui, dès que je me souviens et avant que je parle, me brise le cœur. Pourtant, si mes paroles doivent être quelque jour une semence féconde en infamie pour le traître que je déchire, tu me verras parlant et pleurant à la fois [2].

« J'ignore qui tu es et comment tu as pu descendre jusqu'ici : mais je crois vraiment, à ton langage, te reconnaître pour Florentin.

« Tu dois me connaître : je fus le comte Ugolin, celui-ci, l'archevêque Ruggieri ; et je vais te dire ce qui lui a valu un si terrible voisin.

Che per l'effetto de' suo' ma' pensieri,
   Fidandomi di lui io fossi preso,
   E poscia morto, dir non è mestieri.

Però quel, che non puoi avere inteso,
   Cioè, come la morte mia fu cruda,
   Udirai, e saprai, se m'ha offeso.

Breve pertugio dentro dalla muda,
   La qual per me ha 'l titol della fame,
   E 'n che conviene ancor ch'altri si chiuda,

M'avea mostrato, per lo suo forame,
   Più lune già, quand'i' feci 'l mal sonno,
   Che del futuro mi squarciò 'l velame.

Questi parea a me maestro e donno,
   Cacciando 'l lupo e i lupicini al monte,
   Perchè i Pisan veder Lucca non ponno.

Con cagne magre, studiose, e conte
   Gualandi, con Sismondi, e con Lanfranchi,
   S'avea messi dinanzi dalla fronte.

In picciol corso mi pareano stanchi
   Lo padre e i figli, e con l'agute scane
   Mi parea lor veder fender li fianchi.

Quando fui desto innanzi la dimane,
   Pianger sentî fra 'l sonno i miei fighuoli.
   Ch'eran con meco, e dimandar del pane.

CHANT TRENTE-TROISIÈME.

« Je n'ai pas à t'apprendre que, victime de ses lâches desseins et trompé dans ma confiance, je tombai en son pouvoir, et qu'il me donna la mort. Mais à quel point cette mort fut atroce, tu ne peux le savoir; écoute, et tu verras comme il m'a traité.

« Déjà, par une étroite fente de cette prison que ma destinée a fait appeler la Tour de la Faim, et où tant d'autres auront encore à gémir, j'avais vu bien des lunes se succéder, quand je fis le rêve sinistre qui, pour moi, déchira le voile de l'avenir. Celui que voilà m'apparut, chassant en maître et seigneur un loup et ses louveteaux vers la montagne qui dérobe Lucques à la vue des Pisans. Le comte Gualandi, accompagné des Sismondi et des Lanfranchi, courait en avant à la suite de chiennes maigres, agiles et bien dressées. Ils avaient peu couru, que déjà le loup et ses petits me parurent exténués, et je crus voir des dents aiguës s'enfoncer dans leurs flancs déchirés.

« Je m'éveillai avant qu'il fût jour, et j'entendis mes fils, étendus près de moi, qui se plaignaient dans leur sommeil et demandaient du pain.

Ben se' crudel, se tu già non ti duoli,
   Pensando ciò, ch'al mio cuor s'annunziava:
   E se non piangi, di che pianger suoli?

Già eram desti, e l'ora s'appressava,
   Che 'l cibo ne soleva essere addotto,
   E per suo sogno ciascun dubitava,

Ed io sentî chiavar l'uscio di sotto
   All'orribile torre: ond'io guardai
   Nel viso a' miei figliuoi, senza far motto:

I' non piangeva, sì dentro impietrai:
   Piangevan'elli: ed Anselmuccio mio
   Disse, Tu guardi sì, padre: che hai?

Però non lagrimai, nè rispos'io
   Tutto quel giorno, nè la notte appresso.
   Infin che l'altro sol nel mondo uscío.

Com'un poco di raggio si fu messo
   Nel doloroso carcere, ed io scorsi
   Per quattro visi il mio aspetto stesso;

Ambo le mani, per dolor, mi morsi:
   E quei pensando, ch'i 'l fessi per voglia
   Di manicar, di subito levorsi,

E disser: Padre, assai ci fia men doglia,
   Se tu mangi di noi: tu ne vestisti
   Queste misere carni, e tu le spoglia.

CHANT TRENTE-TROISIÈME.

« Que tu es cruel, toi, si déjà tu ne frémis pas en songeant à ce que mon cœur pressentait ; et si tu ne pleures pas, de quoi donc sais-tu pleurer?

« Déjà ils étaient éveillés et l'heure s'approchait où, d'habitude, on apportait la nourriture ; à chacun de nous le même songe fit venir un doute, et moi j'entendis que l'on murait en bas la porte de l'horrible prison ! Alors je regardai mes fils en face, sans dire un mot. Je ne pleurais pas, comme si à force de douleur je fusse devenu de pierre : ils pleuraient, eux ! Mon petit Anselme dit : « Comme tu nous regardes, père ! Qu'as-tu ? » Et pourtant encore je ne pleurai pas, et je ne répondis rien ni de tout le jour ni de toute la nuit qui vint après, jusqu'à ce qu'un autre soleil se levât sur le monde.

« Lorsqu'un peu de lumière eut pénétré dans la prison douloureuse, et que je pus, sur leurs quatre visages, reconnaître la propre expression du mien, dans l'excès de ma douleur, je mordis mes deux mains. Eux, pensant que c'était par besoin de manger, ils se levèrent aussitôt, et me dirent : « Père, nous souffririons bien moins si, te nourrissant de nous, ta faim nous dépouillait de ces misérables chairs dont tu nous a revêtus. »

Quetámi allor, per non fargli più tristi:
   Quel dì, e l'altro stemmo tutti muti:
   Ahi dura terra, perchè non t'apristi?

Posciachè fummo al quarto dì venuti,
   Gaddo mi si gittò disteso a' piedi,
   Dicendo, Padre mio, che non m'ajuti?

Quivi morì: e come tu mi vedi,
   Vid'io cascar li tre ad uno ad uno,
   Tra 'l quinto dì, e 'l sesto: ond'i' mi diedi

Già cieco a brancolar sovra ciascuno,
   E tre dì gli chiamai, poich'e' fur morti:
   Poscia, più che 'l dolor potè 'l digiuno.

Quand'ebbe detto ciò, con gli occhi torti
   Riprese 'l teschio misero co' denti,
   Che furo all'osso, come d'un can, forti.

Ahi Pisa, vituperio delle genti
   Del bel paese là, dove 'l sì suona;
   Poi che i vicini a te punir son lenti,

Muovasi la Capraja e la Gorgona,
   E faccian siepe ad Arno in su la foce,
   Sì ch'egli annieghi in te ogni persona:

Che se 'l Conte Ugolino aveva voce
   D'aver tradita te delle castella,
   Non dovei tu i figliuoi porre a tal croce.

« Alors je me contins pour ne pas les rendre plus tristes. Ce jour et le jour d'après nous restâmes tous muets. O terre sans pitié, tu ne t'es pas ouverte !

« Quand nous fûmes au quatrième jour, Gaddo tomba étendu à mes pieds, en disant : « O mon père, ne viendras-tu pas à mon aide? » Et il expira! Et, tout comme tu me vois ici, je vis tomber les trois autres, un à un, entre la cinquième et la sixième journée. »

« Et moi, n'y voyant plus, je me traînai de l'un à l'autre, les cherchant à tâtons; et je les appelai trois jours durant après qu'ils furent morts. Après quoi la faim fut plus forte que la douleur ! »

Ces paroles dites, il se mit, en tordant les yeux, à remordre le misérable crâne où ses dents, comme celles d'un chien, s'enfoncèrent jusqu'à l'os.

O Pise, qui seras la honte de la douce contrée où le *si* résonne [3], si tes voisins sont lents à te punir, puissent la Capraja et la Gorgona [4] marcher et venir aux bouches de l'Arno, comme un rempart qui fasse refluer ses eaux pour t'engloutir !

On pouvait, sans doute, accuser le comte Ugolin d'avoir livré tes forteresses; mais devais-tu faire subir à ses fils un pareil martyre? Leur jeunesse, ô nouvelle

Innocenti facea l'età novella,
   Novella Tebe, Uguccione, e 'l Brigata,
   E gli altri duo, che 'l canto suso appella.

Noi passamm'oltre, là 've la gelata
   Ruvidamente un'altra gente fascia,
   Non volta in giù, ma tutta riversata.

Lo pianto stesso lì pianger non lascia,
   E 'l duol, che truova 'n su gli occhi rintoppo,
   Si volve in entro a far crescer l'ambascia:

Che le lagrime prime fanno groppo,
   E, sì come visiere di cristallo,
   Riempion sotto 'l ciglio tutto 'l coppo.

E avvegna che, sì come d'un callo,
   Per la freddura, ciascun sentimento
   Cessato avesse del mio viso stallo;

Già mi parea sentire alquanto vento:
   Perch'i', Maestro mio, questo chi muove?
   Non è quaggiuso ogni vapore spento?

Ond'egli a me: Avaccio sarai, dove
   Di ciò ti farà l'occhio la risposta,
   Veggendo la cagion, che 'l fiato piove.

E un de' tristi della fredda crosta
   Gridò a noi: O anime crudeli
   Tanto, che data v'è l'ultima posta,

Thèbes, faisait l'innocence d'Uguccione, de Brigata ? et des deux autres que mon chant vient de nommer.

En continuant d'avancer, nous rencontrâmes d'autres damnés plus rudement enserrés dans la glace, et dont la tête, au lieu d'être penchée en avant, se renversait en arrière.

Ici les pleurs mêmes s'opposent à ce que l'on pleure, et la douleur, ne pouvant se faire passage par les yeux, retombe au dedans et y redouble les angoisses [6]. Car les premières larmes, durcies par la gelée, forment une visière de cristal et s'amoncellent sous les paupières, dans l'intérieur de l'orbite.

Et quoique le froid eût mis sur mon visage comme un calus qui lui ôtait toute sensibilité, cependant il me sembla sentir une haleine de vent. « Mon maître, dis-je, qu'est-ce qui remue ? Est-ce qu'ici-bas toute vapeur n'est pas éteinte ? »

Et lui à moi : « Tu le sauras tout à l'heure ; ton œil même te répondra, quand tu auras compris pourquoi l'air est agité. »

Un des malheureux captifs de cette prison de glace : « Ames assez perverses, disait-il, pour être reléguées dans le dernier cercle, débarrassez mes yeux de ces

Levatemi dal viso i duri veli,
   Sì ch'i' sfoghi 'l dolor, che 'l cuor m'impregna,
   Un poco pria, che 'l pianto si raggieli.

Perch'io a lui. Se vuoi ch'i' ti sovvegna,
   Dimmi chi fosti: e s'i' non ti disbrigo,
   Al fondo della ghiaccia ir mi convegna.

Rispose adunque: I' son frate Alberigo:
   I' son quel delle frutte del mal'orto,
   Che qui riprendo dattero per figo.

O', dissi lui, or se' tu ancor morto?
   Ed egli a me: Come 'l mio corpo stea,
   Nel mondo su, nulla scienzia porto.

Cotal vantaggio ha questa Tolommea,
   Che spesse volte l'anima ci cade,
   Innanzi, ch'Atropós mossa le dea.

E perchè tu più volentier mi rade
   Le 'nvetriate lagrime dal volto,
   Sappi che tosto che l'anima trade,

Come fec'io, il corpo suo l'è tolto
   Da un Dimonio, che poscia il governa,
   Mentre che 'l tempo suo tutto sia volto.

Ella ruina in sì fatta cisterna:
   E forse pare ancor lo corpo suso
   Dell'ombra, che di qua dietro mi verna:

voiles si durs; que mon cœur puisse exhaler un peu de cette douleur qui l'oppresse, avant que mes pleurs se gèlent de nouveau. »

Et moi à lui : « Si tu veux que je te soulage, dis-moi d'abord qui tu es, et si je passe sans t'aider, que je sois plongé moi-même dans cet abîme de glace ! »

Alors il me répondit : « Je suis frère Albéric[7], le jardinier du jardin qui donne des fruits de mort. Datte pour figue ! je reçois ici mon salaire. »

« Oh ! lui dis-je, véritablement serais-tu déjà mort ? »
Et lui à moi : « Que mon corps soit ou non resté là-haut dans le monde, je n'en sais rien. Le cercle de Ptolémée a ce privilége, que souvent l'âme y tombe avant que la parque ait rompu ses liens. Et afin que tu sois plus disposé à délivrer mon visage de ces larmes de verre, apprends qu'aussitôt qu'une âme s'est souillée par la trahison (et moi-même je suis un traître), un démon prend à cette âme son corps et le gouverne jusqu'à ce que tous ses jours soient accomplis. Quant à l'âme, elle est précipitée dans cette geôle affreuse. Peut-être le corps de l'ombre qui, là, derrière moi, frissonne dans la glace, est-il resté là-haut avec les apparences de la vie. Tu dois le savoir, toi qui ne fais que d'arriver. C'est Messer Branca d'Oria[8], et déjà bien des années ont passé depuis qu'il est ainsi empoisonné. »

Tu 'l dei saper, se tu vien pur mo giuso :
   Egli è ser Branca d'Oria, e son più anni
   Poscia passati, ch'ei fu sì racchiuso.

I' credo, diss'io lui, che tu m'inganni :
   Che Branca d'Oria non morì unquanche.
   E mangia, e bee, e dorme, e veste panni.

Nel fosso su, diss'ei, di Malebranche,
   Là dove bolle la tenace pece,
   Non era giunto ancora Michel Zanche.

Che questi lasciò 'l Diavolo in sua vece.
   Nel corpo suo, e d'un suo prossimano,
   Che 'l tradimento, insieme con lui, fece.

Ma distendi oramai in qua la mano.
   Aprimi gli occhi : ed io non gliele apersi,
   E cortesia fu lui esser villano.

Ahi Genovesi, uomini diversi
   D'ogni costume, e pien d'ogni magagna.
   Perchè non siete voi del mondo spersi?

Che col peggiore spirto di Romagna
   Trovai un tal di voi, che per su' opra
   In anima in Cocito già si bagna,

Ed in corpo par vivo ancor di sopra.

« Mais, lui dis-je, il faudrait me parler sérieusement. Il n'est pas mort, Branca d'Oria : il mange, il boit, il dort et s'habille là-haut comme tout le monde. »

« Dans la fosse de Malebranche, répondit-il, où bouillonne la poix visqueuse, Michelo Sanche n'était pas encore tombé, que déjà Branca d'Oria laissait à sa place un diable en possession de son corps, ainsi qu'avait fait un de ses parents, complice de sa félonie. A présent, étends la main et dégage mes yeux. »

J'avais promis : je manquai de parole, et ce fut courtoisie que d'être sans foi à son égard [9].

O Génois, hommes sans mœurs et pleins de corruption, pourquoi n'êtes-vous pas chassés du monde? Auprès du pire esprit de la Romagne, j'ai trouvé un des vôtres : en expiation de ses fautes, son âme est déjà plongée dans le Cocyte, et pourtant son corps est toujours là-haut, qui fait semblant de vivre.

CANTO TRENTESIMOQUARTO

Vexilla reyis prodeunt inferni,
  Verso di noi : però dinanzi mira,
  Disse 'l maestro mio, se tu 'l discerni.

Come quando una grossa nebbia spira,
  O quando l'emisperio nostro annotta,
  Par da lungi un mulin, che 'l vento gira,

Veder mi parve un tal dificio allotta :
  Poi, per lo vento, mi ristrinsi retro
  Al duca mio; che non v'era altra grotta.

Già era (e con paura il metto in metro)
  Là dove l'ombre tutte eran coverte,
  E trasparean, come festuca in vetro.

Altre stanno a giacere, altre stanno erte,
  Quella col capo, e quella con le piante;
  Altra, com'arco, il volto a' piedi inverte.

CHANT TRENTE-QUATRIÈME

« *Vexilla regis prodeunt inferni;* oui, ils s'avancent vers nous, dit mon maître ; regarde et tâche de les distinguer. »

Tel, à travers les sombres nuées qui se gonflent dans l'air, ou quand la nuit vient à notre hémisphère, apparaît au loin un moulin que le vent fait tourner, tel je crus voir alors dans l'éloignement un édifice de cette forme. Mais, à cause de la violence du vent, comme il n'y avait pas d'autre abri, je me réfugiai derrière mon guide.

Déjà, et je ne le dis pas sans crainte dans ces vers, j'étais arrivé au lieu où toutes les ombres étaient couvertes par la glace, et à travers cette glace on les pouvait entrevoir comme des fétus renfermés dans du verre. Les unes sont couchées, les autres se tiennent debout; celles-ci sur la tête, celles-là sur les pieds; d'autres, se courbant comme un arc, ramènent la tête vers leurs pieds.

Quando noi fummo fatti tanto avante,
 Ch'al mio maestro piacque di mostrarmi
 La creatura, ch'ebbe il bel sembiante,

Dinanzi mi si tolse, e fe restarmi,
 Ecco Dite, dicendo, ed ecco il loco,
 Ove convien, che di fortezza t'armi.

Com'i' divenni allor gelato e fioco,
 Nol dimandar, Lettor, ch'i' non lo scrivo,
 Però, ch'ogni parlar sarebbe poco.

I' non morî, e non rimasi vivo:
 Pensa oramai per te, s'hai fior d'ingegno,
 Qual'io divenni, d'uno e d'altro privo.

Lo 'mperador del doloroso regno
 Da mezzo 'l petto uscía fuor della ghiaccia:
 E più con un gigante i' mi convegno,

Che i giganti non fan con le sue braccia:
 Vedi oggimai, quant'esser dee quel tutto,
 Ch'a così fatta parte si confaccia.

S'ei fu sì bel, com'egli è ora brutto,
 E contra 'l suo fattore alzò le ciglia:
 Ben dee da lui procedere ogni lutto.

O quanto parve a me gran meraviglia,
 Quando vidi tre facce alla sua testa!
 L'una dinanzi, e quella era vermiglia:

Lorsque nous fûmes assez avancés pour qu'il convînt à mon maître de me montrer la créature qui fut si parfaitement belle, il s'écarta de moi, en disant : « Voilà Dité [1], et voilà le lieu où il faut que tu appelles à ton aide ton courage. »

Comment alors je devins muet de terreur, ne le demande pas, lecteur : je ne l'écrirai point, car de toute manière, ce serait trop peu de le dire. Je ne mourus pas et je n'étais plus vivant. Pense maintenant, pour peu qu'en toi fleurisse l'imagination, à ce que je devins, n'appartenant ainsi ni à la vie ni à la mort! »

Le souverain de l'empire des douleurs se tenait hors du lac glacé jusqu'au milieu de la poitrine. Je serais plus près d'atteindre à la taille des géants, que ceux-ci à la longueur d'un de ses bras. Juge maintenant ce que devait être le tout, proportionné à une telle partie. S'il fut aussi beau qu'il est affreux aujourd'hui, et s'il eut l'audace de lever les yeux contre son créateur, c'est bien de lui que doit venir toute désolation.

Il m'apparut comme un étrange miracle, quand je vis sa tête avec trois faces [2] : l'une par devant, et de couleur vermeille; les deux autres, qui s'unissaient à

L'altre eran due, che s'aggiungéno a questa,
　　Sovr'esso 'l mezzo di ciascuna spalla,
　　E si giungéno al luogo della cresta :

E la destra parea tra bianca e gialla :
　　La sinistra a vedere era tal, quali
　　Vengon di là, ove 'l Nilo s'avvalla.

Sotto ciascuna uscivan duo grand'ali,
　　Quanto si conveniva a tant'uccello.
　　Vele di mar non vid'io mai cotali.

Non avén penne, ma di vispistrello
　　Era lor modo : e quelle svolazzava,
　　Sì che tre venti si movén da ello.

Quindi Cocito tutto s'aggelava :
　　Con sei occhi piangeva, e per tre menti
　　Gocciava 'l pianto, e sanguinosa bava.

Da ogni bocca dirompea, co' denti,
　　Un peccatore a guisa di maciulla,
　　Sì che tre ne facea così dolenti.

A quel dinanzi il mordere era nulla,
　　Verso 'l graffiar, che tal volta la schiena
　　Rimanea della pelle tutta brulla.

Quell'anima lassù ch'ha maggior pena,
　　Disse 'l maestro, è Giuda Scariotto,
　　Che 'l capo ha dentro, e fuor le gambe mena.

celle-ci, s'élevaient du milieu de chaque épaule, et se joignaient vers le haut de la tête. Le coloris de la face droite tenait du blanc et du jaune. La face gauche se montrait semblable à celles qui viennent du lieu où le Nil se précipite.

Au-dessous de chacune d'elles s'étendaient deux grandes ailes assorties à un pareil oiseau. Jamais navire ne déploya de voiles plus larges. Ces ailes, dépourvues de plumes, étaient comme celles de la chauve-souris. Quand il les agitait, elles donnaient au vent trois mouvements différents.

Autour de lui, le Cocyte était entièrement gelé. Il pleurait par ses six yeux, et les larmes coulaient sur ses trois mentons, avec un mélange de bave et de sang [3].

De chaque bouche il broyait un pécheur avec ses dents, comme fait la machine à briser le chanvre, et il en mordait trois à la fois [4]. Mais pour celui de devant, ce n'était rien que les morsures, comparées aux coups de griffes, qui étaient si violents, que les reins parfois restaient avec la peau toute dépecée.

« Cette âme, dit mon maître, qui là-haut est en proie à la plus grande souffrance, dont la tête est engloutie et qui agite ses jambes au dehors, c'est Judas Iscariote.

De gli altri duo, c'hanno 'l capo di sotto,
 Quei che pende dal nero ceffo, è Bruto:
 Vedi come si storce, e non fa motto:

E l'altro è Cassio, che par sì membruto.
 Ma la notte risurge, e ora mai
 È da partir, che tutto avém veduto.

Com'a lui piacque, il collo gli avvinghiai:
 Ed ei prese di tempo e luogo poste:
 E, quando l'ale furo aperte assai,

Appigliò se alle vellute coste:
 Di vello in vello giù discese poscia,
 Tra 'l folto pelo, e le gelate croste.

Quando noi fummo là, dove la coscia
 Si volge appunto in sul grosso dell'anche,
 Lo duca, con fatica e con angoscia,

Volse la testa, ov'egli avea le zanche,
 E aggrappossi al pel, come uom che sale,
 Sì che in inferno i' credea tornar' anche.

Attienti ben, che per cotali scale,
 Disse 'l maestro, ansando, com'uom lasso,
 Conviensi dipartir da tanto male.

Poi uscì fuor, per lo foro d'un sasso,
 E pose me in su l'orlo a sedere:
 Appresso porse a me l'accorto passo.

Des deux autres qui ont la tête pendante, celui qui sort de la bouche noire, c'est Brutus [5]. Vois comme il se tord, sans dire une parole. L'autre qui paraît si trapu, c'est Cassius [6].

« Mais voici la nuit qui revient [7], et maintenant il faut que nous partions, car nous avons tout vu. »

Alors, cédant au désir de mon maître, je m'enlaçai à son cou ; et lui, ensuite, choisissant à propos le lieu et le moment, quand les ailes de Lucifer furent assez déployées, il s'attacha à ses côtes velues, et se glissant à travers cette toison, il descendit entre les poils touffus et la muraille de glace.

Lorsque nous fûmes arrivés précisément au point où la cuisse se meut dans l'épaisseur de la hanche, mon guide, non sans fatigue et sans effort, ramena sa tête là où d'abord il avait les pieds, et s'accrocha aux poils comme un homme qui veut monter, me laissant ainsi croire que nous retournions dans l'enfer.

« Tiens-toi bien, dit mon maître, haletant comme un homme exténué ; c'est par une échelle de cette sorte que nous devons nous échapper de la région du mal. »

Alors il sortit par la crevasse d'un rocher et me déposa sur le bord, en me faisant asseoir ; puis il se mit à côté de moi.

I' levai gli occhi, e credetti vedere
   Lucifero, com'i' l'avea lasciato,
   E vidili le gambe in su tenere.

E s'io divenni allora travagliato,
   La gente grossa il pensi, che non vede,
   Qual' era il punto, ch'i' avea passato.

Levati su, disse 'l maestro, in piede:
   La via è lunga, e 'l cammino è malvagio,
   E già il sole a mezza terza riede.

Non era camminata di palagio,
   Là v'eravam, ma natural burella,
   Ch'avea mal suolo, e di lume disagio.

Prima, ch'i' dell'Abisso mi divella,
   Maestro mio, diss'io, quando fu' dritto,
   A trarmi d'erro un poco mi favella:

Ov'è la ghiaccia? e questi com'è fitto
   Sì sottosopra? e come 'n sì poc'ora,
   Da sera a mane, ha fatto il sol tragitto?

Ed egli a me: Tu immagini ancora
   D'esser di là dal centro, ov'i' mi presi
   Al pel del vermo reo, che 'l mondo fora.

Di là fosti cotanto, quant'io scesi:
   Quando mi volsi, tu passasti il punto,
   Al qual si traggon d'ogni parte i pesi:

En levant les yeux, je crus revoir Lucifer tel que je l'avais quitté, mais il avait les pieds en haut. Quelle fut alors mon inquiétude, je le laisse à penser aux esprits grossiers, qui ne connaissent pas le point par où j'avais passé.

« Lève-toi, dit le maître, la route est longue et rude est le chemin ; déjà le soleil s'avance vers la huitième heure du jour [8]. »

Ce n'était pas la salle d'un palais que cette route où nous étions ; c'était plutôt comme une tranchée creusée par la nature dans un sol rocailleux et dépourvu de toute clarté.

« Maître, avant de sortir de cet abîme, lui dis-je quand je fus debout, aide-moi par ta parole à me tirer d'erreur. Où se trouve le glacier ? Comment se fait-il que Lucifer soit maintenant enfoncé la tête en bas ? Comment le soleil a-t-il fait si vite le chemin du soir au matin ? »

Et lui à moi : « Tu te figures encore être de l'autre côté du centre où je m'accrochai aux poils du reptile maudit qui traverse le monde de part en part. Là tu étais, en effet, au moment où je descendais ; mais en me retournant, je t'ai fait passer le point vers lequel, de toutes parts, sont attirés les corps pesants [9]. Te voici maintenant arrivé à l'hémisphère opposé à celui qui enveloppe la

E se' or sotto l'emisperio giunto,
  Ched è opposto a quel, che la gran secca
  Coverchia, e sotto 'l cui colmo consunto

Fu l'uom, che nacque e visse sanza pecca:
  Tu hai i piedi in su picciola spera,
  Che l'altra faccia fa della Giudecca.

Qui e da man, quando di là è sera:
  E questi, che ne fe scala col pelo,
  Fitt' è ancora, sì come prim'era.

Da questa parte cadde giù dal Cielo:
  E la terra, che pria di qua si sporse,
  Per paura di lui fe del mar velo,

E venne all'emisperio nostro: e forse,
  Per fuggir lui, lasciò qui il luogo voto
  Quella, ch'appar di qua, e su ricorse.

Luogo è laggiù da Belzebù rimoto
  Tanto, quanto la tomba si distende,
  Che non per vista, ma per suono è noto

D'un ruscelletto, che quivi discende,
  Per la buca d'un sasso, ch'egli ha roso,
  Col corso, ch'egli avvolge, e poco pende.

Lo duca ed io, per quel cammino ascoso
  Entrammo a ritornar nel chiaro mondo:
  E senza cura aver d'alcun riposo

grande terre séparée de l'Océan [10], et sous la voûte duquel fut livré à la mort l'homme qui naquit et vécut sans péché [11]. Tu as les pieds sur le petit cercle qui se trouve à l'opposite de celui de Judas. Quand c'est là-haut le soir, c'est ici le matin, et celui dont les poils nous ont servi d'échelle est encore enfoncé dans le même sens qu'auparavant. C'est de ce côté qu'il tomba du ciel ; et la terre qui d'abord était ici à découvert, par la peur qu'elle en eut, se fit des eaux de la mer comme un voile, et se réfugia vers notre hémisphère. Peut-être est-ce pour échapper à ce rebelle qu'elle creusa cet abîme et se redressa là-bas en montagne [12].

« Il est un lieu éloigné de Belzébuth d'une distance égale à la longueur de sa tombe, un lieu qui ne paraît pas à la vue, mais que fait découvrir le murmure d'un petit ruisseau qui descend là par la fente d'un rocher creusé dans les sinuosités et sur la pente de son cours. »

Le guide et moi nous entrâmes dans le chemin mystérieux qui nous ramenait à ce monde où brille la douce lumière du jour, et, sans songer à prendre aucun repos,

Salimmo su, ei primo, ed io secondo,
   Tanto, ch'i' vidi delle cose belle,
Che porta 'l ciel, per un pertugio tondo :

E quindi uscimmo a riveder le stelle.

FINE DELL'INFERNO.

nous montions toujours, Virgile me montrant la voie, moi le suivant, jusqu'à ce que, par un grand cercle ouvert, je découvris les belles choses qui resplendissent au firmament, et hors de l'abîme enfin, nous revîmes la clarté des étoiles.

FIN DE L'ENFER.

CHANT PREMIER.

1. Une indication très-précise donnée au xxie chant assigne la date fictive de 1300 au voyage du Dante dans l'Enfer. Son poeme ne fut cependant acheve que longtemps après; mais il avait besoin de cette date, autour de laquelle se placent les evenements qu'il voulait raconter ou plutôt traduire en recits prophetiques. Ces étranges predictions, faites à coup sûr, et justifiees deja au moment ou le poete les rappelle, apparaissent tout à la fois, sevères comme une menace ou une represaille, et infaillibles comme la realite. Elles ajoutent singulièrement au caractère dramatique de cette epopee, ou les passions politiques du temps devaient trouver un echo.

A cette même epoque de 1300, le Dante, ne en 1265, avait trente-cinq ans; ce qui lui fait dire qu'il etait parvenu au milieu du chemin de la vie, « nel mezzo del cammin di nostra vita » Mais l'autre moitie ne lui etait pas reservee tout entiere : l'exil, le chagrin, les malheurs de sa patrie devaient en abréger la durée il mourut en 1321, âgé de cinquante-six ans.

2 Tout ce premier chant n'est qu'une suite d'allégories qui ont longtemps exercé la sagacité des commentateurs. Dans cette foule d'interprétations difficiles à concilier entre elles, il faut se borner à choisir avec discrétion celles qui donnent au texte le sens le plus naturel et le plus raisonnable.

La forêt sombre où s'égare le poète, c'est l'image de l'erreur et de l'obscurcissement de l'âme quand la vérité cesse de l'éclairer. Il y entre au moment où il vient de perdre le droit chemin, « la via verace. » Il dit ailleurs : « La selva « erronea di questa vita. »

La montagne délicieuse, « il dilettoso monte, » au pied de laquelle il est arrêté par d'effrayants obstacles, représente la route qui conduit à la vérité dont le soleil est le symbole. La panthère, le lion et la louve maigre figurent les passions qui s'emparent le plus fortement du cœur de l'homme, aux trois âges de la vie : les appétits des sens dans la jeunesse, l'ambition à l'âge mûr, l'avarice dans la vieillesse. L'Écriture avait dit : « Omne quod est in mundo, aut est « concupiscentia carnis, aut concupiscentia oculorum, aut « superbia vitæ. » Voir le magnifique commentaire de Bossuet (*Traité de la Concupiscence*).

Cette forêt sauvage, cette montagne, chemin de la vérité, ces obstacles vivants contre lesquels il faut lutter, rappellent, par un curieux rapprochement, ce passage de saint Augustin : « Et aliud de silvestri cacumine videre « patriam pacis, et iter ad eam non invenire, et frustra « conari per invia, circum obsidentibus et insidiantibus « fugitivis desertoribus cum principe suo leone et dracone « et aliud tenere viam illuc ducentem curâ cœlestis impe- « ratoris munitam, ubi non latrocinantur qui cœlestem mi- « litiam deseruerunt. » (S. Aug., *Conf.*, lib. vii, chap. 21.)

3 Les Latins disaient

Chiescunt sonitus — Lunt silens

Mieux encore

> Tacitæ per amica silentia lunæ (a)
> VIRG., Æneid, lib. II

4. Le Dante met ici dans la bouche de Virgile les vers mêmes de *l'Enéide* :

> Rex erat Æneas nobis quo justior alter,
> Nec pietate fuit.
> VIRG., Æneid, lib. I

> Cecidit que superbum
> Ilium, et omnis humo fumat Neptunia Troja.
> VIRG., Æneid, lib. III

5. Le poète fait allusion à un de ses protecteurs, Can Grande Della Scala, seigneur de Vérone.

6. Province de Vérone, qui confine, par l'un de ses côtés, à la Marche trévisane, où est situé Feltro, et, par l'autre, à la Romagne, où se trouve Monte Feltro.

7. Beatrix, personnification de la Théologie, qui doit conduire le poète dans le Paradis.

CHANT DEUXIEME

1. Selon le poète, il entrait dans les vues de la Providence de placer un jour le siège de l'Eglise, ou le trône de saint Pierre, dans le lieu même où allait se fonder la puissance romaine.

2. Saint Paul : « Quoniam vas electionis est mihi iste. » (*Act. des Apôtres.*)

(a) Il serait difficile de ne pas reproduire ces réminiscences de l'antiquité où le Dante a si souvent puisé. Si de telles citations, connues de tous, n'apprennent rien à personne, elles ont du moins la valeur d'un souvenir qui plaît.

3. Les âmes placées dans les limbes et dont l'état ne doit être fixé qu'après le jugement dernier.

4. La clémence divine, ou, en langage théologique, la grâce prévenante.

5. La grâce illuminante, de *lux*, lumière.

CHANT TROISIÈME

1. Le poète indique les attributs de chacune des trois personnes de la sainte Trinité, il s'est souvenu de la maxime théologique : « Opera ad extra sunt totius trinitatis. »

2. Res alta terra et caligine mersas
    VIRG., *Æneid*, lib. VI

3. Virgile avait dit
    Tristes sine sole domos
    VIRG., *Æneid*, lib. VI

4. Presque tous les commentateurs pensent qu'il s'agit de l'acte par lequel Célestin V, élu pape, renonça au souverain pontificat.

    Le Dante a été plus d'une fois blâmé d'avoir placé dans l'Enfer un pontife que l'Église a reconnu pour un saint. Mais le poète, ainsi que l'atteste Boccace, vivait avant la canonisation de Célestin V, et d'ailleurs il le jugeait avec les idées de son temps, envisageant l'acte au point de vue humain et sans trop en rechercher les motifs.

5. Huc omnis turba ad ripas effusa ruebat
    VIRG., *Æneid*, lib. VI

    Et plus bas :

    Dic, ait, o virgo, quid vult concursus ad amnem?
    Quidve petunt animæ?
    VIRG., *Æneid*, lib. VI

NOTES.

6.
>Nulli fas casto sceleratum insistere limen
>>VIRG., *Æneid*, lib. vi

Ou encore :

>Corpora viva nefas Stygia vectare carina
>>VIRG., *Æneid*, lib. vi

CHANT QUATRIÈME.

1. Jésus-Christ.

2. Plusieurs commentateurs voient, dans ces sept murailles, une allusion aux sept vertus ou sept dons de l'esprit saint, d'autres y trouvent le symbole des sept arts libéraux. Le passage suivant d'*Il convito*, cité à l'appui de cette dernière opinion, donne une idée de la cosmogonie de ces temps éloignés :

    « Siccome adunque disopra narrato, li sette cieli, primi a « noi, sono quelli delle p ete; poi sono due cieli sopra « questi mobili, e uno sopra tutti quieto. Alli sette primi « rispondono le sette scienze del trivio e del quadrivio, cioè « gramatica, dialectica, rettorica, aritmetica, musica, « geometria, astrologia. »

3. Dante dira encore dans le même sens

    >Che la dolcezza ancor dentro mi suona
    >>*Purg*

    >E ancor mi distilla nel cor lo dolce
    >Che nacque da essa
    >>*Parad*

4. Electre, l'une des Atlantides, mère de Dardanus, fondateur de Troie, les héros placés à ses côtés et désignés par le poète composent sa descendance.

5. Dante ne parle pas ici en mauvaise part, il a voulu seulement

exprimer ce qu'il y avait de perçant dans le regard de César et d'irrésistible autorité sur son visage. — Suétone avait dit de lui : « Nigris, getisque oculis »

6. Ducit Amazonidum lunatis agmina peltis
    Penthesilea furens, mediisque in millibus ardet,
    Bellatrix.
    Virg., *Æneid*, lib. I

    Hos super advenit Volsca de gente Camilla,

    Bellatrix.
    Virg., *Æneid*, lib. VII

7. Saladin placé à l'écart, comme le seul des souverains mahométans qui fût alors célèbre.

8. Aristote, dont la philosophie dominait au XIVe siècle et que Dante nomme ailleurs : « Il maestro e duca della ragione « umana. » Montaigne l'a appelé depuis : « Le monarque « de la doctrine moderne. »

9. Il s'appliqua à rechercher la vertu et les propriétés des plantes.

10. M. Eugène Delacroix s'est heureusement inspiré de toute cette grande scène, dans l'œuvre admirable qui décore la bibliothèque du Sénat. Non moins tolérant et plus indépendant encore que la théologie du Dante, le génie des arts n'a mesuré à ces grands esprits de l'antiquité ni l'espace ni la lumière. Il les place dans une région sereine et indéfinie. Le ciel, d'un azur profond, les nuages teints d'une molle clarté rappellent les plus beaux jours de la vie terrestre :

    L'aer dolce che dal sol s'allegra,

    Ou même les splendeurs harmonieuses et surnaturelles que Dante trouvera plus tard au sommet du Purgatoire :

    E una melodia dolce correa
    Per l'aer luminoso.

    Telle, la grâce chrétienne de Fénelon, fidèle aux plus riants souvenirs du paganisme, enveloppe les âmes privilégiées d'une atmosphère lumineuse et incorruptible.

CHANT CINQUIEME.

1. Achille périt victime de la trahison de Pâris, au moment où il croyait épouser Polyxène.

   > Phœbe graves Trojæ semper miserate labores
   > Dardana qui Paridis direxti tela manusque
   > Corpus in Æacidæ
   >
   > VIRG., *Æneid*, lib. VI

   > Achille
   > Ch' ebbe in suo amor assai dogliosa sorte
   > PETRARQUE

2. Tristan, dont il est parlé dans les romans de chevalerie, périt de la main du roi Marco de Cornouailles, dont il avait séduit la femme.

3. Françoise, fille de Guido de Polenta, seigneur de Ravenne, fut mariée malgré elle a Lanciotto, fils aîné de Malatesta, seigneur de Rimini. Séduite par les grâces de Paul Malatesta, son beau-frère, elle partagea la passion qu'il avait pour elle. Lanciotto les surprit ensemble et perça du même coup les deux amants.

4. Est-ce à Virgile qu'il est fait allusion ou à ce passage de Boèce

   « In omni adversitate fortunæ, infelicissimum genus infortunii
   « est fuisse felicem ? »

   On sait que Dante, au milieu de ses adversités, eut souvent recours, comme il le dit lui-même, au traité de Boèce, *de Consolatione philosophicá*.

5. Lancelot, l'un des héros de la Table-Ronde, amant de la reine Ginevre; Gallehaut (Galeotto) s'était entremis dans leurs amours.

CHANT SIXIEME.

1. Ciacco (pourceau), surnom donné à un parasite florentin dont il est question dans le Decameron.

2. La faction des Blancs, ainsi désignée à Florence à cause de son chef Vieri de' Cerchi, de noblesse nouvelle, qui venait des bois de Val di Nievole Corso Donati, de noblesse ancienne, était le chef de la faction opposée.

3. Charles de Valois, appelé au secours des Noirs expulsés de Florence, les aida à se venger des Blancs, après avoir tenu longtemps les deux partis en suspens par de vagues promesses.

4. On pense que Dante a voulu se désigner lui-même, ainsi que Guido Cavalcante, son ami.

5. Nobles Florentins qui figurèrent dans l'une des deux factions et dont plusieurs sont nommés plus loin.

6. La doctrine d'Aristote « La sensibilité morale de l'homme « s'accroît en raison même de sa perfection. »

    Saint Augustin disait : « Cum fiet resurrectio carnis, et bono- « rum gaudia et malorum tormenta majora erunt. »

7. Plutus, dieu des richesses.

CHANT SEPTIEME.

1. Des commentateurs se sont ingéniés à donner un sens à ce vers, dans lequel il ne faut voir que des cris de colère, en dehors de tout langage humain.

2. Il s'agit des richesses. C'est la rencontre des avares et des prodigues qui se heurtent et se repoussent.

3. Saint Augustin appelle la Fortune « une secrète volonté de « Dieu. » Lucrèce la nommait avant lui « Vis abdita. » On a dit de nos jours que le hasard était « l'incognito de la Providence »

4.
   Fortuna, sævo læta negotio, et
  Ludum insolentem ludere pertinax,
    Transmutat incertos honores,
     Nunc mihi, nunc alii benigna, etc
         HORACE, lib III, od 29

Et l'ode

   O Diva, gratum quæ regis Antium
         HORACE, lib I, od 35

CHANT HUITIÈME

1. Phlegias, pour se venger de l'attentat d'Apollon sur sa fille, incendia le temple de ce dieu qui le perça de ses flèches

2.
    Gemuit sub pondere cymba
  Sutilis, et multam accepit limosa paludem
        VIRG, Æneid, lib VI

3. Florentin connu par son orgueil, sa morgue insolente et ses bizarreries.

4. Le Dante donne à cette partie de l'Enfer le nom dont il se servira au xxxive chant pour désigner Lucifer lui-même

5. C'est à dessein que le poète dit mosquées, il a choisi un nom profane pour le lieu qu'il destine aux hérésiarques.

6. La porte par laquelle « on va à l'éternelle douleur, » et que brisa le Christ, lorsqu'il vint retirer les âmes enfermées dans les limbes.

CHANT NEUVIEME.

1. Erycto, magicienne de Thessalie dont il est question dans la *Pharsale* (liv VI).

2.   Vipereum crinem vittis innexa cruentis
                              VIRG., *Æneid*, lib. VI

3. Hercule, pour sauver Thesee, enchaîna Cerbere et le traîna hors des Enfers

4. Arles et Pola, ou l'on voyait de nombreuses sepultures elevees à la suite des batailles livrees dans le voisinage de ces deux villes.

CHANT DIXIEME.

1. Il a deja ete nomme au VIe chant. Il fut le chef des Gibelins et contribua a la defaite des Guelfes a Monte-Aperto. Dante etait Guelfe en 1300, et ne devint Gibelin que plus tard, sa famille avait persecute la faction gibeline, de la les plaintes de Farinata.

2. Les Gibelins, vainqueurs a Monte-Aperto et maîtres de Florence, en furent chasses à leur tour et n'y rentrerent plus.

3. Cavalcante de' Cavalcanti, comme Farinata, sectateur d'Epicure. Son fils Guido, ami de Dante, cultiva les lettres, mais prefera les philosophes aux poetes « Ebbe a dis-« degno. »

4. « La loggia, » lieu de reunion des Florentins. Voir le *Voyage en Italie*, de J. Janin, p. 117 et suiv

5. Rivière voisine de Monte-Aperto, où furent défaits les Guelfes. Ce champ de bataille de Monte-Aperto a inspiré une belle page à Ugo Foscolo. (*Ultime lettere* di Jacopo Ortis, p. 123, edit. de Baudry.)

6. Frédéric II, neveu de Frédéric Barberousse, ardent ennemi de l'Église.

7. Ottaviano degli Ubaldini, qu'on désignait par son titre « le « Cardinal. »

8. Lorsque Béatrix lui servira de guide dans le Paradis. (Ch. xvii, *Parad.*)

CHANT ONZIÈME.

1. Le pape Anastase II, qui vivait au ve siècle, il partagea l'erreur de Photin, qui enseignait que l'Esprit Saint ne procède pas du Père.

2. Sodome, l'une des villes de la Pentapole en Palestine, Cahors, ville ancienne de la Guienne qui était, au xive siècle, un repaire d'usuriers.

3. Dite, c'est Lucifer, qui donne son nom à la cité elle-même, et que le poète place ensuite au centre de la terre :

  Verso cui tendono tutti i gravi
    Ch xxxiv

4. Ce passage est pris à l'*Éthique* d'Aristote, liv. vii, on y trouve que l'incontinence est moins coupable, à cause de sa courte durée et du repentir qui la suit toujours.

5. Sous cette forme ingénieuse, le poète a-t-il voulu assigner, comme origine et comme but à l'art humain, le principe

de l'imitation de la nature sensible? S'il en etait ainsi, il aurait meconnu les vrais fondements de l'esthetique et la doctrine platonicienne reprise avec tant d'eclat, de nos jours, par MM. Cousin et Jouffroy. Il aurait, dans un sens plus general, exprime la même idee qu'il est arrive au genie de Pascal de laisser echapper, lorsqu'il dit : « Quelle « vanite que la peinture, qui attire l'admiration par la « ressemblance des choses dont on n'admire pas les origi- « naux[1] »

Mais le passage du Dante, pris en lui-même et compare avec les theories que le poete expose ailleurs, peut prêter a une interpretation differente. Le Dante a plus d'une fois represente la nature comme animee par cet art divin, qui se manifeste en elle a des degres divers, en vertu de « participations « successives. » Rien de plus logique, a ce point de vue, que de donner pour mission a l'art humain d'interroger la nature, afin d'y saisir ces secretes et divines empreintes. Si le genie de l'artiste se met ainsi a l'ecole de la nature, ce n'est pas pour la reproduire servilement, c'est pour l'interpreter et la deviner. La nature n'est plus interposee entre Dieu et l'homme, c'est l'homme qui, place au sein de la creation, lui demande des secours et des revelations pour remonter jusqu'à Dieu.

Une autre interpretation pourrait se fonder sur la distinction des beaux-arts et des arts mecaniques ou industriels. Il est bien certain que ces derniers, reposant principalement sur l'idee d'utilite, empruntent a la nature ses lois et ses formes, pour les diriger, les reproduire et les rendre plus fecondes Ils font œuvre d'invention plus que d'inspiration, de puissance plus que de divination. Ce n'est plus la pensee divine qu'ils cherchent a travers la matiere transfiguree : ils sont d'extraction purement humaine, et, a leur egard, la filiation imaginee par Dante n'est pas seulement subtile, elle peut être consideree comme rigoureusement vraie.

Dans ce dernier ordre d'idees, on pourrait citer quelques traits d'un admirable sermon de Bossuet, qui semblent développer, avec une grande richesse de pensées et d'expressions, ce qui vient d'être indiqué rapidement

« Si un excellent ouvrier a fait quelque rare machine, aucun
« ne peut s'en servir que par les lumières qu'il donne. Dieu
« a fabriqué le monde comme une grande machine que sa
« seule sagesse pouvait inventer, que sa seule puissance
« pouvait construire. O homme, il t'a établi pour t'en
« servir, il a mis, pour ainsi dire, en tes mains toute la
« nature, pour l'appliquer à tes usages, il t'a même permis
« de l'orner et de l'embellir par ton art, car qu'est-ce autre
« chose que l'art, sinon l'embellissement de la nature? Tu
« peux ajouter quelques couleurs pour orner cet admi-
« rable tableau, mais comment pourrais-tu faire remuer
« tant soit peu une machine si forte et si délicate, ou de
« quelle sorte pourrais-tu faire seulement un trait conve-
« nable dans une peinture si riche, s'il n'y avait en toi-
« même et dans quelque partie de ton être, quelque art
« dérivé de ce premier art, quelques fécondes idées tirées
« de ces idées originales, en un mot quelque ressem-
« blance, quelque écoulement, quelque portion de cet
« esprit ouvrier qui a fait le monde? » (Sermon pour le
vendredi de la quatrième semaine de carême, sur la Mort,
§ XVII.)

6 Curieuse et originale démonstration du vice de l'usure! Le profit que trouve l'usurier est un gain sans légitimité, une production sans motifs, un effet sans cause! Il offense la nature, puisque l'argent n'ayant en lui-même aucune vertu reproductive, est frappé d'une stérilité radicale. Ce gain de l'usurier n'offense pas moins l'art légitime, puisqu'il ne suppose ni effort ni travail. Il est donc, à un double titre, illicite et mensonger.

Telles sont les idées qui prévalaient, et à l'aide desquelles on en était venu à confondre, dans une même réprobation, l'usure et tout intérêt produit par le prêt d'une somme d'argent.

De justes limites ont été apportées à ces sévérités de la théologie du moyen âge : on reconnaît, maintenant, que le capital, représentation et instrument du travail, peut être, à bon droit, considéré comme une puissance active et reproductive.

7 « Carro, » le Chariot ou la Grande Ourse. « Coro, » Caurus en latin, vent qui souffle du nord-ouest. Le rapprochement de ces signes indique le matin.

CHANT DOUZIÈME

1. Le Minotaure

> . Mixtumque genus, prolesque biformis
> Minotaurus inest, Veneris monumenta nefandæ
>
> VIRG., *Æneid*, lib. VI

2. Jésus-Christ, lorsqu'il descendit dans les limbes.

3. Empédocle pensait que le monde était le produit de la discorde ou de la séparation des éléments ; que leur rapprochement et leur union ramenaient des alternatives d'ordre et de désordre.

4. Beatrix.

5. Ezzelino, tyran de Padoue Obizzo d'Este, marquis de Ferrare et de la marche d'Ancône ; il fut, dit-on, étouffé par son fils.

6. Guido di Monteforte. Pour venger la mort de son père, exécuté à Londres, il assassina dans l'église de Viterbe, au moment de l'élévation, Henri, neveu de Henri III, roi d'Angleterre, dont le cœur fut rapporté à Londres et placé dans la chapelle royale

7 Les commentateurs ont hésité entre Sextus, fils de Tarquin le Superbe, et Sextus, fils du grand Pompée. Il est vrai que ce dernier, qui soutint quelque temps la cause de son père, a la tête de forces maritimes considérables (Voy. PLUTARQUE, *Vie d'Antoine*), infidèle, du moins sous ce rapport aux traditions paternelles, devint l'allié et le chef d'une bande de corsaires. Mais il n'est pas probable que les exploits un peu équivoques qui lui sont reprochés par l'histoire, lui aient valu l'animadversion du Dante. L'attentat de Sextus Tarquin ne semble-t-il pas mieux fait pour justifier le souvenir courroucé du poète?

8 L'un et l'autre connus, au temps du Dante, par leurs brigandages.

CHANT TREIZIEME.

1 « Cecina, » fleuve qui se jette dans la mer, non loin de Livourne. « Corneto, » petite ville du patrimoine de Saint-Pierre.

2.
Virginei volucrum vultus, fœdissima ventris
Proluvies, uncæque manus et pallida semper
Ora fame
VIRG., *Æneid*, lib. III

3.
Mihi frigidus horror
Membra quatit, gelidusque coit formidine sanguis

Quid miserum, Ænea, laceras? jam parce sepulto,
Parce pias scelerare manus
VIRG. *Ibid*

4. Pierre Desvignes, homme de basse condition, il sut gagner la confiance de Frédéric II. Des calomnies causèrent sa disgrâce, et on lui creva les yeux par ordre de son maître. De désespoir, il se donna la mort.

5. Il était difficile de caractériser l'Envie avec plus de sévérité : « La meretrice,... gli occhi putti,... morte commune e « delle corte vizio ! » Déjà le poète avait dit (ch. I) que la louve, emblème de toutes les convoitises, avait été renvoyée de l'Enfer dans ce monde par l'Envie, plus loin il fait dire à Ciacco (ch. VI) que Florence est si pleine d'envie, « che gia trabocca il sacco ! »

Dans les républiques du moyen âge, si jalouses les unes des autres, et agitées au dedans par de perpétuelles dissensions, le Dante avait eu plus d'une occasion de s'apercevoir combien l'envie est féconde en malheurs, pour les petits États surtout, où un certain nombre de familles se disputent sans cesse le pouvoir.

Se fut-il, de notre temps, montré moins sévère à l'égard de « cette prostituée aux regards impudents? » Il est permis d'en douter. Si, à l'époque où il vivait, la « louve maigre, « toute chargée d'appétits, » avait fait déjà bien des victimes (ch. I), combien n'en fait-elle pas de nos jours, où tant de convoitises ont été excitées et par les vicissitudes politiques, et par les doctrines d'imprudents sophistes !

L'envie, cette « peste des cours, » est aussi devenue la peste des villes. Le rapprochement et le mélange des conditions, en diminuant les distances, produisent ce double effet, de ne rien laisser d'infranchissable aux rêves les plus malsains de l'ambition, et de rendre plus immédiat et plus distinct le spectacle assidu de l'objet envié :

Ante oculos ollum esse potentem,
Ollum adspectari, claro qui incedit honore.
LUCRET. *de Natur. rer.*, lib. III.

6. Riche Siennois, qui dissipa ses biens. Voulant se soustraire à la misère, au combat de Pieve di Toppo, il se jeta dans les rangs ennemis pour y trouver la mort.

7. Gentilhomme padouan, de la famille della Capella da Sant' Andrea. Il se tua, après avoir perdu ses richesses en folles prodigalités.

8. Florence, devenue chrétienne, prit saint Jean-Baptiste pour patron. Elle était placée auparavant sous la protection du Dieu Mars.

CHANT QUATORZIEME.

1. Caton traversa la Libye avec les débris de l'armée de Pompée. (*Pharsale*, liv. IX, et PLUTARQUE, *Vie de Caton d'Utique*.)

2. Combat des Géants contre Jupiter.

3. Voyez ESCHYLE.

4. Eaux chaudes sulfureuses et de couleur rougeâtre qui coulaient près de Viterbe, elles étaient très-fréquentées autrefois, et probablement des courtisanes étaient venues s'établir dans le voisinage.

5. Saturne, l'âge d'or.

6. Figure du Temps. Il tourne le dos à Damiette et regarde Rome, pour indiquer la révolution des astres d'Orient en Occident, ou, à un point de vue chrétien, parce que l'Egypte est idolâtre et que Rome est le siége de la vraie foi.

7. Virgile semble rappeler au Dante l'étymologie du nom, d'où les commentateurs ont conclu que le poète avait voulu indiquer qu'il savait le grec.

CHANT QUINZIEME.

1. La Brenta prend sa source dans la partie des Alpes appelée Chiarentana.

2. Ser Brunetto Latini, originaire de Florence, séjourna en France et y composa, en français, un ouvrage qu'il intitula *Tresor*, et qu'il divisa en trois parties. « Monnaie courante, pierres précieuses, or pur. » La première partie traite de l'histoire sacrée et profane, notamment des destinées de l'Eglise et de l'Empire, de la philosophie naturelle, etc. La seconde est consacrée à la morale. La troisième est à la fois une rhétorique et une politique. Sous cette forme encyclopédique qui n'a pas été connue et pratiquée seulement par le xviiie siècle, Brunetto Latini avait touché à une foule de questions dont plusieurs sont restées dans le domaine de la science. L'auteur et l'ouvrage avaient exercé une grande influence sur l'esprit et sur les opinions du Dante.

3. Brunetto se serait occupé d'astrologie

4. On croit que les habitants de Fiesole, ville ancienne de l'Etrurie, furent les premiers fondateurs de Florence.

5. Pour prix d'un service rendu aux Pisans, les Florentins eurent le choix entre des portes de bronze richement travaillées et des colonnes de porphyre couvertes de brillantes étoffes, que leur offraient leurs voisins Ils prirent les colonnes, mais, sous leur enveloppe, ils les trouvèrent toutes mutilées. De là le nom d'aveugles, « orbi, » donné aux Florentins, et celui de traîtres, « traditori, » infligé aux Pisans

6. Les Florentins.

7. C'est-a-dire les paroles de Farinata au xe chant

8. Priscien, grammairien du vi^e siecle.
François d'Accurse, jurisconsulte florentin

9. Andrea de' Mozzi. A cause de sa vie scandaleuse, il fut transfere, par le pape « servus servorum », de l'evêche de Florence a celui de Vicence, ou coule le Bacchiglione.

10. Course dont le prix etait une pièce de drap vert. Elle avait lieu a Verone, le premier dimanche de carême.

CHANT SEIZIEME.

1. Gualdrada, dame de Florence, belle et vertueuse, dont il est parle aux xve et xvie chants du Paradis.

2. De la famille Degli Adimari de Florence. Il conseilla, mais en vain, aux Florentins de ne point livrer bataille aux Siennois à Monte-Aperto.

3. Noble Florentin. On sait de lui seulement qu'il eut une mechante femme, et que, force de la quitter, il se livra au vice qui est si cruellement châtie dans le cercle des sables enflammes.

4. Gughelmo Borsiere, dont il est parle dans le Decameron (8 nouv., ixe journee).

5. Le Montone a sa source dans l'Apennin, au-dessus de l'abbaye de Saint-Benoît; il se nomme Acquacheta, jusqu'a Forli, ou il prend le nom de Montone.

CHANT DIX-SEPTIEME.

1. Geryon, image de la Fraude. Il y eut un roi de ce nom; la fable lui prêtait trois corps, parce qu'il régna sur trois îles.

>   Tergemini Geryonis
>   VIRG., Æneid, lib. VIII.

2. Les Gianfigliacci, de Florence.

3. Les Ubriacchi, de Florence.

4. Les Serovigni, de Padoue.

5. Vitaliano, également de Padoue.

6. Giovanni Buiamonte, appelé ironiquement « Cavalier Sovrano. »

7. Quelques anciens voulaient que la voie lactée fut la trace de l'incendie causé par Phaeton.

>   Perche 'l ciel, come pare ancor, etc.

CHANT DIX-HUITIEME.

1. Bolonais coupable d'avoir livré sa propre sœur, Ghisola, au marquis Obizzo d'Este. Le fait aurait été raconté différemment.

2. « Sipa » pour « sia, » idiotisme usité à Bologne.

3. Vid. OVIDE, Met., lib. VII.

4. Fille de Thoas, roi de l'île de Lemnos.

5. Elle sauva son père du massacre.

>   Hypsipyles patriam, clarique Thoantis,
>   Et veterum tenas infames cæde virorum.
>   OVID., Metam., lib. XIII.

6. L'un des plus adroits flatteurs de son temps.

7. Est-il bien possible de reconnaître, sous les traits de cette hideuse creature, la charmante Thaïs de Terence?

> Color verus, corpus solidum et succi plenum
> — Anni? — Anni sedecim. — Flos ipse!
> *Eunuque*, act II, scene 4

CHANT DIX-NEUVIEME.

1. Le Dante brisa l'ouverture de l'une des piscines du baptistère de Florence, pour sauver un enfant qui s'y noyait; a l'occasion de ce fait, on l'accusa de sacrilege.

2. Les assassins etaient enfonces la tête en bas dans une fosse que l'on comblait peu à peu.

3. Boniface VIII, dont il s'agit, ne mourut qu'en 1303. « Il entra, « dit-on, en charge comme un renard, s'y porta comme « un lion, et mourut comme un chien. » (MONTAIGNE.)

4. L'Eglise. « Non habentem maculam, aut rugam, aut aliquid « hujus modi. » (S. PAUL.)

5. Celui qui parle est Nicolas III, de la famille Orsini.

6. Clement V, successeur de Boniface VIII. Il dut la tiare à Philippe le Bel, comme Jason dut le souverain sacerdoce à Antiochus, roi de Syrie, alors maître de Jerusalem (*Macchab.*, liv II, ch. IV.)

7. Judas Iscariote.

8. Nicolas III combattit Charles Ier, roi de Sicile, qui lui avait refuse une alliance de famille.

9. « Veni, ostendam tibi damnationem meretricis magnæ, quæ « sedet super aquas multas, cum quâ fornicati sunt reges « terræ.... Habentem capita septem et cornua decem. » (*Apoc.*)

CHANT VINGTIEME.

1. Amphiaraus, l'un des sept rois qui assiegerent Thèbes. (*Theb.* de STACE ESCHYLE, *Les sept chefs devant Thebes.*)

2. <pre>   Nomenque erat auguris ingens
                        OVID, Metam lib III</pre>

3. Vid. OVID., *Metam*

4. Arons, autre devin, qui vivait au moment de la guerre entre Cesar et Pompee. (LUCAIN, *Phars.*)

5. Manto de Thebes, fille de Tiresias. Le Dante lui attribue la fondation de Mantoue, patrie de Virgile

    <pre>Mantua me genuit, etc</pre>

6. Thèbes.

7. Le lac de Garda, nomme autrefois Benaco.

8. Vers le milieu du lac de Garda et a l'endroit ou la Tignalga y verse ses eaux, se trouve un point ou confluent les trois diocèses de Trente, de Brescia et de Verone.

9. Albert, comte de Casalodi, seigneur de Mantoue, exila de la ville toute la noblesse composant son parti, d'après les conseils interesses de Pinamonte de' Buonacossi, qui l'en chassa a son tour, en soulevant le peuple contre lui

10. <pre>   Suspensi Euripilum scitatum oracula Phœbi
      Mittimus
                           VIRG, Æneid, lib II</pre>

11. Michel Scot, qui vecut a la cour de Frederic II.

12. Le premier etait un astrologue du XIIIe siecle, le second, un savetier qui se livra a l'etude de l'astrologie.

13. Les croyances populaires attribuaient les taches de la lune a la presence de Cain charge d'un fagot d'epines

CHANT VINGT-UNIEME.

1. Ce nom doit-il être appliqué a l'un des démons, a tous ensemble, ou au lieu qu'ils occupent? Guiniforto delli Bargigi l'attribue à l'ensemble des démons et des damnés enfermés dans cette portion de l'enfer. « Quel nom, dit-il, « conviendrait mieux aux fripons et aux escrocs : Male-« branche, griffes maudites? »

2. L'un des magistrats de Lucques, désigné sous ce nom à cause de la patronne de la ville.

3. Amère ironie! Ce Bonturo, de la famille de' Dati, passait pour le plus vénal des hommes.

4. Image de Jésus-Christ, particulièrement vénérée des Lucquois et déposée dans l'église Saint-Martin.

5. Rivière voisine de Lucques.

6. Les Lucquois, forcés de rendre Capiona aux Pisans, défilèrent a travers les rangs ennemis, d'où se faisaient entendre contre eux des cris de mort.

7. Malacoda se garderait bien de nommer Jésus-Christ ; il donne seulement les chiffres qui peuvent indiquer l'époque de sa mort. En ajoutant aux 1,266 années du texte, les 33 ans, les mois et les jours de la vie de Notre-Seigneur, on arrive justement à l'année 1300, de laquelle le Dante date son poëme.

8. La plupart de ces noms portent avec eux leur signification.

9. Guiniforto delli Bargigi justifie ainsi ce passage
    « E nota bene che parendo a Dante non convenevole, che
    « sì fatta fanteria di demoni andasse alla sua cerca con
    « tamburino o ciaramella, finge, per dispiezzo, che il
    « caporal loro Barbariccia avesse fatto trombetta del culo.

CHANT VINGT-DEUXIEME.

1. Ciampolo ou Giampolo. Ruiné par les dissipations de son père, il réussit à se faire bien venir de Thibaut, roi de Navarre, et il abusa de sa confiance.

2.
> Colui che fu di tutti vizi il vaso
> ARIOSTE

Il trahit Nino de Visconti, seigneur de Gallura, qui occupait l'une des quatre judicatures de la Sardaigne, en favorisant, à prix d'argent, l'évasion de ses ennemis.

3. Michel Sanche devint seigneur de Logodoro en Sardaigne, après être parvenu à se faire épouser par la veuve du roi Enzius, fils naturel de Frédéric II.

4. Barbariccia « Cæteris præpositus. »

5.
> Come sparvier che, nel piede guadagno,
> Tenga la preda, e sia per fame pasto
> ARIOSTE

CHANT VINGT-TROISIEME.

1. LA FONTAINE, liv. VI, fable II.

2. « Mo, » de modo en latin, est usité dans tous les dialectes, « issa » l'est plus particulièrement dans le dialecte milanais.

3.
> Obstupui, steteruntque comæ
> VIRG., Æneid, lib. II

4. Les moines de Cologne portaient des chapes d'une grande ampleur et d'une couleur éclatante.

Le Dante a sans doute trouvé l'idée de ce supplice, dans ces paroles de Jésus-Christ sur les Pharisiens :

« Alligant enim onera gravia et importabilia, et imponunt in
« humeros hominum, digito autem suo nolunt ea movere

« Omnia vero opera sua faciunt ut videantur ab hominibus
« dilatant enim phylacteria sua, et magnificant fimbrias »
(S. Matth., ch. xxiii, v. 4 et 5.)

5. On dit que Frederic II faisait enfermer dans une sorte de chape de plomb les coupables de lese-majeste, ainsi enveloppes, ils etaient livres aux flammes.

6. Ils firent partie de l'ordre de chevalerie de Sainte-Marie, institue a Bologne, en 1260, pour combattre les infideles, et qu'on nomma plus tard, en raison du relâchement de la regle, l'ordre des « Freres joyeux. »

Catalano etait Guelfe, Loderingo, Gibelin. Les Florentins leur confierent, en 1266, le gouvernement de leur ville, mais, gagnes l'un et l'autre au parti guelfe, ils chasserent les Gibelins de Florence, et incendierent les palais de la famille degli Ubberti, situes dans le quartier appele « Il « Gardingo. »

7. Caiphe « Expedit ut unus moriatur homo pro populo, ne « tota gens pereat. » (S. Jean.)

8. Le grand pontife Anne

9. Virgile s'etonne, dit Lombardi, de rencontrer un crucifie qu'il n'avait pas vu la derniere fois qu'il passa par ce même cercle. C'est parmi les nombreuses explications donnees par les commentateurs, celle qui paraît la plus naturelle

CHANT VINGT-QUATRIEME.

1 Quand les jours repoussaient leurs bornes circonscrites,
Et des nuits a leur tour usurpaient les limites
                                André Chenier

Qui rore puro Castaliæ lavit
Crines solutos
                                Horat., lib. iii, od. iv

2.   Ignavia corpus hebetat, labor firmat
                                                CORN. CELSE.

3. Le chemin du Purgatoire.

4. *La Pharsale*, liv. ix, et MILTON, *Paradis perdu*, liv. x.

5. Comparaison empruntée à Ovide (*Metam.*, liv. xv).

6.   Se super imponit, finitque in odoribus ævum
                                                OVID, *loc. cit.*

7. Messer Fuccio de' Lazzeri de Pistoie, surnommé Mulo, à cause de sa naissance illégitime, vola des vases sacrés, et laissa accuser et condamner Vanni della Nona, qui n'en était que le dépositaire.

8.   Accipite ergo animis, atque hæc mea figite dicta.
                                                VIRG., *Æneid*, lib. III.

Tout ce qui suit a trait à des événements postérieurs à l'année 1300. La déroute des Noirs à Pistoie, leur revanche dans les champs de Picène, la prise de Florence enlevée à la faction des Blancs, les changements qui en furent la suite, et enfin l'exil du poète. « Si ch' ogni Bianco ne sara
« feruto »

CHANT VINGT-CINQUIÈME.

1. Capanée. (Voyez chant xiv.)

2. Cacus, qui périt sous la massue d'Hercule.

    Huic monstro Vulcanus erat pater, illius atros
    Ore vomens ignes, magna se mole ferebat.
                                                VIRG., *Æneid*, lib. VIII.

3. Cianfa, de la famille des Donati, de Florence.

4. Sabellus et Nasidius qui furent piqués par des serpents dans les déserts de la Libye (*Pharsale*, lib. ix.)

5. Vid. OVID., *Metam.*, lib. III et V.

6. Buoso degl'Abbati, Agnelo Brunelleschi et Puccio Sciancati étaient Florentins et contemporains du poète.

7. C'est Guercio Cavalcante qui fut tué a Gaville, bourg du val de l'Arno. Sa famille, pour venger cette mort, mit Gaville a feu et a sang.

CHANT VINGT-SIXIEME.

1. Ces cinq Florentins viennent d'être nommés, ce sont Cianfa Donati, Agnello Brunelleschi, Buoso degl'Abbati, Puccio Sciancati, et Guercio Cavalcante.

2.
>Tempore quo cerni somnia vera solent
>
>>OVIDE
>
>Io ti vorrei sognare in su l'auroia,
>Ch'i sogni veri son, vero ben mio
>
>>BUONAROTTI

3. Le Dante fait allusion aux calamités qui affligèrent Florence de son temps, et dont se réjouissaient les étrangers, même les habitants de Prato, quoique voisins de Florence.

4. Elisée, injurié par des enfants, appela sur eux la malédiction de Dieu « Egressique sunt duo ursi de saltu et laceraverunt ex eis quadraginta duos pueros. » (*Reg.*, lib. IV, cap. II.)

5. Elie, ravi dans le ciel. « Ecce currus igneus, et equi ignei « diviserunt utrumque et ascendit Elias per turbinem in « cœlum » (*Reg.*, lib. IV. cap. II.)

6. Vid. STACE, lib XII

>Scinditur in partes, geminoque cacumine surgit
>Thebanos imitata rogos
>
>>LUCAIN

7. Deidamie, fille de Lycomède, Achille l'abandonna pour aller au siège de Troie.

8. Tacite avait dit des Grecs : « Sua tantum mirantur. »

9.   Ænea nutrix,
   Æternam moriens famam, Caieta, dedisti
                               Virg., Æneid, lib. vii

10.   Illam ter fluctus ibidem
   Torquet agens circum, et rapidus vorat æquore vortex
                               Virg., Æneid, lib. i

11. C'est-à-dire à Dieu.

CHANT VINGT-SEPTIÈME.

1. Taureau d'airain fabriqué pour Phalaris, tyran de Sicile. On y brûlait des hommes. L'inventeur, l'Athénien Perille, fut le premier à faire l'expérience de ce supplice.

2. Celui qui parle est Guido, comte de Montefeltro.

3. Le Dante désigne encore ici les familles par leurs armoiries. Guido da Polenta, seigneur de Ravenne, portait une aigle moitié blanche, sur champ d'azur, moitié rouge sur champ de sable.

4. Forli, assiégé par les Français, délivré par Guido de Montefeltro, et en dernier lieu au pouvoir de la famille Sinibaldo Ordelaffi, qui portait un lion vert dans ses armes « le branche verdi. »

5. Malatesta père et fils, tyrans de Rimini, appelés da Verrucchio, de la forteresse de ce nom, dont ils avaient la possession.

6. Faenza et Santerno appartenaient à Mainardo ou Machinardo Pagani, qui portait un lion sur champ d'argent

7. Cesene, située entre la plaine et la montagne, et qui avait passé tour à tour de la tyrannie à la liberté.

8. Boniface VIII, que le Dante poursuit partout, et qu'il appellera encore le prince des nouveaux Pharisiens (« lo principe de' nuovi Farisei. » (V. 85.)

9. Fraus vulpeculæ, vis leonis videtur. (CICERON.)

10. « Incipiamus in senectute vasa colligere. Numquid invidio- « sum est? In freto viximus, moriamur in portu. (SÉNE- « QUE, *Ep*.)

11. Le palais de la famille Colonna, à Rome, était voisin de la basilique de Latran

12. Une ancienne tradition dit que Constantin, atteint de la lèpre, alla trouver le pape Sylvestre, qui s'était retiré sur le mont Soracte, et qu'ayant été guéri, il lui demanda le baptême.

13. En parlant ici de la contradiction, « per la contraddizion che nol consente, » il est manifeste que le Dante n'a pas entendu dire simplement qu'il y avait contrariété entre deux propositions. Sa pensée a une portée plus philosophique. C'est certainement « le principe de contradiction » si célèbre dès cette époque parmi les philosophes et les logiciens qu'invoque « le noir chérubin » qui argumente d'une manière si serrée. Après avoir établi : 1° qu'on ne peut absoudre celui qui ne se repent pas ; 2° que se repentir et se complaire dans son péché ne se peut, il a bien raison d'ajouter que le « principe de contradiction » s'y oppose, et de s'écrier, en mettant la griffe sur son damné : « Tu ne te doutais pas que je fusse si bon logicien !

C'est ainsi qu'a toujours été entendu le « principe de contra- « diction » par les docteurs du moyen âge, aussi bien que par les cartésiens et les écoles allemandes issues plus ou moins directement du cartésianisme. Qu'il soit exprimé en ces termes « Il répugne qu'une chose soit et ne soit pas

« en même temps, » ou sous cette forme « Un attribut qui
« répugne à un sujet ne convient pas à ce sujet; » ou bien
sous celle-ci « Ce qui est exclu de l'idée claire et distincte
« d'une chose se peut nier de cette chose, » ce principe
doit être regardé comme la condition primordiale et le
type élémentaire de tout raisonnement, de tout exercice
légitime de la raison humaine. Le Dante connaissait bien la
valeur de cet humble et prudent axiome de sens commun,
auquel il fait ici allusion. Mais plus tard, parvenu, à la fin
de son œuvre, dans les derniers vers du *Paradis*, lorsque
la théologie lui imposera la réunion et la simultanéité
des contraires, quand l'ineffable et l'incompréhensible se
traduiront à lui sous cette forme, il saura bien incliner
son intelligence et son génie devant ces grandes et mystérieuses vérités. Il s'écriera d'abord à la vue de la lumière
éternelle :

> O luce eterna, che sola in te sidi,
> Sola t'intendi, e da te intelletta,
> Ed intendente te ami ed arridi !

Puis s'agenouillant dans son impuissance il dira

> Qual e il geometra che tutto s'affige
> Per misurar lo cerchio, e non ritruova,
> Pensando, quel principio ond' egli indige,
> Tal era io a quella vista nuova

CHANT VINGT-HUITIÈME.

1. Allusion a la bataille de Cannes.

2. Robert Guiscard chassa les Sarrasins de la Sicile et de la Pouille.

3. Ceperano, petite localité sur les confins de la Romagne, où Charles d'Anjou battit l'armée de Mainfroy, roi de la Sicile et de la Pouille.

4. Lieu où Charles d'Anjou, devenu roi de Sicile, triompha de Conradin, neveu de Mainfroy, par les conseils d'Alard de Valery, chevalier français.

5. Aly, disciple et parent de Mahomet

6 Une chronique de 1307 fait connaître ce personnage.
« Expugnatus et captus fuit in montibus Novariensibus, frater Dolcinus de Novariâ, novorum sacrorum inst tutor, hereticus cum multis discipulis.. Perierunt frigore, fame, gladio. Ipse et Margarita uxor, minutatim incisi, postea combusti sunt. Nec tamen suum dogma penitus est exstinctum. »

C'était le communisme, plus la promiscuité des sexes.

Plusieurs commentateurs ont paru s'étonner de l'intérêt que Mahomet témoigne ici pour le moine défroqué qui, combattant le christianisme par la parole et par l'épée, professa et mit en pratique les doctrines des futurs apôtres « de la réhabilitation de la chair. » Cet intérêt est-il donc si invraisemblable? Quand Fra Dolcino n'aurait été que le coreligionnaire des mahométans en polygamie, n'aurait-il pas mérité à ce titre le souvenir et l'encouragement que Mahomet lui envoie du fond de l'enfer? Cette fougue sensuelle et guerrière qu'il avait su inspirer à ses sectateurs, et qu'ils montrèrent dans la défense de la position dont ils avaient fait à la fois un camp et un harem, n'était-elle pas comme une image grossière et brutale de l'héroïsme des races soulevées par le génie de l'islamisme? Si l'on veut une tradition plus directe, un point de contact plus certain, Fra Dolcino n'aurait-il pu s'inspirer de l'exemple et des mœurs de cette colonie sarrasine établie par l'empereur Frédéric II a Nocera, comme l'avant-poste de l'infidélité opposé à la Rome chrétienne? N'aurait il pu devenir ainsi le disciple de Mahomet du même droit que le chef des anabaptistes de Munster se proclama plus tard l'imitateur de Salomon?

7. Pier da Medicina. Ainsi nommé du lieu de sa naissance. Il sema la discorde entre les plus illustres de ses concitoyens.

8. Deux citoyens de Fano, que Malatesta da Rimini, appelé Mastin Vecchio dans le chant précédent, fit traîtreusement jeter dans la mer à la Cattolica. C'est près de là que se trouve un point dangereux du littoral italien, nommé Focara.

9. Curion, auquel Lucain prête cette parole
   Tolle moras, semper nocuit differre paratis

10. De la famille Lamberti ou de celle degli Uberti. Il conseilla le meurtre de Buondelmonte, parce que celui-ci, après avoir promis d'épouser une fille de la maison des Amidei, s'était allié à la famille Donati.

    En donnant ce conseil, Mosca s'était servi de ce proverbe « capo ha cosa fatta, » sur le sens littéral duquel on n'est pas d'accord, mais qui devint en Italie, comme il le fut déjà en cette circonstance, une parole de mort.

11.   Hic murus aheneus esto,
    Nil conscire sibi, nulla pallescere culpa
                    HORACE

12. Bertrand de Born, comte de Hautefort, vécut au XIIe siècle, et fut un des troubadours les plus célèbres de son temps. Il ne cessa d'exciter les guerres de famille et de nationalité qui diviserent Henri II, roi d'Angleterre, et ses fils. Ginguené (*Histoire littéraire*) propose de remplacer le mot *Giovanni* par celui de *Giovane*, et de substituer ainsi à la désignation du roi Jean celle du prince Henri, fils aîné de Henri II. Cette leçon, qui entraînerait une assez grave licence prosodique, se recommanderait par une conformité plus exacte à la vérité historique. C'est à ce titre sans doute qu'elle a semblé mériter la préférence de M. Augustin Thierry (*Conquête de l'Angleterre par les Normands*, t. 2, p. 166). Du reste, quant au rôle politique et

aux œuvres poétiques de Bertrand de Born, on peut consulter l'excellent ouvrage de M. Thierry, et notamment les deux *Sirventes* qu'il cite (p. 443 et 444) d'après M. Raynouard (*Choix de poésies des Troubadours*).

13. « Accersivit quoque Absalon Achitophel Gilonitem consi-
« liarium David, .. cumque immolaret victimas, facta est
« conjuratio valida..... » (*Regum*, lib. II, cap. xv, v. 12.)

14. Ce n'est pas ici seulement que la loi ou la peine du talion trouve son application dans ce code pénal de l'enfer, dont le Dante s'est constitué le législateur, on reconnaît partout ce principe d'étroite relation entre le crime puni et la peine elle-même. Procédant par voie de ressemblance ou d'opposition, l'expiation est tantôt une image ironique, tantôt une contradiction dérisoire de la faute commise ou des instincts coupables. Les hypocrites, succombant au poids des chapes reluisantes d'or, mais doublées de plomb les devins, avec leur tête retournée, qui ne voient plus que par derrière, « à force d'avoir voulu voir en avant, » donnent un exemple de ces châtiments symboliques.

Cet accord de deux significations, l'une palpable, l'autre figurée, est singulièrement conforme au génie même de la religion chrétienne.

« In quibus homo peccavit, in illis gravius punietur. »

« Nullum vitium erit quod suum proprium cruciatum non
« habebit.

« Ibi luxuriosi, et voluptatum amatores, ardenti pice et fœtido
« sulfure perfundentur furiosi sicut canes, et, præ do-
« lore, invidiosi ululabunt. » (*De Imitat. Christi*, lib. I,
cap. XXIV.)

L'analogie est si frappante, que Gence, annotant ce dernier passage, cite tout à la fois Isaïe, l'Apocalypse et le Dante. (*Infern.*, c. VI, v. 19.)

C'est le caractère propre de la véritable religion de conserver dans ses mystères, dans ses dogmes, dans ses paraboles, l'éternelle alliance du symbole et de la réalité

Les supplices de l'enfer païen, tels qu'ils sont arrivés, de tradition en tradition, jusqu'au VIᵉ livre de l'*Énéide*, présentaient, pour la plupart, une certaine grandeur attachée à l'idée de perpétuité infinie.

> Hic sedet, æternumque sedebit
> Infelix Thescus !

Mais déjà Horace ne parlait-il pas des « Fabulæ manes, » et l'impitoyable poésie de Lucrèce n'avait-elle pas réduit les souffrances des Tantale, des Ixion, des Sisyphe, à l'état d'ingénieuses fictions ? La réalité effacée, il ne restait plus que la figure allégorique des tortures toutes terrestres qu'inflige aux hommes, non le jugement de Dieu, mais l'entraînement impuissant de leurs volontés perverses. Audacieuse interprétation qui, ne laissant qu'une valeur symbolique aux châtiments du paganisme, annonçait déjà sa décadence et sa chute !

CHANT VINGT-NEUVIEME.

1. Il avait été dit, au chant XX, « Luna tonda, » la lune dans son plein, sa position ici indique le milieu du jour.

2. Il était fils ou frère de Cione Alighieri, parent du poète.

3. Bertrand de Born, dont il est parlé au chant précédent.

4. Contrées renommées, au temps du poète, par leur insalubrité.

5. Allusion à la peste dont parle Ovide (*Met.*, liv. VII), et qui donna lieu à la fable des fourmis transformées en hommes, les *Myrmidons*.

6. En inventant ce supplice pour les alchimistes, le Dante s'est souvenu des observations d'Avicenne, qui fait connaître les effets des métaux, et particulièrement ceux du vif-argent, sur les organes de la vie.

> Cujus vapor facit accidere paralysim

7. Griffolino s'occupait d'alchimie ; il fit croire au neveu de l'évêque de Sienne qu'il saurait voler dans les airs ; n'ayant pu y reussir, il fut accuse de magie et brûlé vif.

8. Celui qui parle est Capocchio. Il etudia avec Dante, et se livra ensuite a la falsification des metaux. Les noms qu'il cite appartiennent a une troupe de jeunes Siennois appelee « compagnia spenderecchia, » parce qu'ils se livraient a tous les genres de prodigalité.

9. Le poete parle ici au figuré ; il entend designer Sienne, où cette mode prit naissance.

10. L'expression « singe de la nature, » appliquee a l'alchimiste manque d'exactitude. S'il se fut agi d'un art purement plastique, c'est-a dire procedant par voie de reproduction ou d'imitation des formes et de la figure exterieure des objets, le souvenir du singe, qui ne fait que copier ou imiter eût ete parfaitement a sa place. Mais l'œuvre a laquelle le Dante fait ici allusion consiste surtout dans la recherche ou l'emploi de procedes et de combinaisons qui transforment et ne copient pas.

Shakspeare est plus dans le vrai lorsqu'il fait dire a un de ses personnages, parlant d'une statue de Jules Romain (si tant est que Jules Romain ait jamais fait des statues celebres)

« C'est un chef-d'œuvre qui a coûte bien des annees de travail, et que vient d'achever ce fameux artiste italien Jules Romain. Il ne manque a ce maitre que le don de l'eternite et le secret de communiquer la vie a ses œuvres, pour prendre la place de la nature, tant il en est le « singe « parfait. »

.. A piece many years in doing and now newly performed « by that rare Italian master Julio Romano, who, had he « himself eternity and could put breath into his work « would beguile nature of her custom, so perfectly he « is her ape. » (SHAKSP. Winter's Tale, acte v sc. 3.)

CHANT TRENTIÈME.

1. Athamas, roi de Thèbes, ayant encouru la vengeance de Junon, fut poursuivi par les Furies. Dans son égarement, il saisit dans les bras de sa femme Ino un des deux enfants qu'elle portait, et lui brisa la tête sur un rocher. La mère, désespérée, se noya avec l'autre enfant.

2.
> Seque super pontum, nullo tardata timore,
> Mittit, onusque suum.
>
> Ovid, *Metam*., lib. iv.

3.
> Priamcia conjux
> Perdidit infelix hominis post omnia formam,
> Externasque novo latratu terruit auras.
>
> Ovid, *Metam*., lib. xiii.

4. Gr ffolino.

5. De la famille des Cavalcanti. Abusant de son talent de mime, il se plaça dans le lit de Buoso Donati, qui venait de mourir, et dicta, en le contrefaisant, un faux testament au profit de Simon Donati. Celui-ci, pour prix de ce service, lui donna la plus belle cavale de son haras.

6. Myrrha. (V. les *Metam*. d'Ov., liv. x.)

7.
> Crescit indulgens sibi dirus hydrops,
> Nec sitim pellit.
>
> Horat, lib. ii, od. 2.

8. Maître Adam, de Brescia, falsifia les florins d'or frappés à l'effigie de saint Jean-Baptiste.

9. Dans le Casentin, où l'Arno prend sa source.

10. C'est pour eux, et à leur instigation, que maître Adam falsifia la monnaie.

11. Fontaine d'une grande abondance, située près d'une des portes de Sienne, appelée, en raison de ce voisinage, Porta Fonte Branda.

12. La femme de Putiphar.

   Et ait « Ingressus est ad me servus Hebræus quem adduxisti, ut illuderet mihi . cumque audisset me clamare, reliquit pallium quod tenebam, et fugit foras. » (GENÈSE, ch. XXXIV.)

13. Virgil., *Æneid.*, lib. II.

CHANT TRENTE-UNIEME.

1. A la bataille de Roncevaux.

   « Roland print adonc son cor d'yvoire, qui sonnoit plus cler et plus hault que nulle trompette, duquel il cornoit ainsi haultement, que le son sembloit estre tonnerre. » (TURPIN, *Chron.*)

   « Santa gesta. » Cette guerre etait entreprise contre les infideles.

2. Forteresse qui dependait de la republique de Sienne et avait une enceinte de tours.

3. Pomme de pin en bronze qui, a l'epoque du Dante, servait d'ornement a la place Saint-Pierre, a Rome. On la voit encore dans le jardin du Belvedere, au Vatican.

4. Ces mots, qu'on a crus empruntes a des dialectes orientaux, ne doivent avoir aucun sens dans la bouche de Nembrod, à qui Dante fait remonter l'origine de la diversite et de la confusion des langues.

   > per lo cui mal coto
   > Pure un linguaggio nel mondo non s'usa
   > V 77

   Et dixit (Dominus) « Ecce unus est populus, et unum labium « omnibus... Venite igitur,... et confundamus ibi linguam

« eorum, ut non audiat unus quisque vocem proximi sui. »
Atque ita divisit eos Dominus ex illo loco in universas terras. (GENESE, ch. xi, v. 7 et 8.)

5. L'Ecriture disait de Nembrod : « Erat robustus venator coram Domino. (GENESE, ch. x, v. 9.)

6. Ephialte, l'un des géants qui firent la guerre aux dieux.

>   Et conjuratos cœlum rescindere fratres
>   Ter sunt conati imponere Pelio Ossam
>   VIRG., *Georg.*, lib. I

7.   Et centumgeminus Briareus,
                                  VIRG., *Æneid*, lib. vi

     . centimanus Gyas
                                  HORAT.

8.   Ferunt epulas raptos habuisse leones
                                  LUCAN., *Ph.*, lib. iv.

9. Dante veut parler de l'illusion produite par l'inclinaison de la tour de Bologne, lorsqu'un nuage passe au-dessus, on croirait qu'elle se penche pour tomber.

CHANT TRENTE-DEUXIEME.

1. Dans ce dernier cercle, il n'existe plus de divisions matérielles, les supplices seuls forment des catégories, et chacune prend son nom d'un coupable connu. La première est appelée Caina, de Cain, la seconde Antenora, du Troyen Antenore, qui aida à livrer Troie, la troisième, Tolomea, de Ptolemée d'Egypte, qui trahit Pompée, et la quatrième, Giudecca, de Judas Iscariote.

2. « Papa et maman » Pourquoi ne pas conserver, dans leur simplicité, ces naïves expressions ?

3. Les eaux du Cocyte, formées des larmes du vieillard dont il est question au xive chant.

4. Tabernich, montagne de l'Esclavonie.
Pietrapana, montagne de Toscane.

5 Les deux fils d'Alberto degl' Alberti, seigneur de Falterona, en rivalité d'intérêts, en vinrent aux mains après la mort de leur père, et l'un d'eux donna la mort à son frère.

6. La vallée Falterona, où coule le Bisenzio, l'un des affluents de l'Arno, et qui appartenait à Alberto degli Alberti.

7. Mordrec, fils d'Artus, roi d'Angleterre, dont il est question dans les romans de chevalerie. Il voulut tuer son père, qui, plus prompt que lui, le traversa d'un coup de lance de part en part, si bien, dit la chronique, que l'ombre projetée par son corps « laissa voir en blanc la blessure »

8. Focaccia Cancellieri, d'une illustre famille de Pistoie, coupa la main à l'un de ses parents et assassina son oncle ; ce double crime donna naissance aux factions qui divisèrent la ville.

9. Il tua son neveu, devenu son pupille, pour s'approprier sa fortune.

10 Camicion, assassin de son oncle.
Carlino de' Pazzi, du parti des Blancs, livra, à prix d'argent, le château de Piano di Tre Vigne au parti contraire.

11. Celui qui parle est Bocca, de Florence, sa trahison entraîna la déroute du parti guelfe à Monte-Aperto.

12. Buosa da Duera de Crémone favorisa l'entrée de Gui de Montfort à la tête d'une armée française dans la Pouille, et causa ainsi la ruine de Crémone, sa patrie.

13. Beccheria de Pavie ou de Parme, abbé de Vallombrosa, fut décapité pour avoir conspiré contre les Guelfes avec les Gibelins de Florence, pendant qu'il était légat du pape dans cette ville.

14. Il trahit les Gibelins, passa aux Guelfes, et devint ainsi chef du gouvernement de Florence.

15. Ganelon, dont la trahison causa la défaite de Roncevaux. Tribaldello de' Manfredi ouvrit à l'armée française, appelée par Martin IV, les portes de Faenza, sa patrie.

16. Vid. STACE, *Theb.* lib. VIII.

CHANT TRENTE-TROISIEME.

1. Le comte Ugolin de' Gherardeschi reçut l'assistance de l'archevêque Ruggieri degli Ubaldini pour dépouiller son propre neveu Nino di Gallura, du gouvernement de Pise, et s'en mettre en possession, mais bientôt, accusé par le même archevêque, de concert avec les Gualandi, Lanfranchi et Sismondi, d'avoir livré les forteresses de la ville aux Florentins, il fut enfermé, lui et ses fils, dans une tour où on les laissa mourir de faim.

2.
> Fato come colui che piange e dice
> Chant V

3. Les commentateurs qui ne veulent pas s'épuiser en vaines recherches, reconnaissent tout simplement que c'est là le sens qu'il convient de donner à cette phrase du texte. Le Dante l'a, du reste, écrite sans doute à une époque où, loin de sa patrie, il en regrettait la douce langue. En 1308, il était en Allemagne.

4. Deux îles situées près de l'embouchure de l'Arno.

5. Autres enfants du comte Ugolin.

6.
> Et pariter vocem lacrimasque introrsus abortas
> Devorat ipse dolor
> OVID.

7. Albéric de' Manfredi de Faenza étant en dissentiment avec quelques membres de l'ordre des Frères joyeux, dont il faisait partie, les invita à un repas, sous prétexte de réconciliation, et, à un signal convenu, il les fit assassiner.

8. Il tua traîtreusement Michel Sanche, son beau-père, dont il est aussi question au XXIIe chant, pour s'emparer du gouvernement de Logodoro en Sardaigne.

9. Application du précepte donné plus haut par Virgile.

> Qui vive la pietà, quand e ben morta

CHANT TRENTE-QUATRIÈME.

1. Ici Dite est le nom de Lucifer lui-même, lequel « contra 'l suo fattore alzò le ciglia. » (V. 35.)

   « Quomodo cecidisti de cœlo, Lucifer qui manè oriebaris » (Isaïe, cap. XIX.)

2. Les trois faces de Lucifer, selon quelques commentateurs, sont une image de l'empire exercé par l'esprit du mal sur les pécheurs des trois parties du monde alors connues. Les six ailes représentent les six principaux motifs des appétits humains : l'amour, l'envie, la joie dans le mal (« mala mentis gaudia »), la haine, l'abomination, le regret du bien. Ces mauvaises passions soufflent sur le monde l'orgueil, la luxure, l'avarice qui glacent le cœur de l'homme et y détruisent toute charité. (Lombardi et Gumiforto degli Bargigi.)

   Ozanam, dans son beau livre sur le Dante et la philosophie catholique au XIIIe siècle, rapporte, page 108, un très-curieux fragment du commentaire de Giacopo Dante (fils du poète) sur les trois couleurs données à cette triple figure de Lucifer

Selon le commentateur, les trois faces de couleur diverse signifient les trois « impuissances » de Lucifer (« le tre impotenzie che ha Lucifero ») en contraste avec les trois perfections de la puissance divine : c'est une sorte de trinité infernale opposée à la Sainte-Trinité.

3   Concidit, et mixtum spumis vomit ore cruorem
                                                       Virg., *Georg.*, lib. iii.

4 Une remarque digne d'intérêt, c'est que, dans tout le poème du Dante, les démons, loin d'être à l'état de révolte ou de colère contre Dieu, sont représentés comme les exécuteurs, les ministres dociles de ses vengeances souveraines.

Il en est autrement dans Milton, Gœthe et Byron. Là, toujours Satan conspire ou raisonne. Il conspire contre Dieu et contre l'homme, il raisonne de tout, et chaque raisonnement est un blasphème, une trahison ou un complot.

Il y aurait un curieux rapprochement à faire entre ces diverses personnifications qui doivent nécessairement se ressentir des époques où vécurent les quatre poètes.

Dans le *Paradis perdu*, Satan, chef de l'opposition infernale contre Dieu, représente assez bien les ambitions et les agitations démocratiques dont le spectacle s'offrait aux yeux de Milton. Assemblées tumultueuses, harangues envenimées, délibérations passionnées, luttes acharnées entre les légions de l'enfer et les phalanges célestes ! Ne trouve-t-on pas là le souvenir et l'image de cette époque révolutionnaire, où les esprits violemment agités, s'attaquant aux fondements de l'ordre religieux et de l'ordre politique, appelaient à leur aide la discipline des armées et le soulèvement confus des multitudes ?

A d'autres luttes plus intimes, aux déchirements de l'âme humaine combattant contre ses propres doutes et ses passions correspondra une autre transfiguration de l'esprit du mal. Sous cette nouvelle forme, plus disposé à la parole qu'à l'action, plus empressé de gagner des prosélytes à ses doctrines que de conquérir des alliés armés à sa cause, il déploiera une puissance morale qui, pour ne pas se mêler aux grandes crises de l'humanité, n'en sera pas moins imposante, puisqu'elle s'adressera à ce que Dieu a fait de plus mystérieux et de plus profond après lui, au cœur de l'homme.

Il ne faut pas s'y tromper, le Mephistopheles de Gœthe n'est autre chose qu'un philosophe du xviiie siècle. Hardi, madré, ergoteur, jamais à bout d'arguments ou d'ironie, il se complaît à étaler devant l'esprit de l'homme le spectacle des choses humaines dans leurs innombrables vicissitudes, mettant sans cesse en lumière les côtes imparfaits de la création, pour en faire remonter la responsabilité jusqu'à Dieu. Un dénigrement systématique, tel est son rôle, et l'on peut dire sa mission, car Mephistopheles est vraiment un missionnaire de tentation, qui fait sur l'homme l'épreuve du pouvoir qu'il tient de la tolérance de Dieu.

Mais la puissance divine, qui semble absente pendant ce long poème et cette série de maléfices par lesquels le diable marche à la conquête de l'homme, y a pourtant le premier et le dernier mot. C'est elle qui apparaît au début et au dénoûment du drame, ici, pour permettre la lutte, là, pour la terminer à la confusion du démon. Double intervention qui rappelle tout à la fois le souvenir biblique du poème de Job, et cette tradition familière au Dante du conflit entre le bon et le mauvais principe autour de l'âme d'un mourant.

Le Lucifer de Byron fait apparaître au fils du premier homme la vision stérile des destructions qui ont précédé la venue de la race humaine, mais il lève à peine le voile qui pèse sur son avenir. Ces ébauches incomplètes de révélation, devenant plus vagues à mesure qu'elles sont plus lointaines, tiennent l'esprit suspendu entre l'idée de l'infini et le sentiment du vide. Ce sont de pures conceptions philosophiques que n'animent ni le vivant retentissement des destinées humaines, ni la présence d'un principe moral supérieur. Tout aboutit à la lutte interminable des deux êtres ou plutôt des deux symboles à la fois inconciliables et inséparables qui se partagent l'empire de l'immensité. C'est l'éternel antagonisme du bien et du mal, auxquels il n'est assigné d'autre origine que le droit du plus fort en vertu duquel Dieu les a imposés à ses œuvres et à ses créatures. C'est Zoroastre donnant la main à Schelling et à Hegel à travers les siècles!

A la différence de la région des principes élémentaires où Méphistophélès conduit Faust (IIe partie), l'Hadès de Byron ne contient nulle semence de vie, nulle promesse d'immortalité. C'est la nécropole fantastique où sont venus s'enfouir les fantômes gigantesques d'existences déchues qui n'ont aucune mesure commune avec la nôtre.

A la différence aussi du poème de Milton, rien n'annonce que dans les plateaux de cette balance où vacillent les destinées du monde (a), le sang volontairement versé d'un rédempteur viendra jeter le poids de ses mérites infinis

5. Ici le Gibelin se montre tout entier! Dans le dernier cercle de l'Enfer, à ce plus profond de l'abîme où sont punis les plus grands coupables, les traîtres, se trouve Lucifer lui-même; il a trois têtes, et chacune de ses bouches broie éternellement un damné.

Mais quels seront les trois félons réservés à ce supplice privilégié, le plus terrible de tous? Judas Iscariote sera le premier, sa place était marquée il a trahi le Dieu fait homme, il a trahi son maître! Quelle autre trahison sera jugée assez coupable et en même temps assez fatale à l'humanité, pour être comparée à la trahison qui vendit et

(a) . . . And world by world
And star by star, and universe by universe
Shall tremble in the balance, till the great
Conflict shall cease, if ever it shall cease,
Which it ne'er shall till he or I be quench'd!
(BYRON Cain acte II.)

livra le sauveur du monde? Le Dante n'hésite pas : ce seront les meurtriers de César, Cassius et Brutus¹.

Pour le poète gibelin, César est le représentant de la suprématie monarchique, du pouvoir impérial, de l'autorité. A cette époque troublée, où vivait le Dante, quand la liberté n'était qu'un drapeau sanglant sous lequel les républiques italiennes du moyen âge se livraient à tous les excès, il pouvait être permis à un esprit aussi éminent d'exalter ainsi le pouvoir absolu. A quelle époque n'a-t-on pas vu les âmes généreuses et les plus éprises de la liberté, souhaiter un seul maître, à la place des mille tyrans de la démagogie?

Michel-Ange commença une statue de Brutus et ne put l'achever, on trouva au bas ce distique

> Dum Bruti effigiem sculptor de marmore ducit,
> In mentem sceleris venit et abstinuit.

6 Le Dante appelle Cassius, « membruto » membru, gros, trapu, etc. En cela, il s'éloigne de la vérité historique.

« Un jour, parlant à ses plus féaux, il (César) leur demanda
« Que vous semble il que Cassius vueille faire? car quant
« a moy, il ne me plaist pas de le voir ainsi pasle... Une
« autre fois on calumnia envers luy Antonius et Dolabella,
« qu'ilz machinoient quelque nouvellete a l'encontre de
« luy, a quoy il respondit : Je ne me deffye pas trop de ces
« gras icy, si bien peignez et en si bon poinct, ains plus
« tôt de ces maigres et pasles la, entendant de Brutus et
« de Cassius. » (PLUTARQUE, *J. Cæs.*, § LXXX, traduct. d'Amyot.)

Shakspeare ne s'y est pas trompé, lui

« CÉSAR. — Donnez-moi des hommes gras, a face luisante et
« qui dorment leur nuit. Ce Cassius a chetive mine, il est
« décharné, il pense trop. Ces gens-là sont dangereux.

« ANTOINE. — N'en ayez pas peur, César, il n'est pas dange-
« reux. C'est un noble cœur et bien doué.

« CÉSAR. — Je le voudrais plus gras, je ne le crains pas

« pourtant. Mais si, avec le nom que je porte, je pouvais
« être accessible à la crainte, je ne sache pas d'homme
« que je fuirais plus vite que ce maigre Cassius. Il lit beau-
« coup, c'est un profond observateur : son regard perce à
« travers les actions des hommes, jeux et spectacles ne
« lui plaisent pas comme à toi, Antoine ; il n'écoute pas
« la musique, il rit bien rarement, et, quand il rit, il a
« l'air de se moquer de lui-même. On dirait qu'il se fait
« honte d'avoir été en humeur de rire. Les hommes de
« cette nature n'ont jamais le cœur à l'aise, tant qu'ils
« voient quelqu'un au-dessus d'eux. Aussi sont-ils fort
« dangereux. »

CÆSAR

Let me have men about me that are fat,
Sleek-headed men and such as sleep o'nights
Yond Cassius has a lean and hungry look,
He thinks too much ; such men are dangerous

ANTONIUS

I fear him not, Cæsar, he's not dangerous,
He is a noble Roman, and well given

CÆSAR

'Would he were fatter But I fear him not,
Yet, if my name were liable to fear,
I do not know the man I should avoid
So soon as that spare Cassius. He reads much,
He is a great observer, and he looks
Quite through the deeds of men ; he loves no plays,
As thou dost, Antony, he hears no music
Seldom he smiles, and smiles in such a sort,
As if he mock'd himself, and scorn'd his spirit
That could be mov'd to smile at any thing
Such men as he be never at heart's ease,
Whiles they behold a greater than themselves
And therefore are they very dangerous

(SHAKSP *Julius Cæsar*, acte I, sc II)

7. Vingt-quatre heures (un jour et une nuit) se sont écoulées
depuis leur entrée dans l'Enfer

8. Virgile ayant dépassé le centre de la terre, parle du jour et de la nuit, tels qu'ils doivent être pour l'hémisphère où il arrive. De là cette contradiction apparente avec le vers 68 « Ma la notte resurge. »

9. « Il est absurde, dit Lactance à propos des antipodes, de
« croire qu'il y a des hommes qui ont les pieds au-dessus
« de leurs têtes, et des pays où tout est sens dessus dessous,
« où les arbres et les plantes croissent de haut en bas...
« On trouve le germe de cette erreur chez les philosophes
« qui ont prétendu que la terre est ronde. »

« Ineptum est credere esse homines quorum vestigia sint supe-
« riora quam capita, aut ibi quæ apud nos jacent inversa
« pendere; fruges et arbores deorsum versus crescere...
« Hujus erroris originem philosophis fuisse quod exist-
« marint rotundum esse mundum. » (Lact., lib. III, c. XXIV.
Vid. S. August., *De Civit. Dei*, lib. XVI, cap. IX.)

La loi de la gravitation semble rendre possible aux yeux du Dante le phénomène que Lactance regardait comme incroyable. Sous ce rapport, le poète échappe à l'influence des fausses doctrines cosmologiques de son époque. Il faut se souvenir, du reste, que dans les siècles qui séparent Ptolémée de Copernic, certaines traditions se maintenaient, formant comme un lien secret entre les mystères de la science antique et les découvertes de la science moderne. On dirait même que l'avenir y avait été devancé en ce qui tient à la forme de la terre, à la position et au mouvement qui lui sont assignés dans l'ensemble du système du monde. Ces traditions pouvaient avoir leur point de départ dans les doctrines pythagoriciennes rappelées par Aristote (*De Cœlo*, lib. II). Mais c'est dans les livres kabbalistiques, notamment dans le *Zohar*, qu'on les trouve exprimées en termes plus significatifs. Ce livre fut longtemps attribué à un rabbin du XIIIe siècle; mais M. Franck, dans son remarquable travail sur la kabbale, a été amené, par des recherches pleines d'érudition et de sagacité, à en faire remonter la date aux premiers siècles de l'ère chrétienne. Quoi de plus surprenant alors, que d'y rencontrer le passage suivant que l'on croirait, dit M. Franck, écrit par un disciple de Copernic ?

« Dans le livre de Chamnouna le Vieux on apprend, par
« des explications étendues, que la terre tourne sur elle-
« même en forme de cercle; que les uns sont en haut, les
« autres en bas, que toutes les créatures changent d'aspect
« suivant l'air de chaque lieu, en gardant toujours la même
« position; qu'il y a telle contrée de la terre qui est
« éclairée, tandis que les autres sont dans les ténèbres
« ceux-ci ont le jour quand pour ceux-là il fait nuit; et il
« y a des pays où il fait constamment jour, ou du moins la
« nuit ne dure que quelques instants. » (FRANCK, *De la Kabbale*, p. 102.)

Pourquoi le Dante, qui savait tout

<blockquote>Theologus Dantes nullius dogmatis expers,</blockquote>

n'aurait-il pas connu le *Zohar* ?

10. L'Écriture avait dit « Et vocavit aridam teriam. »

11. Jésus-Christ.

12. La montagne du Purgatoire

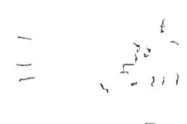

FIN DES NOTES

www.ingramcontent.com/pod-product-compliance
Lightning Source LLC
Chambersburg PA
CBHW071609230426
43669CB00012B/1885